国家出版基金项目
NATIONAL PUBLICATION FOUNDATION

当代高等教育研究新视野丛书

A multidimensional construction of higher education power

"高等教育强国"的多维建构

赵婷婷 著

南京师范大学出版社

图书在版编目(CIP)数据

"高等教育强国"的多维建构 / 赵婷婷著. —南京：南京师范大学出版社，2025.1
（当代高等教育研究新视野丛书）
ISBN 978-7-5651-6266-4

Ⅰ.①高… Ⅱ.①赵… Ⅲ.①高等教育－研究－中国 Ⅳ.①G649.2

中国国家版本馆CIP数据核字(2024)第076943号

丛 书 名	当代高等教育研究新视野丛书
书　　名	"高等教育强国"的多维建构
作　　者	赵婷婷
丛书策划	王　涛
责任编辑	涂晓明
出版发行	南京师范大学出版社
地　　址	江苏省南京市玄武区后宰门西村9号(邮编:210016)
电　　话	(025)83598919(总编办)　83598412(营销部)　83373872(邮购部)
网　　址	http://press.njnu.edu.cn
电子信箱	nspzbb@njnu.edu.cn
照　　排	南京开卷文化传媒有限公司
印　　刷	江苏扬中印刷有限公司
开　　本	710毫米×1000毫米　1/16
印　　张	17.75
字　　数	245千
版　　次	2025年1月第1版
印　　次	2025年1月第1次印刷
书　　号	ISBN 978-7-5651-6266-4
定　　价	88.00元

出 版 人　张　鹏

南京师大版图书若有印装问题请与销售商调换

版权所有　侵犯必究

当代高等教育研究新视野丛书
编委会

学术顾问
潘懋元　杨德广

编委会主任
张应强　阎光才

委员
(以姓氏笔画为序)

王建华　王洪才　卢晓中　邬大光　刘振天
杨　颉　陈廷柱　陈洪捷　周　川　周海涛
胡建华　顾建民　唐玉光　龚　放　蒋　凯

总　序

　　自潘懋元先生等老一辈学者创会以来,中国高等教育学会高等教育学专业委员会始终坚守学术立会传统,把深化与拓展高等教育理论研究作为办会的基本宗旨。中国高等教育学学科设置从无到有,高等教育研究队伍从零散到蔚为大观,一代又一代优秀学者的成长,都与高等教育学专业委员会在各培养单位与会员单位之间发挥的纽带作用不无关联。目前,对高等教育学的定位和属性无论存在多少争议,不容否认,它已经成为我国高等教育研究者心有所向、身有所归的学术共同体。

　　高等教育学专业委员会历来倡导立足国际视野与本土关怀,开展学理取向探究与问题取向的理论研究。对于中国高等教育理论研究之于国家政策、高校管理以及人才培养的贡献如何评价,人们的站位不同,自然会有不同理解。回顾改革开放四十多年以来中国高等教育改革与发展历程,我们不难发现:几乎中国高等教育领域每一次重大事件的发生,人们关注的重大议题、问题以及政策概念的提出,我国高等教育研究者在理论上大都有先行研究。譬如,关于高等学校职能与高等教育功能、高等教育现代化、高等教育质量评价与保障、高等教育大众化和普及化、世界一流大学建设、高等学校自主权、现代大学制度、大学治理结构、大学收费制度、学分制、招生制度改革、学科与专业建设、通识教育、高校人事制度改革与学术职业变迁、有效性教学与教学学术、高等教育国际化与信息化等等。这些既有国际视野又有本土关怀，既有历史考察又有现实观照，纵横交错，覆盖宏观、中观与微观各个层面的研究，无论其聚焦的是"冰点"还是"热点"问题，是否有显示度，它们都为现实中的高等教育体制性变革与日常实践，拓展了视野，提供了理论支撑。

理论研究的基本宗旨在于透过现象看本质，揭示高等教育活动的一般规律。无论其初始动机是源于个人好奇心、兴趣、经历和境遇，抑或是源于现实关怀或政策意图，它从来不存在有用与无用之说。自然科学如此，作为社会科学的高等教育学科也不例外。因为有用无用不过是一种价值判断，它与评价者的个人身份、地位、处境和特定需求存在或明或暗的勾连，是一种立场在先的自我主观判断和推断；或者说理论之有用和无用，更在于它的情境性。如果总是把特定情境需求作为理论研究的取向与偏好，那么，其悖论恰恰在于：这种情境性需求恐怕永远滞后于形势变化与环境变迁，局限于特定情境需求的理论或应用研究反而因为一般性与多样化研究积累不足而难以适用，更无法对现实的走向以及可能发生的问题进行预测，也难以对现实中存在的价值扭曲提出预警和防范。

其实，真正的高等教育理论研究从来不会绝缘于现实关怀，很多理论研究选题的生成乃至观点创新，恰恰源于人们对现实的感悟与启发。通常而言，任何理论成果都不可能直接成为政策工具，它充其量可以为现实问题的解决提供某些索引，或者为决策者提供相关参考依据，为行动者提供可选择的装备。理论研究与决策以及行动实践之间，天然地存在一种若即若离的关系，虽然也存在若隐若现的互动，但两者既无法相互取代，更难以完全融合。否则，理论不过就是如变色龙般的策略与技巧，缺乏理论所必备的去情境化超越品质，实践也不过是理论贫乏的个人经验直观甚至行动的妄为。不容否认，由于始终缺乏一种自然演化的稳定态，在被频繁的政策事件扰动的情境中，中国高等教育与经济领域情形相似，在宏观的体制运行与中观的组织治理层面都有其特殊性。但这并不意味着我们的高等教育可以超越于一般性的活动规律或者说本质特征,如知识创新以及人才成长规律等。因此,植根于中国特殊土壤的理论研究,在跨域性的理论丛林中,犹如一片被移植而来的红枫林,既有源自共同基因的相对稳定性状,又有其与环境相适应的某些特殊表现形态,如生长状态、凝红流金的景致可能存在差异。不过,这种表现形态更多反映为生态系统与群落层次上的差别,而非物种意义上的例外。也正因为理论研究所具有的这种品质,它才构成了我们与国际同行沟通与对话的基础,也是为国际高等教育贡献知识与智慧的凭依。

作为一个建制化的学科,高等教育学历史短暂。因此,长期以来,高等教育理论研究,无论在理论溯源、视角选择方面,还是知识框架上,受基础教育领域的理论思潮与研究取向影响至深。但回顾历史就会发现,体制化的基础教育晚于大学的兴起,如今基础教育领域众多教学形式与方法的探索和实践也往往始于大学,如论辩、讨论、实验和观摩等。即使是基础教育领域的各种理论思潮与技术潮流,也往往最先发端于大学。相对于基础教育,高等教育活动更具有个体探索、行动在先和自下而上的特征,虽然它也难免带有外控与人为设计的特征,但它更具组织与行动者自我设计取向,大学的历史基因更为久远也相对更为顽固,每一次突变都没有彻底颠覆它的基本性状。这些特征无疑为我们寻求其相对稳定的客观属性与变易的受动属性提供了先天的优势。譬如,如何理解不同学科与专业生成与演变的轨迹,以及教与学活动的规律,如何理解组织特有属性及其运行逻辑,如何解释它与外部环境与文化以及各种社会力量之间带有顺应而又抗拒的关系,如何理解学人成长与职业发展轨迹,等等。高等教育学有待确证的基础性问题实在太多,需要探索的不确定性问题更多,它给我们提供了无限的空间与可能。而所有这些问题的探究,不仅难以从基础教育理论中获得启发,而且也远超出了基础教育的学科逻辑体系与框架。因此,高等教育学无疑具有特殊性。如何跳出一般教育学科的既有樊篱,建构一个包容性更强的多学科高等教育学知识逻辑和体系,需要我们做更多基础性、专业性且具有开拓性的思考与探索。

总之，倡导基础理论研究与带有学理性探究的现实问题研究，是高等教育学专业委员会的使命所在，唯有通过理论取向的学术探究与人才培育，我们才能立足扎实的理论基础与学术素养去回应现实高等教育发展中应接不暇的问题。理论固然需要服务于实践，但更需要我们以独立的精神、专业的态度、严谨的学风、开放的视野和谦逊的风格去观察和参与实践，理性地面对实践中可能存在的躁动。既不做旁观清谈者，也不做随波逐流者，努力以有深度有价值、有科学精神有人文情怀、有现实关注有未来视域的研究，为中国高等教育改革与发展贡献智慧。

正是出自上述初衷，中国高等教育学会高等教育学专业委员会与南京师范大学出版社，联合推出了"当代高等教育研究新视野丛书"学术专著出版计划。该丛书面向国内高等教育专业研究者，不拘泥于特定选题，尊重每位学者的兴趣和专长，期待以众说荟萃、集体亮相的形式，呈现当下我国高等教育理论研究的整体状貌。该出版计划将始终保持开放性，不断吸纳国内资深和新锐学者的最新研究成果，希望它不仅能成为一览高等教育学理论景致的窗口，为该学科的持续探赜索隐、钩深致远提供些许幽微之光，而且也能够从中感受到中国高等教育研究始终与时代变革气息相通的脉动。其中有热切的呼应，也有冷静的慎思，有面向未来远景的思索探问，也有洞鉴古今史海的爬梳钩沉。不同主题纷呈，个性风格迥异，从而构成一个多姿多彩、供读者各取所需的学术专著系列。

最后，高等教育学专业委员会特别感谢南京师范大学出版社所给予的慷慨支持与悉心指导，出版社在丛书的策划、编辑、出版和发行等方面投入了巨大的精力，也为编委会的组建、著者的遴选、成员之间的沟通等各项工作的有序展开提供了便利条件。

"当代高等教育研究新视野丛书"编委会
中国高等教育学会高等教育学专业委员会
二〇二二年十二月

目 录

总　序 ·· 001

绪　论 ·· 001
　一、研究背景及意义 ·· 001
　二、研究思路与研究内容 ·· 006

"高等教育强国"的理论建构

第一章　"高等教育强国"的国外相关理论 ······················ 010
　一、哲学和教育学视角：国家、民族与教育的关系 ············· 010
　二、社会学和科学学视角："高等教育中心" ····················· 020
　三、经济学视角：高等教育与国家经济发展的关系 ············ 028

第二章　"高等教育强国"的国内研究综述 ······················ 036
　一、"教育强国"的相关研究 ·· 036
　二、"高等教育强国"的相关研究 ····································· 045
　三、研究述评与展望 ·· 060

第三章 "高等教育强国"的概念内涵分析 ········· 063
一、概念分析的原则和方法 ········· 063
二、"高等教育强国"概念的本质特性 ········· 068
三、"高等教育强国"概念的构成维度 ········· 075

"高等教育强国"的文化建构

第四章 我国"教育强国"文化的生成与演进 ········· 082
一、"教育强国"文化的历史生成 ········· 082
二、以技强国：近代"教育强国"文化的萌芽期 ········· 089
三、以学强国：近代"教育强国"文化的发展期 ········· 091
四、以教强国：近代"教育强国"文化的深化期 ········· 101

第五章 我国"高等教育强国"的文化意蕴 ········· 113
一、"高等教育强国"的提出 ········· 113
二、"高等教育强国"政策内涵的演进 ········· 116
三、"高等教育强国"建设的目标及意义 ········· 122
四、"高等教育强国"文化的成因及价值 ········· 126

第六章 世界"高等教育强国"的生成及特征 ········· 131
一、意大利（14—16世纪） ········· 131
二、英国（17世纪至18世纪中叶） ········· 139
三、法国（18世纪下半叶至19世纪上半叶） ········· 146
四、德国（19世纪上半叶至20世纪20年代） ········· 151
五、美国（20世纪20年代至今） ········· 158

六、"高等教育强国"生成和发展的世界经验 ……………………… 167

"高等教育强国"的实践建构

第七章 "高等教育强国"的评价指标体系 ……………………… 176
一、"高等教育强国"评价指标体系建构的思路 ……………… 176
二、"高等教育强国"评价指标体系框架的理论阐释 ………… 178
三、世界高等教育系统实力评价及指标分析 ………………… 181
四、"高等教育强国"评价指标体系分析 ……………………… 194

第八章 我国与世界"高等教育强国"的指标对比分析 ………… 209
一、世界高等教育系统实力排名的数据对比分析 …………… 209
二、水平指标维度中的关键指标数据分析 …………………… 226
三、能力指标维度中的关键指标数据分析 …………………… 241
四、我国高等教育发展的总结和反思 ………………………… 248

第九章 我国"高等教育强国"的建设路径 ……………………… 253
一、我国"高等教育强国"建设的指导思想 …………………… 253
二、我国"高等教育强国"建设的政策转向 …………………… 256
三、我国"高等教育强国"建设的实现路径 …………………… 260

后 记 ……………………………………………………………… 273

绪 论

"高等教育强国"是20世纪之交出现在我国的本土概念,是一个内涵丰富、外延广泛的概念,需要从不同的角度对其进行研究。从学术概念的角度,需要对与之相关的理论和研究进行系统分析,从理论上建构其内涵;从文化现象的角度,需要分析不同文化背景下"高等教育强国"的特征,建构其文化意蕴,把握不同"高等教育强国"的文化特质;从政策目标的角度,需要在分析我国"高等教育强国"现状的基础上,找准发力点和关键问题,建构其实践推进的路径。因此,笔者将从"理论建构""文化建构""实践建构"三个维度对"高等教育强国"进行系统论述。

一、研究背景及意义

作为一个在我国高教领域被广泛认可和研究的本土概念,"高等教育强国"概念从提出至今的二十多年间,经历了我国高等教育的迅速发展,承载着全社会对高等教育的殷切期待,更体现了高等教育在时代发展中的责任、使命和担当。今天,面对新形势和新要求,对"高等教育强国"这一重要命题的认识仍有待进一步深化;对"高等教育强国"这一概念文化意蕴的理解仍需要进一步深入;对"高等教育强国"这一建设目标的实现路径仍亟待进一

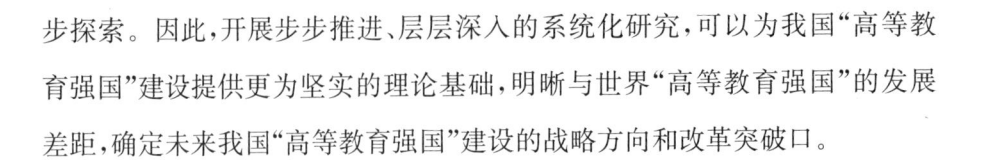

步探索。因此,开展步步推进、层层深入的系统化研究,可以为我国"高等教育强国"建设提供更为坚实的理论基础,明晰与世界"高等教育强国"的发展差距,确定未来我国"高等教育强国"建设的战略方向和改革突破口。

(一) 研究背景

世纪之交,世界高等教育发展迅速,并且在社会发展中扮演着越来越重要的角色。因此,各国都在探讨新世纪高等教育应该如何发展的问题。1999年,时任教育部副部长的周远清撰文提出"高等教育强国"的概念,在当时的中国高教界引起强烈反响,它精准定位了21世纪我国高等教育发展的方向和目标。改革开放以来,我国高等教育取得了巨大成就,这是我国从"高等教育大国"向"高等教育强国"发展的基础。同时,我国社会政治经济的发展对高等教育提出了更高的要求和期待,因此,建设"高等教育强国"是时代赋予高等教育的历史使命。党的十八大以来,我国政府一直十分重视教育事业的发展,先后提出并实施了"科教兴国战略""人才强国战略""创新驱动发展战略",把教育放在优先发展的地位。全面深化教育改革,大力推进教育事业发展,为我国社会主义现代化建设事业提供了有力的支持和保障,促进了我国由人口大国向人力资源强国的转变,为加快教育现代化和教育强国建设奠定了坚实的基础。

进入新时代,教育的地位和作用进一步彰显,建设教育强国成为新时代教育发展新的战略任务。建设教育强国是中华民族伟大复兴的基础工程,也是建设现代化强国的重要内容及基础保障。习近平总书记指出,"'两个一百年'奋斗目标的实现,中华民族伟大复兴中国梦的实现,归根到底靠人才、靠教育"。他强调,"教育是民族振兴、社会进步的重要基石,是功在当代、利在千秋的德政工程,对提高人民综合素质、促进人的全面发展、增强中华民族创新创造活力,实现中华民族伟大复兴具有决定性意义"。① 由此可见,教育强国已经成为建设社会主义现代化强国,实现中华民族伟大复兴的基础和保障。党的二十大报告中提出,要"加快建设教育强国、科技强国、人才强国",高等教育无疑是重中之重。一个国家的高等教育不强,这个国家不可能成为教育强国;一个国家的高等教育不强,这个国家更不可能成为科技强国和人才强国。可以说,建设"高等教育强国"是建设教育强国、科技强国、人才强国的关键所在。习近平总书记在中共中央政治局第五次集体学习时强调,"建设教育强国,龙头是高等教育",这充分说明了"高等教育强国"建设在当今教育强国建设中的重要地位和引领作用。

当今世界正经历百年未有之大变局,逆全球化思潮抬头,冷战思维、单边主义、保护主义暗流涌动,国家间竞争的态势重新凸显。今天的国家竞争首先聚焦到高新技术制高点、产业供应链重塑、全球价值链分工等经济领域主战场。这种竞争实质上是国家科技和教育自主发展能力的竞争,国家只有构建起自主的科技创新体系,开辟发展新领域、新赛道,不断创造发展新动能、新优势,才能从根本上提升国家竞争力,为未来发展赢得空间。高等教育作为教育、科技、人才工作的交汇点,科技创新、人才培养的主力军,其特殊地位使得党和国家对高等教育的需求比以往任何时候都更加迫切,"高等教育强国"建设已经与增强国家核心竞争力紧密联系在一起。

我国拥有世界上规模最大的高等教育体系,正处于由"高等教育大国"向"高等教育强国"转型的关键时期。改革开放以来,我国高等教育发展虽然取得了巨大成就,但当前我国高等教育发展离高质量发展的要求仍有较大差距。拔尖创新人才自主培养的能力仍需加强;支撑国家科技创新发展的能力仍需提升;服务国家重大战略需求和区域发展的能力仍需深化和拓展;一些阻碍高等教育发展的体制机制障碍仍然存在……总之,与"高等教

---

① 习近平.决胜全面建成小康社会夺取新时代中国特色社会主义伟大胜利——在中国共产党第十九次全国代表大会上的报告[J].前进,2017(11):4-23.

育强国"的建设目标相比,当前我国的高等教育仍需努力,"高等教育强国"的建设任务仍十分艰巨。因此,当前我们对"高等教育强国"的系统性研究已经迫在眉睫,这是关系到我国高等教育未来发展乃至国家发展的重要课题。

(二) 研究意义

"高等教育强国"是一个宏大主题,也是一个具有中国特色的理论和实践命题。单一维度的研究不能对"高等教育强国"形成系统性认识,因此,我们从理论、文化、实践三个维度,聚焦"高等教育强国"作为学术概念的实质内涵,文化现象的意蕴特质,政策目标的实现途径等问题进行深入研究。

1. 建构"高等教育强国"的自主知识体系

"强国"一词是具有中国特色的本土概念,它既是曾经遭受外来侵略的中华民族所呐喊出的最强音,也是当今实现中华民族伟大复兴的旗帜和方向。比如,"教育强国""人才强国""科技强国""体育强国"等都蕴含着本土意蕴、时代特征和战略选择,"高等教育强国"也不例外。作为一个本土概念,有其产生和发展的背景,也有属于自己的文化印记和含义。因此,我们对"高等教育强国"进行研究,必须将理论研究、文化研究、实践研究结合起来,挖掘其内在所蕴含的意义和价值,并在此基础上形成系统性认识。

习近平总书记指出,"要加快构建中国特色哲学社会科学,归根结底是建构中国自主的知识体系。要以中国为观照、以时代为观照,立足中国实际,解决中国问题,不断推动中华优秀传统文化创造性转化、创新性发展,不断推进知识创新、理论创新、方法创新,使中国特色哲学社会科学真正屹立于世界学术之林"。因此,对于高等教育来说,我们也应从中国的高等教育实践出发,发现和研究中国的高等教育问题,建构具有中国特色的高等教育学科体系、学术体系和话语体系。"高等教育强国"的提出和发展见证了中国高等教育的重要发展历程,对这一概念进行系统的理论研究,必将大大丰富和促进我国高等教育学科的发展,为探索中国高等教育学自主知识体系建设积累经验,提供借鉴和启示。

2. 建构"高等教育强国"的系统分析框架

虽然"高等教育强国"是中国的本土概念,但是它所指向的高等教育内容体系存在于世界高等教育发展历史之中。如果从比较的视角来看,有些国家的高等教育系统整体实力会比其他国家强,体现出"高等教育强国"的特征。那么在世界高等教育这个坐标系上,"高等教育强国"这一事实是客观存在的,只是在不同文化和社会发展背景之下,所表现出的一些外部特征会有所不同。所以,"高等教育强国"既具有共性,体现为普遍性特征,也具有个性,体现为特殊性特征。

从世界高等教育发展的历史上看,不同时期的"高等教育强国"也有所不同,存在着转换和更替现象,这是我们研究"高等教育强国"的普遍性和特殊性的实践基础。为什么这些国家会成为当时的"高等教育强国"?它们有怎样共同的特征?又表现出哪些独特性?高等教育系统对这些国家的发展产生了怎样的影响?对这些问题的研究无疑会丰富我们关于"高等教育强国"的认识和理解,也将推进我国"高等教育强国"建设的实现。

3. 把握"高等教育强国"的时代方位和未来进路

处于时代大潮之下的"高等教育强国"建设不是一蹴而就的,它既要面对日新月异的社会需求变化,又要面对高等教育自身错综复杂的问题;它既立足于当下,更面向未来;既是当下的紧迫任务,更是未来的发展目标。我们应该通过实践研究,从当前的社会需要以及未来的社会发展趋势出发,明确"高等教育强国"的时代方位和未来建设进路,对"高等教育强国"建设的战略和路径有更加精准的认识。

"高等教育强国"不仅是一个理论问题、一种文化现象,也是一个实践问题。我们可以从理论上把握它,从文化内涵上理解它,也更需要结合实践来建设它;我们既需要理论层面和文化意义上的建构,也需要在实践过程中的运用和创新。"高等教育强国"建设任务,归根到底就是找到差距和问题,明确建设方向,以便找到发力点和突破口,切实推进我国"高等教育强国"建设的成效。

二、研究思路与研究内容

"高等教育强国"是一个具有多重含义,需要从多种维度建构的研究领域。首先,"高等教育强国"是高等教育研究中的一个学术概念,是对已有相关高等教育实践经验的抽象和概括,有其特定的内涵。对学术概念的研究,其重点是要在相关理论分析的基础上,构建分析这一概念内涵的理论框架,明确概念的本质特征。其次,"高等教育强国"也是高等教育发展中的一种文化现象。在西方高等教育话语体系中没有"高等教育强国"这一概念,但是有"高等教育中心""高等教育竞争力"等提法,这种话语上的差异说明"高等教育强国"承载了不同的文化底蕴,体现出不同的文化特质。"高等教育强国"研究应紧密结合国家或地区的文化传统,以便从文化层面理解和把握"高等教育强国"内涵。最后,我国的"高等教育强国"是作为一种政策目标而存在,发挥着引领高等教育发展的作用。因此,我们对于"高等教育强国"的研究应紧密结合实践,尤其是要结合当前我国高等教育发展的宏观战略以及迫切需要解决的问题,提出建设"高等教育强国"的总体思路和做法。我们力图将以上三个维度的"高等教育强国"研究有机整合在一起,建构起兼容中国特色和世界经验,从理论研究到文化研究再到实践研究的系统性研究体系,为探索中国高等教育学自主知识体系建构作出有益尝试。

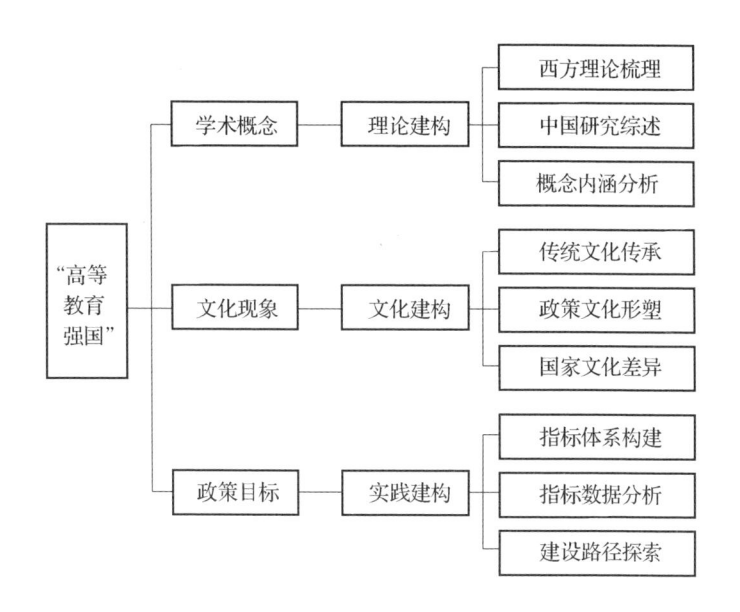

```
                    ┌─────────┐    ┌─────────┐    ┌──────────┐
                    │         │    │         │────│西方理论梳理│
                    │学术概念 │────│理论建构 │────│中国研究综述│
                    │         │    │         │────│概念内涵分析│
                    └─────────┘    └─────────┘    └──────────┘
┌──────┐            ┌─────────┐    ┌─────────┐    ┌──────────┐
│"高等 │            │         │────│         │────│传统文化传承│
│教育  │────────────│文化现象 │────│文化建构 │────│政策文化形塑│
│强国" │            │         │    │         │────│国家文化差异│
└──────┘            └─────────┘    └─────────┘    └──────────┘
                    ┌─────────┐    ┌─────────┐    ┌──────────┐
                    │         │────│         │────│指标体系构建│
                    │政策目标 │────│实践建构 │────│指标数据分析│
                    │         │    │         │────│建设路径探索│
                    └─────────┘    └─────────┘    └──────────┘
```

图1 "高等教育强国"研究的总体框架

具体来看,第一部分是"理论建构"。这部分研究力图通过系统的文献梳理和理论分析,深化对"高等教育强国"概念内涵的认识,明确"高等教育强国"的相关理论体系。具体来看,第一章系统研究了国外"高等教育强国"相关理论,从哲学和教育学、社会学和科学学视角,分析了教育包括高等教育与国家发展关系的相关理论。同时,从经济学视角分析了高等教育与国家经济发展关系的相关理论。可以看出,相关研究在西方已有相当长的历史,理论成果也很丰富,虽然西方理论与"高等教育强国"的本土意蕴存在一定程度的错位,但仍具有较强的启发作用和借鉴意义。第二章系统梳理了国内有关"高等教育强国"的相关研究,从研究的演进、概况和核心内容等方面系统刻画了国内相关研究的概貌。这部分的研究既力图从"教育强国"研究领域思考"高等教育强国"的建设问题,又聚焦"高等教育强国"研究本身,为后续研究奠定基础。第三章借助多种概念分析法,阐述了"高等教育强国"内涵建构的方法和过程,并从本质特性与构成维度两个方面分析了"高等教育强国"概念的内涵,建构作为概念的"高等教育强国"内涵体系。

第二部分是"文化建构"。这部分研究力图通过对我国"教育强国"文化以及世界"高等教育强国"形成的研究，深入理解和把握"高等教育强国"的共性和个性特性，并对我国"高等教育强国"的本土文化意蕴进行提炼升华，以把握"高等教育强国"的文化特质。第四章从我国"教育强国"文化的历史传统和近代转型两个方面，分析了我国"教育强国"文化的历史形成过程。由于近代是我国"教育强国"思潮和文化的转型期，其思想对今天我国"教育强国"文化的影响非常深刻，因此，这部分重点分析了近代"教育强国"文化演变过程中"以技强国""以学强国""以教强国"的三个阶段，并在此基础上分析我国近代"教育强国"文化的特点。第五章从政策视角分析了现代我国"高等教育强国"文化的变化过程，并力图分析政策对我国"高等教育强国"文化的形塑作用，挖掘和提炼其本土意蕴。第六章在分析世界"高等教育强国"的形成条件、表现特征以及影响作用的基础上，总结提炼世界"高等教育强国"形成与发展的历史经验，力图从文化层面理解和把握"高等教育强国"的共性特征。

第三部分是"实践建构"。这部分研究力图从实践的角度，通过与国际高等教育系统的实力和水平比较，确定我国"高等教育强国"建设的路径方向和着力点。第七章本着扎根本土、对标国际的原则，从"高等教育强国"的理论框架出发，在系统梳理对国际高等教育系统实力相关评价的基础上，着力构建既体现国际可比性，又体现中国特色的"高等教育强国"评价指标体系。第八章则以评价指标体系为基础，对标美国、英国、法国、德国和日本五个世界主要"高等教育强国"，以高等教育系统实力、高等教育系统自身发展水平、高等教育系统满足需要与引领创新能力等关键指标为抓手，着重分析我国与这些强国之间的差距，找到我国"高等教育强国"建设的发力点。第九章基于现状分析，提出我国"高等教育强国"建设的实现路径，既要在高等教育总体发展思路上进行转变，也要抓住当前的发展重点，破除体制机制障碍，走创新发展之路。

"高等教育强国"的理论建构

第一章 "高等教育强国"的国外相关理论

虽然"高等教育强国"是个具有中国本土含义的概念,但是它所指向的高等教育现象和实践是普遍客观存在的。因此,尽管西方学术界并没有直接使用"高等教育强国"这一术语或概念,但仍有很多相关理论从不同视角对其所包含的内容进行了研究。这些理论研究主要分为三类:第一类是从哲学和教育学视角,探讨教育与国家、民族的关系,主要关注教育在国家、民族发展中的地位、作用、角色、价值等问题,是对国家、民族与教育关系的本质探讨和应然分析;第二类是从社会学和科学学视角,探讨国家之间,尤其是高等教育发达国家与欠发达国家之间的关系,关注世界高等教育体系格局形成的原因及趋势,探讨国家间高等教育的学习、模仿、依附等现象和行为;第三类是从经济学视角,探讨高等教育与国家发展尤其是经济发展之间的关系,关注高等教育对国家整体实力及竞争力的影响作用,重点从经济价值的角度探讨高等教育与国家的关系。

一、哲学和教育学视角:国家、民族与教育的关系

教育与国家尤其是民族国家的发展并不是同步的,在宗教改革前,西方社会的教育权主要掌握在教会手中。从 18 世纪开始,伴随着宗教势力的式

微、民族国家兴起以及启蒙运动带来的思想解放,人们开始思考教育在国家尤其是民族国家形成与发展中的作用。于是,国家主义和民族主义教育思潮开始萌芽并繁荣起来,国民教育、公民教育、公共教育和普及教育等与这一思潮紧密相关的各种教育思想和实践也开始在各个国家广泛开展。

国家主义和民族主义教育思想并不完全相同,若从"高等教育强国"这一研究主题的视角来考察,两者也有共同之处,那就是两者都主要围绕国家、民族与教育三者的关系展开,这些理论奠定了西方社会对三者关系的基本看法,并对其教育实践产生了深刻的影响。需要说明的是,这些教育思想大多是针对整个教育而言的,并非仅针对高等教育,但我们会对高等教育的相关研究给予特别的关注和解析。

(一) 18世纪的萌芽期

18世纪的宗教改革使得民族国家迅速发展。一些思想家、社会改革家和教育家积极提倡国民教育思想,要求建立国家教育体制。这一时期教育理论的主要特征是以建设民族国家为出发点,强调教育的世俗性以及国家在教育中的主导作用,强调国家应培养公民和推行义务教育。

1. 法国:国家对公民教育的主导作用

18世纪的法国是西方国家主义和民族主义教育思想的发源地,涌现了一批教育思想家。例如:拉夏洛泰、卢梭、狄德罗、孔多塞等,他们提出学校必须由国家举办和管理,对国家所有的公民应实行一定程度的免费教育,按照国家的标准去培养和塑造公民等观点。

拉夏洛泰是法国国家主义教育思想的代表人物,其思想集中体现在1763年出版的《论国民教育》一书中。拉夏洛泰提出了"公民教育"的概念,认为教育的目的应该是为国家培养心智完善、品德高尚、身体健康的公民,因此国家应建立国民教育制度。拉夏洛泰指出,"教育的目的既然是为国家培养公民,很显然,教育就必须与国家的政治制度和它的法律相适应"。① 为此,他主张教育权应由民族国家来掌握,"法国民族需要一种只依靠国家的教育,因为教育本来就是属于国家的;每个民族都有教育它自己的公民的不可剥夺的和无可置辩的权利,国家的儿童应该由国家的成员来培养"②。

孔多塞是另一位致力于推进国民教育实践的法国国家主义教育思想的代表人物。孔多塞十分强调国民教育的发展,认为国家对每个公民的天赋权利应该予以尊重,国民教育是国家对一切公民应尽的职责。1791 年,孔多塞被选入立法会议,并领导国民教育委员会。第二年,他向立法会议提交了一份自己拟定的《国民教育组织计划纲要》改革方案,系统地阐述了他对国民教育体系的设想,提出了各级各类学校都应将普及、义务、免费作为办学原则,因为"国民教育最直接的目标在于为全人类提供满足自己需要的方式,保证他们的福利,认识与利用自己的权利,理解并完成自己的责任"③。

2. 美国:教育在国家独立中的支撑和塑造作用

18 世纪正值美国摆脱殖民地统治、建立独立自主的民族国家时期,因此,美国的国家主义和民族主义思想与美国的独立紧密相连,强调教育在美利坚合众国的形成、多民族的融合、政治体制的完善等方面的作用。美国的第一任总统乔治·华盛顿,第三任总统托马斯·杰斐逊,教育家诺亚·韦伯斯特等都是这一时期的代表人物,他们将教育提升到塑造民族国家、保障政治制度的重要战略地位。

托马斯·杰斐逊曾任美国第三任总统,是《美国独立宣言》的主要起草人。杰斐逊的国家主义教育思想和法国思想家们有所不同,他非常重视教育在国家政治中的保障作用,从启迪人心智的角度,赋予教育更重要的价值和

---

① 吴式颖.教育让历史启示未来[M].北京:人民教育出版社,2009:224.
② 吴式颖.教育让历史启示未来[M].北京:人民教育出版社,2009:224-225.
③ FONTAINERIE. French Liberalism and Education in the Eighteenth Century[M]. New York: McGraw-Hill Book Company, 1932.

使命。他认为,即便是最好的政府形式依然有变成"暴政"的可能,而防止这个转变的最有效办法是尽可能启迪所有人的心智,以使他们形成良好的判断力和社会责任感,共同维护国家的法律制度。[①] 他说,"比所有的事更加重要的是,我希望人民都受到教育。因为我相信保障人类自由的最可靠方法是使人民都有善良的思想"[②]。在主张普及教育的同时,杰斐逊也非常重视高等教育。1800年,他在致约瑟夫·普利斯特利博士的信中,谈及建立"一所学科面广、开明和现代化的大学"的设想[③]。1805年,杰斐逊再次谈及建设大学的蓝图,他说,"没有人会比我更高兴地获悉弗吉尼亚议会可能最终按照一个包括广泛学科的计划建立一所大学。我坚信人民是他们自己自由的唯一安全的保管所,而只有当他们受教育到一定的程度,这些保管所才是安全的"。他认为国家"需要两级教育":一级是"要有某种教育机构来教授所有门类的科学,程度要达到人类心灵所达到的最高水平";另一级是"授予社会的每个成员以一定的知识,以便使他们能够阅读和做出判断,并且能够通情达理地对所发生的事情投票表决,这是市镇学校的目标"。[④]

韦伯斯特是美国著名的民族主义者,其教育思想与其民族主义思想紧密相连。韦伯斯特认为,美国独立发展的前提是树立美利坚合众国的高尚而一致的民族性,他看到了移民杂居给新共和国带来的潜在威胁,因此他认为培养适应独立政治的人是教育最迫切的任务。他在1790年发表的《论美国的青年人教育》一文中指出,"我国宪法尚未牢固确立,国民性格尚未塑造成功,这是公共教育制度要完成的宏伟目标。这种教育制度,不但传播科学知识,而且应在美国青年一代的头脑中牢固树立德行和自由的思想,以公平和自由的

---

① [美]彼得森.杰斐逊集 上[M].刘祚昌,邓红风,译.北京:生活·读书·新知三联书店,1993:392.
② 王兆璟,王春梅.西方民族主义教育思想研究[M].北京:民族出版社,2006:58.
③ [美]彼得森.杰斐逊集 上[M].刘祚昌,邓红风,译.北京:生活·读书·新知三联书店,1993:1224.
④ [美]彼得森.杰斐逊集 上[M].刘祚昌,邓红风,译.北京:生活·读书·新知三联书店,1993:1329.

政治思想激励他们,以对自由国家神圣不可侵犯的依恋感情勉励他们"。① 韦伯斯特非常重视文化在国家发展中的作用,他认为文化独立是美国政治独立的重要保证,而语言是文化的重要载体,为国民所认可和广泛使用的国家语言是国家统一和人民团结的重要纽带。因此,他按照美国人的发音习惯编写了《美国拼音读本》(也称《初等学校拼音课本》),取代了之前通用的英国读本。他花费了25年的时间编写了《美国英文大字典》,为美国语言文化独立作出了卓越贡献。所以,他又被后人誉为"美国文法和辞典之父"②。

(二) 19世纪的蓬勃发展期

国家主义和民族主义教育思想极大地推动了18世纪法国教育的发展。随后,欧美各国开始纷纷效仿法国的做法,通过立法和行政手段确立义务教育制度,建立国民教育体制。到了19世纪,国家主义和民族主义教育思想已经在欧美国家生根发芽、蓬勃发展起来。这一时期的主要特征是强调教育是国家和民族振兴的重要途径,赋予教育在国家发展中的更高责任及使命。

1. 德国:教育在民族振兴中的重要作用

19世纪民族主义教育思想在德国占据着主导地位,这一时期德国出现了很多著名的哲学家和教育家。例如,第斯多惠、费希特、洪堡等。他们非常重视教育在开启民智和促进人全面发展中的作用,认为这是德意志民族振兴的根本所在。他们认为,民族和国家不是同一件事情,国家不是目的而是手段,培养具有理性和高尚品德的德意志人才是根本和关键所在,只有这样,才能建立更好、更完善的国家。

费希特是德国国家主义和民族主义教育思想的代表人物,他的思想集中

---

① 朱旭东.欧美国民教育理论探源:教育制度意识形态论[M].北京:北京师范大学出版社,1997:182.
② 朱旭东.欧美国民教育理论探源:教育制度意识形态论[M].北京:北京师范大学出版社,1997:182.

体现在1807—1808年间发表的《告德意志国民》系列演讲之中。首先,费希特赋予了教育重要的使命,他认为要建立"合乎理性的国家"必须通过教育,"一个民族只有靠脚踏实地的工作,首先解决了培养全面发展的人的教育课题,然后才能解决建立完善的国家的课题",①"能够拯救德意志的独立性的,绝对仅仅是教育,而不是其他可能的手段"②。其次,他认为这种教育应该是德意志民族特有的,并认为这是民族生存和发展的关键所在。他旗帜鲜明地指出,"我提出的维护德意志民族生存唯一手段的建议,就是完全改变迄今的教育制度"③,要培养年轻一代的爱国热情和理性精神,并要"不折不扣地、毫无例外地把新的教养施给一切德意志人,以致这种教养不是成为一个特殊阶层的教养,而是不折不扣地成为这个民族本身的教养,并且毫无例外地成为它的一切单个成员的教养","形成特有的、德意志的民族教育"④。

洪堡的思想深受费希特思想的影响,他主张教育应"尝试促进人的力量的发展,这种力量是每个阶层都需要并很容易和每种职业都需要的能力和知识结合在一起的","在学习中训练记忆力、增强理解力、纠正判断力和使道德情感变得高尚"。⑤ 同时,他认为"这样的教育需要培育出对祖国的高度热爱,能够把祖国理解为个人尘世生活的载体,并且会把对德意志祖国的爱理解为自己的必然组成部分",因为只有这样的教育才能把个体"同复兴民族和振兴祖国的事业不可分割地联系在一起"⑥。洪堡的另一个巨大贡献是构建了经典大学理念中国家和大学关系的核心观点。在《论柏林高等学术机构的内部和外部组织》一文中他写道,"就总体而言,国家绝不能要求大学直接地和完全地为国家服务,而应当坚信,只要大学达到了自己的最终目标,它也就实现

---

① [德]费希特.对德意志民族的演讲[M].梁志学,等译.沈阳:辽宁教育出版社,2003:14.
② [德]费希特.对德意志民族的演讲[M].梁志学,等译.沈阳:辽宁教育出版社,2003:127.
③ [德]费希特.对德意志民族的演讲[M].梁志学,等译.沈阳:辽宁教育出版社,2003:14-15.
④ [德]费希特.对德意志民族的演讲[M].梁志学,等译.沈阳:辽宁教育出版社,2003:16-17.
⑤ [德]弗利特纳.洪堡人类学和教育理论文集[M].胡嘉荔,崔延强,译.重庆:重庆大学出版社,2013:136.
⑥ [德]费希特.对德意志民族的演讲[M].梁志学,等译.沈阳:辽宁教育出版社,2003:129.

了,而且是在更高的层次上实现了政府的目标,大学由此所产生的影响远远超过政府的范围,远非政府的种种举措所能企及"①。"大学,也就是科学的活动是一种精神活动,与任何较严密的组织形式均格格不入,国家的任何介入都是一种错误,但由于在现实中,大学若没有国家所提供的经济和组织保障便难以存在和发展,因此,国家有义务为大学提供这种保障。"②有学者把洪堡的国家观称为"文化国家观",在这里,国家被理想化了,国家和大学的协调关系建立在洪堡理念中的理性国家基础之上。

2. 美国:公共教育在国家经济社会发展中的作用

19世纪,欧洲的国家主义教育思想传入美国,在这一思潮的影响下,美国的公共教育思想逐渐发展壮大,形成了自身的独特理念。由于美国正处于国家独立后的上升发展期,因此国家如何实现经济发展,如何增强国家实力等,成为这一时期全美普遍关注的问题。这一时期美国的公共教育思想也充分体现了这一点,其主要代表人物有贺拉斯·曼、亨利·巴纳德等,他们都认为公民素质是国家发展中的关键所在,因此要通过发展公共教育来提升公民素质,并推进国家社会经济的建设和发展。

贺拉斯·曼是美国公共教育思想的代表人物,他的思想主要反映在《教育演讲集》《关于青年人的几点建议》等著作和文章中。他认为,教育是国家强盛的命脉,是美国的生命线,公共教育最重要的任务就是培养公民形成良好的道德品质。在贺拉斯·曼看来,"公民素养的高低对自身财富的增长和幸福,以及国家的前途与未来具有重大的影响,而教育是公民素养提升的基本手段"③,因此应积极推进公共教育的普及发展。他指出,从政治价值看,"普及教育是促使人类平等的伟大平衡器,也是社会机器必不可少的平衡轮,不仅促进社会改革,而且将使人们成为一种具有更多学问和更高德行的人。

---

① 陈洪捷,施晓光,蒋凯.国外高等教育学基本文献讲读[M].北京:北京大学出版社,2014:134.
② 陈洪捷.德国古典大学观及其对中国的影响[M].北京:北京大学出版社,2006:39-40.
③ 续润华.外国教育史导论[M].哈尔滨:黑龙江人民出版社,2016:194.

如果没有强调公民道德和文化价值的普及教育,美国的成功是没有希望的"①。从经济价值看,"受过教育的人民是更加勤奋和有创造力的人民。知识和富裕相互支持,犹如原因和结果的关系。在国家的财富中,人的智力基本上是它的一个组成部分"②。应该说,贺拉斯·曼的思想充分体现了美国实用主义的精神实质,其中已经蕴含了人力资本的思想萌芽。

(三) 20世纪的深化发展期

经过19世纪的发展,国家主义和民族主义教育思想不断发展完善,各国特别是欧美一些发达国家已建立了完整的国民教育体系。到了20世纪,在前期理论和实践的基础上,国家主义、民族主义教育思想得以不断深化,相关研究进一步拓展,将更多主题和元素纳入这一领域中来综合考察,引发了更深层次的思考和讨论。

1. 杜威:民主主义教育对国家与社会的区分

杜威提出建设民主主义社会的理想,教育是其实现社会理想的重要途径。杜威认可裴斯泰洛齐的想法,认为"要有效地实行新教育思想,需要国家的支持","民主主义教育的运动不可避免地成为由政府实施和管理的学校的运动"③。他强调国家支持的教育运动和民主主义教育并不是一回事,但是在欧洲国家主义和民族主义的影响之下,"教育变成一种公民训练的职能","用'国家'代替人类,世界主义让位于国家主义。教育的目的是塑造公民而不是塑造'人'"④。杜威认为,不应该用国家主义的教育目的代替"更广阔的社会目的",不应该使"为人类福利和进步而教育的新思想,成为国家利益的俘虏,

---

① 赵祥麟.外国教育家评传:第二卷[M].上海:上海教育出版社,1992:382.
② 赵祥麟.外国教育家评传:第二卷[M].上海:上海教育出版社,1992:383.
③ [美]杜威.民主主义与教育[M].王承绪,译.北京:人民教育出版社,2001:104.
④ [美]杜威.民主主义与教育[M].王承绪,译.北京:人民教育出版社,2001:104-105.

被用来进行社会目的非常狭隘而且具有排他性的事业"。① 杜威分析了教育中国家目的和社会目的矛盾的原因："一方面，科学、商业和艺术超越了国界，这些事业的性质和方法大量的是国际性的，它们要求居住在各国的人民之间互相依赖和合作。另一方面，政治学上国家主权的思想，从来没有像现在这样被强调，各个国家都处在被抑制的敌视和互相戒备的状态，每个国家都以为是自己利益的最高裁判，以为各国当然有绝对属于自己的利益。"② 因此，他认为要超越狭隘的国家目的限制，对学生实施民主主义教育，"就全体人类相互之间的更充分、更自由和更有成效地联合和交往而言，国家主权属于次要的和暂时的性质，这个思想必须灌输给学生，成为有效的心理倾向"，"这个结论和把教育作为解放个人能力，朝着社会的向前生长的观点是密切联系的。否则，教育的民主主义标准就不能彻底地应用"。③

2. 科南特：要素主义对国家和教育关系的重申

20世纪五六十年代，美国的教育与国家关系是受到普遍关注的问题。这是因为这一时期正处于"两个阵营"的"冷战时期"，国家竞争与国家安危紧密联系在一起，苏联"卫星上天"更是极大地触发了美国人的国家危机意识。为了保持自身在国防、科技、教育方面的霸主地位，教育的国家主义在美国重新受到重视。

科南特的教育思想体现出这一时代的深刻印记。他曾经毫不隐讳地说，"我们是自由国家的公认的领袖。由于我们国家幅员辽阔，财富多，在这些自由国家反对苏联意识形态的斗争中，我们是主要的保卫者。我们的中小学、学院和大学应意识到这种责任对于教育的含义"。④ 可以看出，科南特赋予教育以强烈的国家责任感和危机感；同时，在这种国家主义教育思想指导之下，

---

① [美]杜威.民主主义与教育[M].王承绪，译.北京：人民教育出版社，2001：108.
② [美]杜威.民主主义与教育[M].王承绪，译.北京：人民教育出版社，2001：108.
③ [美]杜威.民主主义与教育[M].王承绪，译.北京：人民教育出版社，2001：109-110.
④ CONANT J B. The citadel of learning[M]. New Haven: Yale University Press, 1956: 38.

他极力倡导美国的教育传统,推进美国教育和美国文化整合。科南特认为,"一切儿童机会均等,一切职业团体同样受尊重,无论对我们过去和将来,都是有着重要意义的两个原则",因为"这些是美国教育的基本诺言",是美国教育区别于其他国家教育的特征,是美国教育最根本的传统所在。他认为,每个美国公民都应该了解它们,因为只有认识到它及其重要性,才会"更愿尽力支持美国教育传统的进一步发展,并使之与新的世界相适应"。① 可以看出,科南特的要素主义教育思想是新形势下对国家主义教育思想的回归。

(四) 小结

教育作为人类最古老的社会实践活动之一,历来受到社会的重视。由于资产阶级革命和思想启蒙运动,人们对教育的看法也发生了巨大变化,18世纪是西方社会旧教育和新教育的分水岭。一方面,自由主义、人文主义教育思潮盛行,它们反对禁锢人思想的封建教育,主张解放人的天性,培养资本主义社会"新人",教育促进人发展的价值彰显;另一方面,教育的社会功用也开始逐渐显现,国家主义、民族主义教育思潮凸显,它们认为教育在民族国家的产生、发展、振兴和强大中都发挥了不可替代的重要作用。可见,"教育强国"并非中国独有的话语,在18世纪西方民族国家建设的过程中,教育也曾被视作立国、兴国、强国的重要途径,具体体现在以下三个方面。

第一,"教育立国"。教育是西方民族国家形成和发展的重要制度支撑。正如有学者总结的那样,教育"是国家形成的一种工具,它提供了一种建造和统一新民族国家的强有力的手段,并成为其重要的制度支撑之一"。② 西方民族国家的发展历程和中国有很大的不同,宗教改革前,政府基本上都在教会的控制之下,教育权也掌握在教会手中,这使得教育的目的、内容甚至使用的语言都被打上宗教的烙印,无法体现民族性和国家意志。宗教改革后,

---

① CONANT J B. The citadel of learning[M]. New Haven: Yale University Press, 1956: 47.
② [英]安迪·格林.教育、全球化与民族国家[M].朱旭东,等译.北京:教育科学出版社,2007:1.

民族国家在建立和发展的过程中,首先从教会手中夺得教育权,建立国民教育体系,以便培养认同和建设民族国家的国民,为民族国家的发展打下坚实根基。在这一过程中,教育和民族国家相互促进,教育是民族国家形成和发展的基础,而民族国家是教育社会价值得以彰显的土壤。

第二,"教育兴国"。教育是民族国家发展和振兴的重要手段和途径。一个民族国家要想发展,需要形成整体合力,这就要求整个国家能够形成核心价值观和文化凝聚力,而这需要由教育来完成。教育不仅可以通过教授民族语言、学习民族文化等来传承民族文化传统,还可以通过塑造社会价值观,整合多民族文化等形成新的民族文化,进而成为凝聚国家的纽带。例如,美国作为多种族的移民国家,就是通过教育打造美国文化和培养美国公民的。同时,教育通过对年轻一代社会价值观的塑造,培养民族国家的建设者和接班人,进而促进国家的发展和强盛。因此,教育在促进民族国家的发展和兴盛过程中具有不可替代的重要作用。

第三,"教育强国"。教育是国家走出危机和实现民族复兴的重要战略举措。在国家主义、民族主义教育思想中,教育有时被赋予比政府乃至国家更重要的战略地位,而这往往是在国家民族危难之时。比如,在普法战争时期的德国,其国家主义教育思想就把教育摆在首要的战略地位,认为教育是建立一个更完善国家的重要途径,德意志民族的存亡和振兴都系于教育。再比如,冷战时期的美国也是把教育作为国家竞争的重要举措,认为只有通过教育,才能保持美国在世界竞争中的领先地位。因此,教育是超越国家现实利益的,它的价值在民族振兴的过程中得到进一步提升。

二、社会学和科学学视角:"高等教育中心"

二战后,西方社会学界开始关注西方国家、非西方国家等的发展道路问题,并围绕这些问题形成了一系列的西方现代化理论,于是出现了依附理论、世界体系分析理论等。这些理论体现着强烈的"西方中心主义"立场,后遭到学术界的质疑和批评。西方现代化理论对高等教育相关研究的影响很大,高等教育界有学者试图运用这些理论的基本观点和方法论分析世界高等教育体系格局,并认为西方高等教育是世界高等教育理念和模式的输出区域,世界高等教育存在着"中心—边缘"的结构。另一方面,科学学运用科学的计量方法,提出了科学中心转移理论。据此有学者提出,世界教育历史上也存在着高等教育中心转移的现象。可以看出,"高等教育中心"相关理论所关注的是世界高等教育体系格局以及高等教育发展模式等问题。

(一)西方现代化理论的演进及其影响

二战后,西方资本主义国家发展迅速,产业革命、经济复苏等使得西方资本主义国家的发展达到了一个前所未有的高度,于是"在西方社会形成了一种普遍的乐观与自信。不少西方学者认为,西方资本主义代表了现代世界发展的正确方向,西方世界正处在人类发展的较高阶段,而发展中国家则处在发展的较低阶段"[①],西方现代化理论也因此产生。概括地说,西方现代化理论围绕三类问题展开:一是力图解释和分析现代世界格局形成的过程及原因;二是力图总结作为成功代表的西方发达国家的发展经验和发展道路,并从中提炼现代化的一般理论和规律;三是力图分析非西方国家不成功的原因,并以西方国家的发展经验为范本,提出非西方国家未来发展的路径。

西方现代化理论的核心是建立了一套以西方国家发展道路为成功经验和范本的理论,其方法论是社会学常用的"理想类型"。现代化理论将"理想类型"分为两大类,即"西方"与"非西方",体现了典型的"西方中心主义"。在这个框架中,"西方"与现代、先进、发达等含义相连,而"非西方"则与传统、落后、欠发达、发展中等含义相连。因此,这一理论的核心就是"把西方的现代

---

① 俞思念,陈平其.西方现代化理论的兴起与演变[J].学习与探索,2005(6):131-134.

化作为衡量一切国家现代化发展的标尺,将现代化过程与道路简单化为西方模式"①。同时,这一理论还认为,非西方不发达国家落后的主要原因在于,"其内部没有形成能在新的世界政治、经济环境中得以生存和发展的条件",而这主要是其根深蒂固的传统文化的影响,因此"非西方国家必须摒弃传统文化,接受西方的文化和价值观",以激发起"追求现代化的意志"。②

西方现代化理论的出现有着深刻的政治原因。二战后,旧的殖民体系纷纷瓦解,大批新独立的国家面临发展道路的选择问题。西方资本主义国家从冷战思维出发,极力拉拢这些国家走资本主义道路,因此,需要通过各种理论来宣扬资本主义发展模式的优越之处,以便吸引这些国家加入资本主义阵营。但事实证明,发展中国家并没有如西方现代化理论所说的那样,必须走西方现代化道路才能获得发展,追随西方模式的发展中国家也并没有获得想象中的成功,一些东亚国家的崛起向世界昭示了其他发展道路的可能性。于是,越来越多的学者开始质疑西方现代化理论,认为这一理论是"西方中心主义"的,体现了很强的政治意图。于是,依附理论和世界体系理论便应运而生。

依附理论又称"依附与低度开发"理论,"是关注探索发展中国家发展道路的现代化理论"③,最早产生于20世纪上半叶的拉丁美洲。依附理论认为,整个世界中心存在着"中心—边缘"的结构,发达国家处于中心地位,它们通过剥削和掠夺边缘国家的"剩余价值"而实现发展。因此,"要阻止'经济剩余'被剥削,发展中国家唯一的办法是通过革命打碎'依附的链条'"④。20世纪70年代,全球化思潮日益盛行,西方又出现了以华勒斯坦为代表的世界体系理论,对西方现代化理论进行了更彻底的批判。有西方学者尖锐地指出,

---

① 俞思念,陈平其.西方现代化理论的兴起与演变[J].学习与探索,2005(6):131-134.
② 俞思念,陈平其.西方现代化理论的兴起与演变[J].学习与探索,2005(6):131-134.
③ 陶海洋.依附理论的发展及其主要观点[J].社会主义研究,2007(5):95-98.
④ 陶海洋.依附理论的发展及其主要观点[J].社会主义研究,2007(5):95-98.

"华勒斯坦的世界体系理论正是来揭穿所谓的'现代化理论'的主张,即所有社会都可以沿着类似于更早的西方社会所遵循的那样的道路,实现更大的经济繁荣和现代性"[1]。世界体系理论认为,不能把"传统文化、人口过剩、投资少、成就动机不足等内在因素归咎为第三世界国家落后的主要原因",而应"将资本主义世界经济作为一个统一的整体来分析不发达国家的发展问题"[2]。这一理论认为,"世界范围内的资本积累形成了有特定的劳动分工和生产分工功能的'中心—半外围—外围'区域结构,正是这样的国际结构而不是国家内部因素阻碍了不发达国家的发展"。同时,这一结构是历史长期发展的结果。第三世界国家"经历了一些西方国家没有经历过的事情——一个多世纪被殖民的经历彻底改变了第三世界国家发展的道路,从而造成了两个世界之间的历史鸿沟"[3],因此,第三世界国家不能走西方国家的发展道路。

西方现代化理论对西方学术界有着比较深远的影响,尤其在分析世界各国发展及其相互关系、世界格局体系形成原因等问题上,西方现代化理论的基本价值观和方法论的影响仍潜移默化地存在。因此,要想理解世界高等教育体系的相关理论,首先需要对西方现代化理论有所了解,才能更准确地把握西方高等教育中心相关理论产生和发展的深层原因。

(二)"高等教育中心—边缘"学说

"中心—边缘"学说是西方现代化理论的一个基本分析框架,一般用于分析世界体系结构及其形成的原因。它最初是由阿根廷经济学家劳尔·普雷维什提出的,后来得到广泛运用。一些学者在这一基本框架的基础上又提出

---

[1] WRIGHT J D. International Encyclopedia of the Social & Behavioral Sciences[M]. 2nd ed. Amsterdam: Elsevier, 2015: 748-752.
[2] 郑吉伟,宋鑫.21世纪以来西方左翼学者关于世界体系理论的研究[J].新视野,2021(4):87-93.
[3] 郑吉伟,宋鑫.21世纪以来西方左翼学者关于世界体系理论的研究[J].新视野,2021(4):87-93.

了更多的分析框架,如弗兰克的"宗主国—卫星国"学说,华勒斯坦的"中心—半边缘—边缘"学说等都是这一分析框架的深化和拓展。① 西方现代化理论中的"中心—边缘"主要是基于经济发展水平来划分的,经济发展水平高的国家被认为处于世界体系的中心,而经济发展水平低的国家被认为处于世界体系的边缘。

美国比较教育学家阿尔特巴赫将"中心—边缘"分析框架引入高等教育领域,用以分析世界高等教育体系的结构和格局。他说,"中心—边缘的概念已被用来分析各种各样的社会关系,但直到最近才用于教育。将这一观点用于分析大学在国内、国际上发挥的作用时,不难发现,在现行国际教育有机体中存在着某些大学和知识'中心',它们指出方向、提供样板、开展研究,一言以蔽之,就是它们处于学术系统'金字塔'的顶端而起着领导作用,而这一'金字塔'的底部则是那些处于'边缘'的大学,它们照搬国外大学的发展模式,很少产生原创性成果,一般不能涉足知识前沿"②。阿尔特巴赫认为,处于"中心"的是工业化国家的大学,而处于"边缘"的是第三世界国家的大学,他非常肯定地说:"第三世界大学在全球范围内无一例外都是边缘大学。它们依靠工业化国家,特别是美国、法国、英国和德国的大学为它们提供发展模式。对中心大学存在的心理依附与缺少必要的设施和传统结合在一起,决定了第三世界大学只能是边缘大学。"③虽然阿尔特巴赫承认美国和德国的高等教育也曾一度处于世界体系的边缘,后来才成功地成为世界高等教育体系的中心,但是他认为,对第三世界国家来说,这种从边缘到中心的转变几乎不可能实现,原因主要有五个方面:大学的传统是西方传统,跟第三世界的知识传统完全不同;中心大学使用的是西方语言;第三世界国家是知识的"消费者",它们在科学上的信息和进步依赖于工业化国家;工业化国家掌握了主要的知识交

---

① 祝魏芳.萨米尔·阿明的资本主义世界体系批判理论研究[D].上海:华东师范大学,2022:14.
② [美]P·G·阿尔特巴赫,蒋凯.作为中心与边缘的大学[J].高等教育研究,2001(4):21-27.
③ [美]P·G·阿尔特巴赫,蒋凯.作为中心与边缘的大学[J].高等教育研究,2001(4):21-27.

流途径；大量来自第三世界国家的学生在工业化国家留学。[①]

阿尔特巴赫的"高等教育中心—边缘"学说在价值观层面与西方现代化理论是一脉相承的，正如华勒斯坦所说的那样，"传统的社会科学是有偏见和不准确的。这不是因为他们研究的方式，而是他们看待世界的方式，影响其客观性的主要因素之一是以欧洲为中心的心态。简单地说，每件事都与欧洲或西方文化的标准相比较"[②]。阿尔特巴赫对于世界高等教育体系的解释，正体现了西方学术界看待世界的这一方式。在阿尔特巴赫眼中，第三世界国家的大学只能仿效欧美模式发展，它们不可能成为中心大学。因此，当谈到第三世界国家大学的未来发展时，他没有提供更具建设性的解决方案，这说明他的理论止步于"西方中心"，对西方以外的国家高等教育的发展缺乏解释力和指导性。

（三）"高等教育中心转移"学说

如果说"高等教育中心—边缘"学说认为世界高等教育体系和格局是相对固定的，处于边缘的大学很难进入中心地位，那么"高等教育中心转移"学说则恰恰相反，它认为世界高等教育中心是更替和变化的，且中心的转移有一定的规律可循。这一观点来源于世界科技中心转移的"汤浅现象"。

20世纪50年代，著名科学社会学家贝尔纳在其名著《历史上的科学》中第一次描述了"科学活动的主要区域随时间变化而更迭"的现象。20世纪60年代，日本著名科学史学家汤浅光朝通过计量分析证明了这种现象的存在，并提出了"世界科学活动中心转移"的概念，这种现象也被称为"汤浅现象"。"汤浅光朝用科技成果的数量来衡量一个国家的科技发展水平，当某个国家在某时期内产生的重要科技成果超过全世界的四分之一时，就可以认为这个

[①] ［美］P·G·阿尔特巴赫,蒋凯.作为中心与边缘的大学[J].高等教育研究,2001(4):21-27.
[②] BIES J D. The End of the World as We Know It: Social Science for the Twenty-First Century [J]. Political Geography, 2000, 19(7): 929.

国家是当时世界科技活动的中心。"①他通过对1501年到1950年间科技成果的统计发现,世界科学活动的中心发生了五次明显的转移,其先后顺序为意大利、英国、法国、德国、美国,"每个科学中心的持续时间大约在80年左右"。② 由于"汤浅现象"把科学的发展放在了人类发展的历史甚至是国家发展的历史之中,因此,科学发展与所在国家及社会发展的关系问题开始备受关注。同时,由于科学中心转移被描述成具有规律意义的现象,这在一定程度上增强了欧美以外国家发展科学的信心。

1977年,美国科学社会学家约瑟夫·本·戴维出版了《学习的中心:英国、法国、德国、美国》一书,探讨了世界高等教育中心转移的问题。他说,"本书所要讨论的体系——英国、法国、德国和美国的体系——并不只是一个偶然的集合,而是世界体系的核心部分。中国、印度、日本和苏联也有庞大而重要的高等教育体系,一些较小的体系也很重要。但迄今为止,这些体系都没有在这些国家或其政治控制区以外产生过多的影响。与此相反,法国、德国和美国的高等教育体系(按此顺序排列)自19世纪初以来一直是世界高等教育的中心和典范,英国则是持久的次中心"③。

本·戴维作为科学社会学家,在一定程度上受到了科学学中关于世界科技中心转移思想的影响,他所提出的世界高等教育中心转移顺序与科技中心转移顺序是一致的,同时他也很重视分析高等教育中心转移的历史过程,对各个时期高等教育中心的特征、影响等都有详细阐述,体现了科学学研究中的实证研究风格。他的观点主要体现在以下五个方面:第一,高等教育中心需要有世界影响力,其高等教育观念和模式应该被其他国家和地区所效仿;第二,高等教育中心并不是指规模大,甚至也不仅指影响大,若其影响仅局限

---

① 刘钒."汤浅现象"内涵解析及其现实意义[J].社会科学论坛(学术研究卷),2007(7):4-8.
② 刘钒."汤浅现象"内涵解析及其现实意义[J].社会科学论坛(学术研究卷),2007(7):4-8.
③ BEN-DAVID J. Centers of Learning:Britain, France, Germany, United States[M]. 1st ed. New York:Routledge, 1992:5.

在有限区域,不能拥有广泛、持续和深入的影响,不能被不同文化、意识形态的国家或地区所接纳,它就不能被称为高等教育中心;第三,高等教育中心的影响力不仅来源于一些具体做法和制度安排,更来源于其高等教育传统以及教育观念,这些影响是深层次的;第四,19世纪以来,世界高等教育中心不是固定不变的,而是变动转移的,顺序为法国、德国、美国,英国一直以来是世界次中心;第五,这些国家之所以能够成为世界高等教育中心,"是因为它们在很长一段时间内发展了高度全面的科学卓越性和自给自足性"①,也就是说,它们有完备的学术体系,在科学的发展方面表现出引领性,同时这些高等教育系统具有较强的进一步发展的物质和观念基础,具有自我不断发展的能力,不需要受制于人。应该说,本·戴维的高等教育中心转移理论对世界高等教育中心转移过程,尤其是对其所表现出的特征的分析,对我们研究"高等教育强国"特征具有启发和借鉴意义。

(四) 小结

虽然西方学者确实很少使用"强国"这样的语词和概念,但是这并不等于说他们不关注和不研究"强国"这一现象。西方现代化理论恰恰是西方学者在解释西方国家的成功经验中产生的,在他们眼中,西方国家的成功经验和模式是一种普遍规律,非西方国家只有走西方国家的道路,才能获得发展。西方现代化理论在描述"西方国家"时,常常使用"发达""先进""成功"等词语,但在描述"非西方国家"时,往往使用"欠发达""落后"等词语,从某种意义上说,西方现代化理论折射出的也是一种"强国"话语,而且是一种"西方中心主义"的"强国"话语。

"西方中心主义"在高等教育领域的影响似乎更加深刻。现代意义的大学起源于西方社会,现代高等教育制度也是在西方社会的基础上建立起来

---

① BEN-DAVID J. Centers of Learning: Britain, France, Germany, United States[M]. 1st ed. New York: Routledge, 1992: 5.

的,因此,由于先发优势,在长期的发展过程中,西方高等教育一直引领世界高等教育的发展,其理念和模式被非西方国家所效仿。从历史上看,虽然世界的高等教育中心存在着转移的现象,但是这种转移目前只发生在欧美高等教育体系之内,这正是阿尔特巴赫断言第三世界大学很难成为世界高等教育中心的原因。

无论是西方现代化理论,还是受其深刻影响的"高等教育中心"理论,实际上都是一种基于当前结果的倒推式、解释性理论,这些理论都是以西方国家的成功经验为出发点,力图解释其成功的原因。其问题在于,这些理论都把西方成功经验看成是规律本身,甚至是唯一正确的成功之路。相关西方理论认为当今世界的体系格局是无法改变和撼动的,发展中国家是无法超越发达国家的。

近年来,东亚国家在各方面的迅速崛起对"西方中心主义"提出了巨大的挑战,但是从理论上对这些现象的研究和解释还很不够。理论和实践的错位说明,尽管西方高等教育确实具有先发优势,但是近年来日本、中国等国家高等教育的迅速发展表明,后发型高等教育也具有成功的可能。如果"高等教育中心"理论只是解释现有格局的合理性和合法性,对非西方国家高等教育发展经验缺乏研究,那么只能说明这些理论有着强烈的价值预设前提,对世界高等教育发展的多样性和可能性观照不够。因此,深入研究后发型高等教育的发展经验,总结我国高等教育发展的路径和模式,是未来我国高等教育学界必须担当的责任和使命。

三、经济学视角:高等教育与国家经济发展的关系

人力资本理论、国家创新系统理论等经济学相关理论,从不同角度揭示了高等教育在国家经济发展中的作用,这就是说,国家要想增强竞争力和经济实力,离不开高等教育的发展,世界各国在这一点上已经越来越趋于一致,

形成共识。近年来,在很多国家的竞争力评价中,高等教育的相关内容越来越受到关注,它在国家竞争力中的贡献度以及它所发挥的作用越来越成为国家竞争力评价的重点。因此,从经济学视角,系统分析高等教育与经济发展关系的相关理论,对我们理解和建设"高等教育强国"都具有重要意义。

(一)人力资本理论及其对世界各国教育政策的影响

虽然人力资本理论诞生于20世纪60年代,但是重视人在经济发展中作用的这一观点和思想则由来已久。18世纪的法国经济学家弗朗索瓦·魁奈、英国经济学家亚当·斯密以及19世纪后期的英国经济学家阿尔弗雷德·马歇尔等都提出过类似的观点。他们认为人是生产力提升、国家财富创造的重要影响因素,教育可以使人获得知识技能,从而促进经济的增长。20世纪60年代以前,这些观点主要是在理论和观念层面被论证,它们没有在实证层面得到证实,相关研究还没有完全融入经济学的学术体系和框架之中,仍处于经济学研究的边缘和外围。

二战后,美国经济学家对经济增长的日益痴迷改变了这种情况。正是在对"是什么因素促进经济增长"的实证研究过程中,经济学家们发现,用资本积累解释经济增长的传统模型只能解释部分情况,还有相当一部分经济增长的原因无法得到解释,他们认为在这个问题上"我们无知的程度大得惊人"[1]。美国经济学家西奥多·舒尔茨注意到这一问题,并以此为出发点开始他的研究。他一针见血地指出,"经济学家一直都将人作为国家财富的重要组成部分,但没有重视的是人们对自身进行的投资,且这些投资是非常巨大的。经济学家忽视这一问题的原因根植于人们思想深处的道德与哲学束缚,自由的人不再被看作是经济的奴隶,不再是可以在市场上买卖的财产。把人作为可

---

[1] LAURA H, JEFF B. The Introduction of Human Capital Theory into Education Policy in the United States[J]. History of Political Economy, 2017, 49(4): 537-574.

以通过投资而增长的财富,这一观念与人类社会长期以来争取自由的成就相抵触"①。然后,他系统论述了人力资本对经济增长的贡献:"从劳动力市场上不同类型劳动者的收入差别入手,他发现教育与健康因素是收入差别的主要原因,并进一步明确收入存在差别的原因是劳动生产率的差异",构建了"用人力资本解释经济增长的逻辑","解决了那些经济增长研究中面临的悖论与困惑"。② 可以说,舒尔茨的理论"奠定了作为现代人力资本理论的基础,并在宏观上实证检验了教育对经济增长的重要作用"③。在舒尔茨之后,人力资本理论开始繁荣发展,尤其在美国,出现了一批致力于人力资本理论研究的经济学家,例如,加里·贝克尔、爱德华·丹尼森、罗伯特·卢卡斯等。其中,丹尼森从宏观层面对国家经济增长的影响因素进行了深入研究,并提出了"通过增加正规教育年限而提高劳动者的受教育程度,不但可以解释过去的经济增长,而且可促进未来的经济增长"的观点;卢卡斯论证了"经济增长的根本动力在于人力资本的不断增长,并指出人力资本投资收益具有溢出效应",这些都极大地推动了人力资本理论的深入和发展。④

人力资本理论对 20 世纪中叶以来各国教育政策产生了深刻的影响,各国纷纷增加教育投入,以期推动国家经济的发展。1962 年,日本政府发布了白皮书——《日本的成长与教育——教育的进步和经济的发展》,"通过加大教育投资来积累人力资本",并促进了二战后日本的迅速崛起。⑤ 20 世纪 60 年代,美国政府在推行"向贫困宣战"政策的过程中,通过了两项教育法案——《初等和中等教育法案》和《高等教育法案》,而"人力资本理论极大地影响了将教育作为向贫困宣战的重要组成部分的决策","联邦一级的教育和经济决策者接受了人力

---

① 杜育红.人力资本理论:演变过程与未来发展[J].北京大学教育评论,2020,18(1):90-100,191.
② 杜育红.人力资本理论:演变过程与未来发展[J].北京大学教育评论,2020,18(1):90-100,191.
③ 闵维方.人力资本理论的形成、发展及其现实意义[J].北京大学教育评论,2020,18(1):9-26,188.
④ 闵维方.人力资本理论的形成、发展及其现实意义[J].北京大学教育评论,2020,18(1):9-26,188.
⑤ 李永春,刘天子.人力资本理论的发展及其公共教育政策的呈现[J].教育与经济,2022,38(3):73-80.

资本理论的基本假设,即教育的核心目的是提高生产力,从而提高学生未来的收入能力"。[①] 1974年,世界银行发布《教育部门工作报告》,报告里明确指出,用于援助的资金"应该首先投资能够促进经济生产的教育项目,或是为经济发展提供所需要的各类人才"[②]。人力资本理论及其对各国教育政策的影响说明,二战以后,教育在国家经济发展中的作用越来越得到认可和重视,教育的经济价值和功能凸显,这为理解教育与国家的关系开辟了新的视角。

(二)国家创新系统理论

国家创新系统理论是一种力图从创新视角解释国家宏观经济发展动力及机制的理论,它把创新活动看成是一个国家各种创新要素组成的系统,而大学和高等教育就是其中的重要创新要素。

1912年,美籍奥地利经济学家约瑟夫·阿洛伊斯·熊彼特在其《经济发展理论》一书中首次明确提出了创新理论。他认为,创新是指新技术、新发明在商业中的首次应用,是"生产要素的新组合"[③]。熊彼特强调创新在经济发展中占有重要地位,他认为"创新是推动经济'不均衡—均衡—不均衡'发展过程的决定性力量,是一种破坏性的变革方式,是改变经济发展进程的唯一要素"[④]。1987年,英国经济学家克里斯托弗·弗里曼在熊彼特创新理论的基础上,首次提出"国家创新系统"这一概念。他指出,"国家创新系统"是"由公共部门和私营部门中的各种机构组成的网络,这些机构的活动和相互作用促进了新技术的开发、引进、改进和扩散"[⑤]。他认为,"在人类历史上,技术领先

[①] LAURA H, JEFF B. The Introduction of Human Capital Theory into Education Policy in the United States[J]. History of Political Economy, 2017, 49(4), 537-574.
[②] 李永春,刘天子.人力资本理论的发展及其公共教育政策的呈现[J].教育与经济,2022, 38(3):73-80.
[③] SCHUMPETER J A, ELLIOTT J E. The Theory of Economic Development [M]. New York, NY: Routledge, 1983: 41.
[④] 傅海霞.国家创新系统理论的演变及未来研究方向[J].商业时代,2010(20):4-5.
[⑤] 傅海霞.国家创新系统理论的演变及未来研究方向[J].商业时代,2010(20):4-5.

国家从英国到德国、美国,再到日本,这种追赶、跨越是一种国家创新系统演变的结果","一国的经济发展和追赶,仅靠自由竞争的市场经济是不够的,更需要政府提供一些公共物品,需要从长远的、动态的视野出发,追求资源的最优配置"。[①] 教育就是政府需要提供的有利于创新的公共物品,弗里曼的理论确立了教育在国家创新系统中的地位和作用。美国经济学家迈克尔·波特从国家竞争的角度,研究了创新发展与国家竞争优势的关系。他在1990年出版的《国家竞争优势》一书中,提出了分析国家竞争优势的钻石体系。他认为,有四种环境因素将对国家竞争产生重要影响:生产要素;需求条件;相关产业与支持性产业;企业战略、企业结构和同业竞争。[②] 这四个要素构成一个钻石体系,这一钻石体系的"核心是投资和创新",因为"产业具有国际竞争优势,它内部的产业必须具有能力、也有意愿从事改进和创新,进而创造和保持本身的竞争优势。这里所指的改进和创新,尤其和企业投资、研发、学习成本、先进设备、教育训练等活动相关"[③]。波特认为,要想在竞争中获胜,需要依靠教育、研发等活动保持产业和国家的竞争优势。

20世纪80年代末,国家创新系统理论的兴起与发展有其特定的社会背景。经过第三次产业革命,世界经济形态已经发生深刻的变革,知识经济初露端倪,教育尤其是高等教育在知识创新、科技创新、劳动力素质提升等方面的作用和价值也进一步凸显。鉴于这种情况,经济合作与发展组织(简称OECD)在1997年发布了《国家创新体系》研究报告,从推动知识经济角度出发,对国家创新体系进行了全面论述与分析。报告指出,"从高科技产业的增长和对高技能人才日益增长的需求可以看出,经济活动正变得越来越知识密集。对知识的投资,例如对研究与开发、教育与培训以及创新工作方法的投资,被看作经济增长的关键"。因此,要想理解国家创新体系的内涵,应首先

[①] 黄茂兴,李军军,叶琪,等.国家创新竞争力研究:理论、方法与实证[M].北京:中国社会科学出版社,2012:128-129.
[②] [美]迈克尔·波特.国家竞争优势[M].李明轩,邱如美,译.北京:中信出版社,2007:65.
[③] [美]迈克尔·波特.国家竞争优势[M].李明轩,邱如美,译.北京:中信出版社,2007:154-155.

明确"创新和技术进步是生产、传播和应用各种知识的行为者之间一系列复杂关系的结果",这些行为者包括"企业、大学和政府研究机构"等,因而"国家创新体系研究的重点是知识流动"。[①] 这就是说,与知识流动紧密相关的教育尤其是高等教育已经成为国家创新体系的重要组成部分。

(三) 关于国家竞争力评价的相关研究

20世纪80年代末期,各种国家竞争力评价在全球范围内开始兴起。竞争力评价涉及国家综合竞争力、产业竞争力、人才竞争力和创新能力等很多方面,大多以排行榜、指数等形式体现。在人力资本理论以及国家创新系统理论等相关理论的影响下,高等教育在这些竞争力评价中都占有比较重要的地位。尽管国家竞争力评价本身并非理论研究,但其背后大多有较深厚的理论研究作为支撑。因此,我们期望从竞争力评价角度出发,分析高等教育在各种国家竞争力中的地位和作用。

1985年,世界经济论坛发布了《全球竞争力报告》,这份报告提出了(国家)竞争力的概念,并对全球一些国家的竞争力进行了系统评估和排名。该报告指出,竞争力是指"各国为其公民提供高度繁荣的能力",这种能力体现在政治、经济、文化等多方面。同时,该报告认为,"高等教育和培训正在成为提升竞争力的关键因素,随着全球经济变得更加复杂,人们越来越明白,为了在全球市场竞争中保持优势,必须提高劳动力的人力资本,使其成员能够获得新知识,不断接受新流程和最新技术的培训",因此,"那些大力投资于建设完善的高等教育基础设施的国家在增长方面获得了巨大的好处"。[②] 1989年,瑞士国际管理发展学院发布了《全球竞争力年鉴》,这其中认为,竞争力是一

[①] OECD. National Innovation System: Organisation for Economic Co-operation and Development[EB/OL]. https://www.oecd-ilibrary.org/development/development-co-operation-report-1997_dcr-1997-en.pdf: 7 – 9, 11.

[②] SCHWAB K, PORTER M E, LÓPEZ CLAROS A. The global competitiveness report 2006—2007[M]. New York: Palgrave Macmillan, 2006.

个整体概念,指"一个国家构建有助于可持续价值创造的环境的能力"。高等教育是竞争力的关键支柱之一,"高等教育和培训对于一个国家在全球化和不断变化的环境中保持竞争力至关重要"。一方面,"随着全球经济的复杂性增加,对知识和技能的需求也在增加,高等教育在培养具有创新和适应能力的人才方面发挥了核心作用";另一方面,"高等教育不仅是人才培养的场所,还是研究和创新的中心,能够推动科技进步和社会发展。只有当企业和国家通过教育和培训培养出能够引领创新的人才时,才能实现经济的可持续增长和社会进步"。[①] 除此之外,高等教育在人才竞争力评价中也占有重要地位。2013年,法国欧洲工商管理学院发布了《全球人才竞争力指数》,通过分析各国在人才启用、吸引、培养、保留、技能发展和知识创造方面的表现,来评估全球范围内的人才竞争力。报告指出,"人才竞争力是一个衡量国家对于吸引、培养、留住人才能力的综合指数"[②],国家应通过政策、资源等各种途径,为人才发展创造有利条件和环境。应该说,与人才竞争力相关的三大支柱,即吸引人才、培养人才、留住人才都和教育紧密相关,因此,教育也是影响人才竞争力的关键要素。

此外,一些国家的政府部门也非常关注本国高等教育竞争力的问题。比如,2005年,美国国会要求国家研究院就美国在21世纪的全球竞争力情况进行研究。2012年,国家研究院提交了一份关于美国研究型大学的"健康状况"和竞争力的报告,报告认为,美国研究型大学"通过教育和基础研究,已成为美国追求经济增长和国家目标时的一大资产——有人甚至说是最有力的资产"[③]。

---

① https://www.imd.org/centers/wcc/world-competitiveness-center/.
② https://www.insead.edu/sites/default/files/assets/dept/globalindices/docs/GTCI-2013-report.pdf.
③ Committee on Research Universities Board on Higher Education and Workforce Policy and Global Affairs National Research Council. Research Universities and the Future of America: Ten Breakthrough Actions Vital to Our Nation's Prosperity and Security[M]. Washington, D.C.: The National Academies Press, 2012: 38.

(四) 小结

如果说二战后哲学、社会学、教育学等对高等教育在国家发展中作用的研究带有较为明显的意识形态倾向性,那么经济学视角则力图超越这种倾向性,更多从经济发展本身来看待这一问题。产生这种差异的原因:一方面和学科研究内容、研究方法、研究范式等学科特性有关;另一方面更和世界发展变化的趋势有关。二战以后兴起的要素主义教育思潮、西方现代化理论、高等教育"中心—边缘"学说等,都带有明显的"冷战思维"特点,以意识形态划定国家集团阵营进而探寻发展模式,其核心和实质是要维持和巩固西方社会阵营的整体利益和优势地位,缺少看待世界多样性的包容意识和平等心态。相比而言,人力资本理论兴起于 20 世纪 60 年代,国家创新系统理论、国家竞争力理论等则是 20 世纪 80 年代后才出现,这一时期正是从"冷战"向"全球化"转变的时期,发展中国家经济的迅速崛起以及全球经济的一体化发展,使得"冷战思维"面临巨大挑战,国家间的合作变得比竞争更为重要,只有合作才能实现共赢。因此,这一阶段经济学对国家经济增长的研究更关注国家社会系统内各要素的作用,力图揭示的也是国家经济发展规律。对于发展中国家,这些规律的提出说明它们也可以通过教育、创新等实现快速发展甚至超越发达国家。

教育作为影响国家经济增长的重要因素,其价值和作用进一步显现。尤其是随着知识经济的到来,教育在国家经济增长中的作用更加凸显。这就是为什么各种全球竞争力评价中都将教育尤其是高等教育纳入其中进行重点考察的原因。因此,发展高等教育是提升国家竞争力、建设现代化强国的重要路径,已经超越地域成为全球共识。正如美国国家研究院所总结的那样,谁拥有了一流的高等教育,谁就拥有了竞争的优势和基础。

第二章 "高等教育强国"的国内研究综述

我国的"高等教育强国"和"教育强国"两个概念的提出，在提出时间、提出背景、演进阶段等方面都是不同的，关于这两个概念的研究都有相对独立的学术史。但是，鉴于这两个概念的高度相关性，我们对于研究文献的梳理并不是仅仅局限在"高等教育强国"这一领域，而是从"教育强国"和"高等教育强国"两个领域展开。

一、"教育强国"的相关研究

自1840年鸦片战争以来，教育救国、教育兴国、教育强国的道路一直都是有识之士的共识和追求。新中国成立以后，中国共产党带领中国人民探索社会主义建设之路，发展教育一直是其中的重要战略举措。由于新中国教育的底子薄、起点低，因此，一直到改革开放前，中国教育发展的主要任务是建构教育体系和追赶西方教育发达国家，"教育强国"建设还没有成为我国教育的战略发展目标。20世纪八九十年代，在"科学技术是第一生产力"思想的指引下，党中央提出"科教兴国"战略，将教育摆在优先发展的战略地位。[1] 自此，

---

[1] 黄书光.优先发展教育战略的历史溯源与决策脉络[J].教育发展研究，2021，41(24):1-6,15.

教育学界关于"教育强国"的研究正式拉开帷幕。

(一)研究的演进和概况

我们以中国知网(CNKI)文献总库作为统计源,以"主题""关键词""篇名"为检索项,以"教育强国"为检索词,或以"教育强国"不含"高等"为检索词,进行检索,去除会议通知、报纸、书评及其他与主题不相关的文献,起始时间不限,截止时间为2022年8月1日,检索结果如图2-1所示。

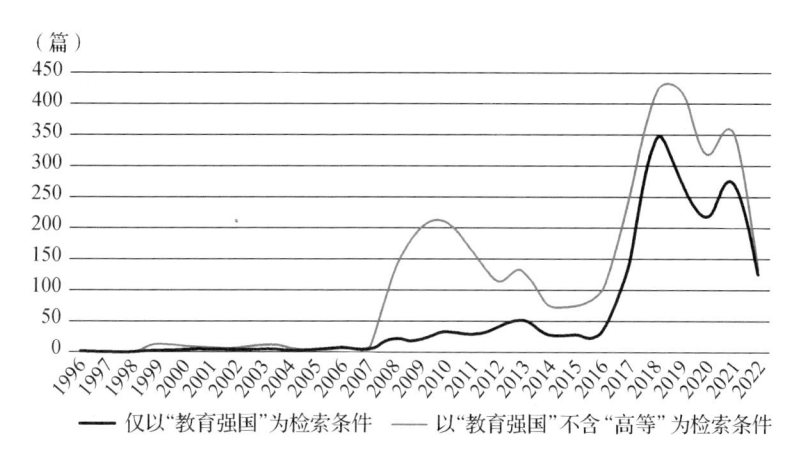

图2-1 "教育强国"研究的文献数量变化情况

从文献数量变化情况来看,关于"教育强国"的研究大致可以分为三个阶段。

第一阶段,从20世纪八九十年代到2007年,是研究的萌芽期。总体上看,相关文献较少,政府政策文件中也没有明确提出"教育强国"等语词,但对"人才强国战略"提得较多,并认为教育在由人口大国转化为人力资源强国中发挥重要作用。虽然有学者提出建设"教育强国"的设想,但是这种设想大多与人才强国战略有关。2008年以前,与"教育强国"有关的文献每年平均只有3.6篇,且增长比较缓慢。

第二阶段,从2008年到2016年,是研究的发展期。如果以"教育强国"为检索条件会发现,这一时期的文献数量激增,最多的年份文献数量达200多篇;若以"教育强国"不包括"高等"为检索条件会发现,这一时期的文献数量虽有增长但增长平缓,每年大约维持在 30 篇左右,说明这一时期的相关文献数量激增主要由"高等教育强国"研究引发的。例如:2007 年 12 月,时任国务委员的陈至立在教育部直属高校第 18 次工作咨询委员会会议上提出了建设"高等教育强国"的命题。后来,在中国高等教育学会"遵循科学发展 建设高等教育强国"重大课题引领下,高等教育学界掀起了"高等教育强国"的研究热潮。这一时期还有一些关于建设各种"教育强国"的提法,比如,时任教育部部长的周济提出的建设医学教育强国[①],一些学者提出的建设工程教育强国[②]、研究生教育强国[③]等。

第三阶段,从 2017 年至今,是研究的繁荣期。党的十九大报告中明确提出,"建设教育强国是中华民族伟大复兴的基础工程";2018 年召开的全国教育大会,2019 年中共中央、国务院印发的《中国教育现代化 2035》等对建设教育强国的战略、目标、要求、路径等都给出了进一步的阐述和指导。这一时期关于"教育强国"的文献数量开始急速攀升,年均文献量超过了 200 篇,2018年文献数量达到峰值,接近 450 篇,呈现出繁荣发展的态势。当然,数据也显示,2022 年的文献数量与 2021 年相比有较大幅度回落,其原因可能是由于统计截止时间为 2022 年 8 月,不是 2022 年全年文献数量,如果从 2018 年至今的变化情况来看,近些年的相关研究热度有减弱趋势,且呈现波动态势。

(二)"教育强国"内涵的研究

目前,学界围绕"什么是教育强国""如何建设教育强国"等问题进行了较为广泛的讨论,其中"教育强国"的内涵是学者们重点关注的内容。由于"教

---

① 周济.办人民满意的医学教育 努力建设医学教育强国[J].中国高等教育,2008(9):4-9.
② 罗尧成.探讨工程教育改革 建设工程教育强国——"新形势下工程教育的改革与发展"高层论坛综述[J].教育与现代化,2008(3):36-42.
③ 谢仁业,贺芳玲,房欲飞.引领中国和平发展 建设研究生教育强国——未来学位与研究生教育发展的宏观背景与趋势[J].学位与研究生教育,2006(4):1-7.

育强国"包含的内容非常广泛,因此不同的学者会从不同视角来提炼和界定其内涵,主要包括"双维度观""服务能力观""人才核心观""竞争比较观""系统整合观"五种。

第一是"双维度观"。朱旭东认为,教育强国的内涵包括本体论和价值论两个维度,其中本体论维度是指教育自身的强大性,表现为基础教育、高等教育、职业教育、民办教育、特殊教育、终身教育和教师教育等的强大;价值论维度是指教育满足国家对人力资本和人才需求的强劲性,表现为教育对国家经济、科技、文化、民生及社会所提供的支撑。[①] 张炜和周洪宇则从内外部两个维度分析教育强国的内涵。他们认为,教育强国是指一个国家具有强大的教育能力,能够全面确保教育中人的现代性增长,并表现为强大的教育综合实力。从内部来看,它体现为教育自身的强大和教育对社会发展的促进作用;从外部来看,它体现为一个国家的教育具有相当强的国际竞争力和世界影响力。[②]

第二是"服务能力观"。褚宏启认为,教育现代化与教育强国建设要为"社会主义现代化强国"建设服务,而且要充分体现"以人民为中心"的发展思想。他认为,教育是一种手段,是为国家发展和人的发展服务的。他强调,教育真正的"强大"是办好自己的事情,让自己的国家和人民真正受益。因此,是否是教育强国,取决于教育对于国家发展和个体发展的"服务能力"大小,如果教育能够有力促进现代化强国建设和人的现代化,就是教育强国。[③]

第三是"人才核心观"。学者们认为是否是教育强国,应从教育所培养的人的素质方面来考量。吴康宁认为,教育强国集中体现在"教育的综合实力"上,而后者包括"硬实力"和"软实力"。"硬实力"反映着"教育系统的含量",

---

[①] 朱旭东,李育球.新时代教育强国的新内涵建构[J].重庆高教研究,2018,6(3):3-8.
[②] 张炜,周洪宇.教育强国建设:指数与指向[J].教育研究,2022,43(1):146-159.
[③] 褚宏启.我们需要什么样的教育现代化与教育强国[J].人民教育,2018(20):16-20.

主要指规模、比例、结构等状况,它所涉及的是教育"大不大"的问题;而"软实力"反映的则是"教育的品质",它所涉及的是教育"好不好"的问题,即教育究竟能培养出什么样的人,他认为,教育的软实力更为重要,更能彰显"教育强国"之强。① 彭正梅从国际教育发展趋势出发,认为培养学生的 21 世纪能力才是建设教育强国的关键所在。21 世纪能力体现了 21 世纪人才培养的目标,它可以概括为"4C 能力",即批判性思维和问题解决、交流、合作、创造力与创新技能。他指出,中国的 21 世纪能力框架应该与美国的有所不同,中国既要顺应全球共同趋势,又要兼顾自身具体国情,以培养具有全球竞争力的中国人。②

第四是"竞争比较观"。雷云认为,教育强国并不是对自在状态的陈述,而是不同国家教育之间的比较。从这一视角出发,他认为应从以下三个方面把握教育强国的内涵:其一,教育强国需要一个具体的"他者"做参考才能得出结论;其二,"强弱"并非简单比较,而是对不同国家教育的相互比较及其结果的判定;其三,教育强国具有交往和互动的含义,教育强国并非意味着闭关锁国,它应该渴望与世界各国开展广泛交流,应对自身责任和担当有清晰的认识。③

第五是"系统整合观"。这种观点力图在宏观层面把握整个教育强国系统应该包括哪些方面,具有哪些特征。高书国认为,教育强国的内涵应该从综合实力、培养能力、竞争力及影响力四个方面来把握。他进一步强调,教育强国不能简单地理解为学术强国,它还是技能强国,否则教育强国就是残缺而不完整的。④ 夏文斌认为,真正意义上的教育强国包括教育思想强、教育制度强、培养人才强三个主要方面。⑤

---

① 吴康宁.教育的品质:教育强国的"软实力"[J].教育发展研究,2015,35(11):1-4,48.
② 彭正梅,邓莉,周小勇.发展 21 世纪能力,建设现代教育强国——国际教育改革新趋势及中国应对[J].中国教育政策评论,2018(0):58-84.
③ 雷云.建设"教育强国"实现伟大复兴——十九大报告中的教育宣言与未来图景[J].四川师范大学学报(社会科学版),2018,45(1):16-18.
④ 本刊编辑部.把握时代发展脉搏　建设世界教育强国——访中国教育学会副秘书长高书国[J].世界教育信息,2019,32(5):43-46.
⑤ 夏文斌.教育强国的三个维度[J].石河子大学学报(哲学社会科学版),2017,31(6):133.

(三)"教育强国"建设路径的研究

关于"如何建设教育强国",相关研究较多,以下主要从战略全局和关键路径两个视角来归纳现有的研究文献和观点。

1. 战略全局

现有研究主要包含三方面内容。一是从解读国家政策的角度提出教育强国的建设路径。例如:陈宝生[1]、刘昌亚[2]、庞立生[3]、丁玉斌[4]、张天雪[5]等在对十九大以来党和政府发布的一系列政策文件进行充分解读和分析的基础上,提出应深入理解和贯彻习近平关于新时代教育强国建设的重要论述,对党和国家建设教育强国的路径进行深入分析和学习。二是从宏观层面提出全方位建设教育强国的行动路径。例如:薛二勇[6]、陈劲[7]等指出,要坚持理念先行与价值育人,坚持党的领导和社会主义方向;学校、家庭、社会和政府应密切配合,形成教育合力,建设系统化的创新体系;要深度参与全球治理,构建人类命运共同体等。三是从高质量发展的角度,提出通过建设高质量教育体系,从而建设教育强国的思路。例如:陈宝生[8]、周洪宇[9]等提出要将新发展观贯穿于教育发展的各个方面和全过程,建设高质量的教育体系,其中包括高质量的基础教育体系、高等教育体系、职业教育体系、终身学习与教育体

---

[1] 陈宝生.新时代建设教育强国的根本指针[J].高校马克思主义理论教育研究,2020(1):4-7.
[2] 刘昌亚.加快推进教育现代化 开启建设教育强国新征程——《中国教育现代化2035》解读[J].教育研究,2019,40(11):4-16.
[3] 庞立生.习近平关于教育使命的新定位、新认识与新要求[J].东北师大学报(哲学社会科学版),2021(1):10-15.
[4] 丁玉斌,吕建平.论建设中国特色社会主义教育强国的重大意义、本质属性与实践路径——学习习近平总书记关于新时代教育事业的重要论述[J].社会主义研究,2021(5):82-88.
[5] 张天雪,徐浩天,孙不凡.十九大以来国家教育政策的图式、意涵和发展走向[J].教育发展研究,2022,42(5):1-8.
[6] 薛二勇.深化教育改革 建设教育强国[N].人民政协报,2018-09-19(11).
[7] 陈劲,王璐瑶.新时代中国科教兴国战略论纲[J].改革,2019(6):32-40.
[8] 陈宝生.建设高质量教育体系 加快建成教育强国[J].旗帜,2020(12):8-10.
[9] 周洪宇.建设高质量教育体系 迈向教育发展新征程[J].民主,2020(12):9-11.

系、质量保障与评价体系以及思想政治工作体系等。

2. 关键路径

学者们提出的建设教育强国的关键路径主要包括以下七个方面。第一,完善教育制度。有学者提出要发挥我国教育制度的优越性,培育良好的教育制度运行环境,提高教育制度效能。[①] 第二,重视教育改革的多样性。柯政从"领跑"和"跟跑"的区别出发,提出唯有"领跑"者才能称得上教育强国,然而"领跑"者需要探索不同的教育改革,降低犯方向性错误的风险,以包容的态度支持各地合理展开教育改革探索。[②] 第三,注重教师队伍建设。汪明义认为,师范大学要担负起建设教育强国的重任,强化师范生的学科素养、教育素养、社会素养和国际素养,培养一大批好教师;[③] 顾明远强调,要把建设好教师队伍作为教育强国建设的重中之重。[④] 第四,融入国际社会,参与全球治理。谢剑南、范跃进提出,建设教育强国要求我国在全球教育治理中实现意愿上由"被动"到"主动",定位上由"参与"到"引领",范围上由"区域"到"全球",方式上由"输入"到"输出"的全面转变。[⑤] 第五,加强教育科学研究。刘延东[⑥]、田学军[⑦]指出,建设教育强国需要教育科研战线的工作者担负起推进教育理论创新的使命,发挥思想库和智囊团作用,坚持扎根中国大地做研究,不断深化教育强国的相关研究。第六,解决突出问题。朱永新[⑧]、褚宏启[⑨]等认为,建设教育强国,当务之急要解决教育领域中的突出问题,补足战略性短板,包括建立英才

[①] 郑刚,杨雁茹.中国教育制度优越性的基本定位、根本依据和提升策略[J].西南大学学报(社会科学版),2021,47(1):95-103,226-227.

[②] 柯政.可选择的多样性:教育强国的内在要求[J].探索与争鸣,2018(8):29-31.

[③] 汪明义.实现教育强国梦 师范大学有担当[J].中国高等教育,2019(Z1):30-31.

[④] 顾明远.教育质量和教师队伍是建设教育强国的重中之重[J].宁波大学学报(教育科学版),2020,42(4):2-3.

[⑤] 谢剑南,范跃进.全球教育治理的内涵、效度及中国参与路径[J].大学教育科学,2022(3):58-69.

[⑥] 刘延东.推动教育科研发展 智力支持建设教育强国[J].教师,2011(34):65.

[⑦] 田学军.充分发挥教育科研的支撑、驱动和引领作用奋力推进新时代教育强国建设[J].教育研究,2020,41(10):4-10.

[⑧] 朱永新.教育改革与发展亟须关注的三个重要问题[J].教育研究,2022,43(3):20-24.

[⑨] 褚宏启.我们需要什么样的教育现代化与教育强国[J].人民教育,2018(20):16-20.

教育体系,完善"双减"政策的保障体系等。第七,预测与展望。王洪川、胡鞍钢等通过对2035年人口和经济趋势进行测算,提出了教育事业的发展方向;①潘懋元提出,当中国成为"高等教育强国"之后,绝不能走西方霸权的老路,而要与世界各国高等教育携手同行,促进人类命运共同体的形成和发展。②

(四)"教育强国"与"高等教育强国"的关系

关于"教育强国"与"高等教育强国"之间的关系研究,大多散见在"教育强国"或者"高等教育强国"的相关研究文献中。由于这是"高等教育强国"理论建构中一个绕不开的话题,因此非常有必要对现有研究进行梳理和总结。

第一,"高等教育强国"是教育强国的重要标志。高书国从综合实力角度看待教育强国,认为"世界教育强国的重要标志之一是高等教育强国"。③ 他将"高等教育强国"视为教育强国的关键部分,并从教育的普及化、融合化、职业化、国际化趋势出发,论述了建设教育强国需重点关注的问题。④

第二,"高等教育强国"和教育强国有先后之分。韩延明指出,"教育强国首先是高教强国",他将"高等教育强国"的实现看作是教育强国建设征程中的首要目标和必要条件,将"高等教育强国"摆在了更加优先和突出的地位。⑤ 但也有学者提出了相反的观点,认为只有基础教育强,高等教育才能优,两者存在前后因果关系,因为只有基础教育扎实和强大,未来人才才会更优秀,高等教育才能发挥其应有作用。所以,推进基础教育是建设教育强国的关键所在,从长远来看,教育强国要看基础教育。⑥

---

① 王洪川,胡鞍钢.建设教育强国的战略趋势与路径选择——基于第七次全国人口普查数据的分析[J].教育研究,2021,42(11):17-26.
② 潘懋元.新时代中国高等教育改革与发展:今天、明天与后天[J].高等教育研究,2020,41(9):1-3.
③ 高书国.中国教育现代化六大趋势[J].人民教育,2020(8):36-41.
④ 本刊编辑部.把握时代发展脉搏 建设世界教育强国——访中国教育学会副秘书长高书国[J].世界教育信息,2019,32(5):43-46.
⑤ 韩延明.高质量:建设高等教育强国之"本"[J].山东高等教育,2018,6(2):8-10,2.
⑥ 邓璐.教育强国,长远看基础教育[J].教育科学论坛,2022(5):1.

第三，高等教育是我国教育强国建设的短板。张炜和周洪宇强调，"中国建设教育强国成败的关键在于激发国家高等教育能力"。[①] 他们基于决策导向分析框架建构了全球视域下教育强国建设指数，通过测算发现，中国已接近区域性教育强国的综合实力，可定位为准教育强国。但数据分析也表明，高等教育既是我国教育强国的产出端口，也是当前我国教育强国的短板，与发达国家相比还有较大的发展空间。他们指出，我国高等教育承担着建设教育强国的两方面任务：一方面需要实现普及普惠及兼顾公平和质量的普适性价值任务；另一方面还肩负着一系列创新性价值任务，包括构建高素质专业化的教师队伍，健全终身学习服务体系，提高研究生教育质量和原始创新能力等多个方面。换言之，教育强国的产出能力和影响力需要通过建成"高等教育强国"才能得以彰显，因此，要坚持"分类推进""短板优先"的"高等教育强国"建设原则，以"高等教育强国"建设带动教育强国建设。

第四，指标各有侧重但内在统一。彭正梅通过研究发现，"对于教育强国的理解，更严重的分歧还在于基础教育强国和高等教育强国的一致性问题"。[②] 他提出了"美国悖论"，即美国在国际学生评估项目（简称 PISA）测试中表现平庸，似乎说明它的基础教育并不强，但是它却拥有世界公认的一流高等教育，是典型的"高等教育强国"。究其根源在于，国际测试并不能成为评价教育强国的有力证据，PISA 测试更多是评价学生在阅读、数学和科学等传统科目中的表现及认知技能水平，而较少考察批判性思维、问题解决技能、合作技能、交流技能及创新能力等高阶能力。因此，美国的基础教育和高等教育有着深层次的一致性，即都关注学生批判性思维、问题解决以及创新能力等方面的培养。他认为，这才是国际上对教育强国的基本共识。

---

① 张炜,周洪宇.教育强国建设：指数与指向[J].教育研究,2022,43(1):158.
② 彭正梅,邓莉,周小勇.发展 21 世纪能力,建设现代教育强国——国际教育改革新趋势及中国应对[J].中国教育政策评论,2018(0):75.

二、"高等教育强国"的相关研究①

自 20 世纪末,国内学术界就开始对"高等教育强国"进行研究,产出了一批研究成果,我们非常有必要对其进行系统梳理和总结,明确共识以及尚待进一步研究的问题。

(一) 研究发展脉络

我们以中国知网(CNKI)文献总库为统计源,以"主题""关键词""篇名"为检索项,以"高等教育强国"或"高教强国"为检索词,进行检索,去除会议通知、报纸、书评及其他与主题不相关的文献,发表起始时间不限,截止时间到 2022 年 8 月 1 日,共检索到 1 457 篇文献。根据文献计量分析结果及所研究的具体内容变化,我国"高等教育强国"的研究大致可以分为三个阶段:酝酿启动期、兴盛繁荣期和反思深化期(见图 2-2)。

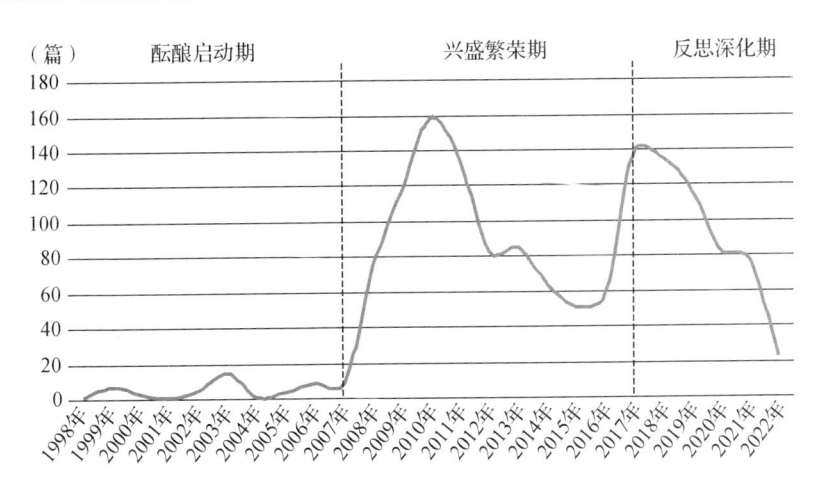

图 2-2 "高等教育强国"研究文献数量变化情况

---

① 本部分的内容来自田贵平,赵婷婷.高等教育强国研究二十年回眸[J].高等教育研究.2018,39(9):8-16.已征得第一作者同意,并更新了部分文献及数据。

1. 酝酿启动期(1998—2007年)

中国现代高等教育发展至20世纪末,已走过整整一个世纪的历程。面对新世纪的到来,中国高教界提出了"把一个什么样的高等教育带入21世纪"的命题。1999年8月,时任教育部副部长的周远清在《教材与教学研究》上发表了《强化"三个意识"建设高等教育强国》一文,率先提出了"建设高等教育强国"的倡议[①],自此开启了我国"高等教育强国"的研究历程。

第一,这一时期的相关文献较少,"高等教育强国"更多是作为一种引领目标被提出,凝聚人心的目标意义较强,学理性的研究则较弱。应该说,自改革开放到20世纪末,我国高等教育取得了显著的成就,但新世纪仍面临诸多挑战,因而"高等教育强国"产生于"把一个什么样的高等教育带入21世纪"这个命题的讨论之中,本身就意味着对"高等教育强国"的研究更多是对未来发展的设想和规划,[②]具有较强的展望性和前瞻性。第二,提高高等教育质量成为"高等教育强国"的主要着力点。1999年我国高等教育拉开了大扩招的序幕,2002年我国高等教育毛入学率首次达到15%并进入高等教育大众化阶段。高等教育的大幅扩招带来了教育质量下滑问题,于是学者们呼吁,质量是高等教育的生命线,提高质量是建设"高等教育强国"的重点。[③] 虽然这一阶段研究"高等教育强国"的学者相对较少,研究成果的系统性也不强,但是"高等教育强国"一经提出,便得到了高教领域的广泛关注和认可,为后续研究打下了比较好的基础。

2. 兴盛繁荣期(2008—2017年)

2007年12月22日,时任国务委员的陈至立在教育部直属高校工作咨询委员会第18次全体会议上,提出了建设"高等教育强国"的意义、思路与战略

[①] 周远清.强化"三个意识"建设高等教育强国[J].教材与教学研究,1999(4):5-6.
[②] 王冀生.我国高等教育新的伟大历史使命——由"两个战略性转变"到高等教育强国[J].青岛化工学院学报(社会科学版),1999(4):8-14,54.
[③] 周远清.建设高等教育强国——应对全面建设小康社会[J].中国高教研究,2003(7):4-6.

重点;2008年6月开始,中国高等教育学会以国家社科基金(教育学)重点课题,教育部哲学社会科学重大课题攻关项目"遵循科学发展 建设高等教育强国"为抓手,组织全国高等教育研究力量合作攻关,将"高等教育强国"研究带入新阶段。

第一,研究内容系统、深入,研究全面铺开。研究围绕"什么是高等教育强国""为什么要建设高等教育强国"以及"如何建设高等教育强国"等一系列命题展开,研究内容更加广泛、深入、系统。与此同时,教育部哲学社会科学重大课题又被细分为13个子课题,全国大部分高等教育机构都加入研究队伍中,对"高等教育强国"进行了全方位的研究。[①] 第二,"高等教育强国"成为这一时期高等教育研究的热点领域。自2009年至2012年,"建设高等教育强国"连续四年作为中国高等教育学会主办的高等教育国际论坛主题,在全国高教理论界和实践界产生了重大的影响。同时,这一领域也产出了丰硕的研究成果,公开发表的论文数激增,平均每年公开发表的文献数量在百篇以上,并在2016年4月正式出版了《建设高等教育强国》系列论丛。第三,形成了包含众多理论工作者和实践工作者的"高等教育强国"研究队伍。以重大项目为牵引,"高等教育强国"研究凝聚了约150所院校,1500余名教育行政机关、高校管理部门和专职研究人员参与,形成了规模庞大的、由理论工作者和实践工作者共同组成的研究队伍,为研究提供了多种视角、多种方法和多个实践领域。

2015年10月,国务院发布《统筹推进世界一流大学和一流学科建设总体方案》,提出到21世纪中叶,一流大学和一流学科的数量与实力进入世界前列,基本建成"高等教育强国",将"双一流"建设与"高等教育强国"建设紧密联系起来。作为一项重大的国家战略,"双一流"建设方案出台后,学界对"高等教育强国"的关注度又急剧上升,研究内容主要集中在两方面:一方面,对

---

① 建设高等教育强国发展战略研究课题组.建设高等教育强国[M].北京:高等教育出版社,2016:209-213.

"双一流"建设与"高等教育强国"之间的关系进行了充分探讨,学者们提出,"双一流"是建设"高等教育强国"的内在需求[1]和主要任务之一[2],"高等教育强国"是"双一流"建设的最终目的[3];另一方面,在对前期研究进行回顾的基础上,探索建设"高等教育强国"的路径,如周远清[4]、谢桂华[5]、陈浩[6]、胡建华[7]、丁晓昌[8]等总结了"遵循科学发展 建设高等教育强国"重大项目的实施情况,对研究成果进行了系统性归纳[9]。同时,中国高等教育学会于2016年依托国家社会科学基金"十三五"规划教育学重大招标课题"高等教育强国之路研究——高等教育强国的内涵、标准、实现路径和监测指标研究",组织力量推动该研究进一步走向深入。

3. 全面深化期(2018年至今)

2017年10月,党的十九大召开,中国特色社会主义进入了新时代,党中央作出了"建设教育强国"的战略部署。十九大报告明确指出,"建设教育强国是中华民族伟大复兴的基础工程,必须把教育事业放在优先位置,深化教育改革,加快教育现代化,办好人民满意的教育"[10]。2018年9月10日,习近平总书记在全国教育大会上对加快推进教育现代化,建设教育强国作出总体部署和战略设计。2019年2月,中共中央、国务院印发《中国教育现代化2035》,提出在2035年,总体实现教育现代化,迈入教育强国行列。其中高等

---

[1] 马陆亭.高等教育强国的政策路径选择[J].探索与争鸣,2016(7):21-23.
[2] 别敦荣.论"双一流"建设[J].中国高教研究,2017(11):7-17.
[3] 王洪才."双一流"建设:机制·基础·保障[J].江苏高教,2017(6):11-14.
[4] 周远清.任重而道远——再论建设高等教育强国[J].中国大学教学,2016(2):4-6.
[5] 谢桂华.建设高等教育强国重大课题研究回顾与思考[J].中国高教研究,2016(1):31-34.
[6] 陈浩.顺时应势发先声强教立论启后昆——浅评《建设高等教育强国》系列论丛[J].中国高教研究,2016(1):34-37.
[7] 胡建华.进一步深化高等教育强国建设研究[J].中国高教研究,2016(2):47-48.
[8] 丁晓昌.做强省域高等教育是建设高教强国的重要基础——"做强省一级高等教育"课题研究的反思与感悟[J].中国高教研究,2016(2):45-46.
[9] "遵循科学发展建设高等教育强国"课题组,胡建华."遵循科学发展 建设高等教育强国"之研究[J].中国高教研究,2017(5):15-24.
[10] 习近平.决胜全面建成小康社会夺取新时代中国特色社会主义伟大胜利——在中国共产党第十九次全国代表大会上的报告[J].前进,2017(11):4-23.

教育部分,提出了"高等教育竞争力明显提升"的发展目标。2021年3月,我国《第十四个五年规划和2035年远景目标纲要》提出了在2035年建成教育强国的远景目标。"建设教育强国"进入党的工作报告和国家战略规划,充分表明了新时期党对教育工作的重视和殷切期望,同时,"高等教育强国"相关研究也应放在"教育强国"建设的新背景和新形势下进行思考。

党的十九大以来,我国高等教育发展的内外部形势发生了重大变化。从国际形势来看,新一轮科技革命和产业变革深入发展,逆全球化思潮兴起;从国内形势看,我国如期实现了全面建成小康社会的第一个百年奋斗目标,向全面建成社会主义现代化强国的第二个百年奋斗目标迈出了新步伐。就高等教育本身而言,2019年,我国高等教育毛入学率达到51.6%,进入普及化发展新阶段,高等教育如何由大变强,已经成为我国高等教育无法回避的问题。

第一,研究内容紧扣时代脉搏和主旋律。结合习近平关于新时代教育强国建设的重要论述,学术界在深入学习领会十九大报告[①]、习近平总书记在全国教育大会的重要讲话等精神的基础上,就高等教育发展中的一系列方向性、全局性、战略性重大问题进行研究,为我国"高等教育强国"建设提供观念基础和思想引领。同时,一些学者对我国高等教育发展历程进行了系统梳理和阶段总结。这一阶段适逢改革开放四十周年,新中国成立七十周年,中国共产党成立一百周年,学术界以这些重大历史事件为线索,系统总结了党和国家建设"高等教育强国"的宝贵经验,提出要遵循教育基本规律办教育。例如,姜恩来等从分析高等教育百年发展历程入手,重点研究了当代高等教育领导的理论生成逻辑、历史演进逻辑、实践发展逻辑,提出要坚持中国共产党对高等教育的全面领导,深刻理解党对高等教育全面领导的新内涵和新要求。[②]

---

① 刘自成.深入学习贯彻党的十九大精神加快建设教育强国[J].教育研究,2017,38(12):4-13.
② 姜恩来,李勇,覃红霞.从领导权到党的全面领导:中国共产党领导高等教育发展历程的三重逻辑[J].中国高教研究,2021(8):10-16.

第二,从不同层次和类型的角度探讨"高等教育强国"建设问题。学者们提出建设"高等教育强国"必须坚持"以本为本",把本科教育放在人才培养的核心地位,建设一流的本科教育,①高水平本科教育是"高等教育强国"的重要标志,是"高等教育强国"建设的必经之路。② 也有学者从国际竞争日益激烈、破解"卡脖子"需要等角度出发,强调研究生教育是教育强国建设的制高点,具有引领且无法取代的重要作用,提出建设研究生教育强国更加迫切。③④ 在普通高等教育与职业高等教育方面,有学者提出应进一步强调职业教育体系重心上移,健全普职教育融合体系尤为必要。⑤

第三,研究内容更加聚焦,"高等教育强国"的本土含义得到彰显。学者们紧紧围绕"高等教育强国"的内涵、特征、标准、监测指标体系⑥、实现路径⑦等进行研究,研究内容更加聚焦,研究的理论性进一步增强。同时,这一时期的研究更加关注"高等教育强国"的本土含义⑧、中国经验和中国模式等,体现了在新的历史方位下学术界对"高等教育强国"新的思考。迈入新时代,我国教育事业取得了历史性成就,教育面貌正在发生格局性变化⑨,应将中国特色社会主义道路自信、理论自信、制度自信、文化自信转化为中国特色社会主义教育自信,传播中国教育经验⑩,坚定中国高等教育独立自主的发展

---

① 陈宝生.坚持"以本为本"推进"四个回归"建设中国特色、世界水平的一流本科教育[J].时事报告(党委中心组学习),2018(5):18-30.
② 苏永建,李枭鹰.高等教育强国视域下本科教育的价值意蕴与建设路径[J].国家教育行政学院学报,2018(10):36-42.
③ 洪大用.扎根中国大地加快建设研究生教育强国[J].学位与研究生教育,2019(3):1-7.
④ 王战军.建设研究生教育强国 担当民族复兴大任[J].中国高等教育,2020(21):8-11.
⑤ 曾天山.健全普职教育融合体系对教育强国建设意义重大[J].中国教育学刊,2020(7):5.
⑥ 吴立保,曹辉,宋齐明,等.新时代建设高等教育强国的监测指标体系研究[J].国家教育行政学院学报,2019(7):14-21.
⑦ 张德祥.高等教育强国建设路在何方[J].高等教育研究,2019,40(5):19-21.
⑧ 赵婷婷.中国本土情境中的"高等教育强国"概念探析[J].高等教育研究,2019,40(6):1-9.
⑨ 怀进鹏.胸怀国之大者 建设教育强国 推动教育事业发生格局性变化[J].中国科技产业,2022(5):10-13.
⑩ 童世骏.提升中国特色教育自信 建设社会主义教育强国[J].清华大学教育研究,2018,39(3):7-9.

道路,建设"高等教育强国"的"中国模式",在全球高等教育治理中掌握话语权[1],保持战略定力,努力成为极具活力、领跑世界的"高等教育强国",从模仿走向引领[2]。

(二) 研究主要内容

从20世纪末至今,有关"高等教育强国"的研究主要包括高等教育指导思想和理念、高等教育治理、高等教育结构、高等教育质量、高等教育国际化和国外发展经验等六个方面内容。

1. 高等教育指导思想和理念

党的十八大以来的两次党代会重要报告以及习近平总书记关于教育的重要论述是建设"高等教育强国"的核心指导思想,深入学习和领会这些思想是建设好"高等教育强国"的关键所在。习近平总书记围绕"培养什么人、怎样培养人、为谁培养人"和"办什么样的大学、怎样办好大学"等重大问题作出了一系列重要指示。有学者提出,这些指导思想对我们深入理解新时代中国特色社会主义高等教育理论体系具有重要指导意义。[3] 习近平总书记对高等教育高度重视,其讲话和报告包括办中国特色的大学、推动"双一流"建设、做好高校思政工作、建设世界重要人才中心和创新高地以及扩大高等教育对外开放等方方面面内容,这些为加快建设"高等教育强国"提供了根本遵循、行动指南和方向引领。[4]

---

[1] 李北群,吴立保.建设高教强国的"中国模式":时代价值、现实困境与实现路径[J].江海学刊,2018(6):229-234,255.

[2] 范跃进,刘恩贤.从模仿到引领:中国高等教育的历史转折[J].高等教育研究,2018,39(2):1-7.

[3] 范跃进.习近平新时代中国特色社会主义高等教育理论体系初探[J].山东教育(高教),2019(Z1):4-9.

[4] 罗建平,桂庆平.扎根中国大地 加快建设中国特色社会主义大学——习近平总书记关于教育的重要论述学习研究之六[J].教育研究,2022,43(6):4-18.

创新教育理念是建设"高等教育强国"的首要任务。[①] 有关高等教育理念的研究可以分为国家层面和高校层面,其中,国家层面的高等教育理念是学者研究的重点。有学者认为,国家高等教育理念创新是孕育世界"高等教育强国"的根本动力,它可以从根本上解决制约我国高等教育发展的观念性障碍问题[②],而发达国家建设"高等教育强国"在很大程度上得益于教育理念的创新[③]。对于如何创新国家高等教育理念,周光礼提出了"中西融合式"[④],刘献君提出了"内容转换式"[⑤]等策略。此外,"中国特色高等教育思想体系研究"课题组,对中国高等教育改革发展的实践成果进行了系统总结,形成了"高教思想60条",勾勒出中国特色高等教育思想体系的基础框架。[⑥] 高校也应形成与建设"高等教育强国"相适应的核心理念,从文化、价值、目标、使命与愿景等方面进行建构[⑦],创设与中国特色"高等教育强国"相适应的大学理念体系[⑧]。

2. 高等教育治理

高等教育治理现代化是"高等教育强国"建设的支撑和保障。在宏观层面,要构建政府、大学、社会之间的新型关系,做到"有限的政府不越位、自主的大学不缺位、多元的社会不错位",达到"各司其职、各负其责、各展其用"的理想格局;在区域层面,要完善省级政府高等教育统筹管理的体制机制;在高

---

① 刘献君,李培根.教育理念创新与建设高等教育强国[M].北京:高等教育出版社,2016:1.
② 李培根.高等教育理念创新与建设高等教育强国[C].遵循科学发展 建设高等教育强国——2009年高等教育国际论坛论文集,2009:65-68.
③ 周光礼.走向高等教育强国:发达国家教育理念的传承与创新[J].高等工程教育研究,2010(3):66-77.
④ 周光礼.走向高等教育强国:发达国家教育理念的传承与创新[J].高等工程教育研究,2010(3):66-77.
⑤ 刘献君.创新教育理念是建设高等教育强国首要的任务[J].中国高教研究,2016(2):42-45.
⑥ 中国特色高等教育思想体系研究课题组.中国特色高等教育思想体系论纲[M].北京:高等教育出版社,2017:48.
⑦ 刘献君.适应高等教育强国建设要求的高等学校教育理念创新[J].中国高教研究,2010(11):4-11.
⑧ 谢辉.大学理念创新与建设高等教育强国[J].江苏高教,2012(1):40-43.

校层面,要建立以大学章程为核心的现代大学制度体系。① 一些学者从不同角度论述了现代大学制度对"高等教育强国"建设的重要意义。例如,王洪才从"高等教育强国"的应然状态及理论演绎出发,提出"高等教育强国"意味着高等教育正向功能的发挥,唯有现代大学制度才能调节好政府与大学的关系,尊重学术特性、重构两者的关系,进而实现高等教育的功能;②黄明东、冯惠敏通过对德、美、英三国学术自由制度历史的比较,说明学术自由制度对建设"高等教育强国"具有重要意义;③朱家德通过梳理意大利、英国、法国、德国和美国的学术组织结构变革历史,发现学术组织创新是成为"高等教育强国"的关键所在。④

3. 高等教育结构

完善高等教育结构是建设"高等教育强国"的重要内容,这一结构包括区域(布局)结构、体系(层次)结构、类型结构、科类和专业结构等。总体而言,高等教育结构需要遵循"多样异质""协同互补""动态适应""超循环""整体有序而局部无序"的优化原则。⑤ 在区域结构方面,吴岩⑥、魏小鹏⑦等认为,建设高等教育强国,既要做强省域高等教育,也要打破省级行政界限,建设高等教育区域中心,形成与国家主体功能区战略相适应的区域发展格局,促进高等教育系统与经济社会系统协同发展。对于类型结构,有学者强调了高水平

---

① 林杰.高等教育强国建设需要什么样的高等教育治理[J].高等教育研究,2019,40(5):30-32,19.
② 王洪才,张继明.高等教育强国与现代大学制度建设[J].厦门大学学报(哲学社会科学版),2011(6):119-126.
③ 黄明东,冯惠敏.学术自由制度构建与建设高等教育强国比较研究——一种制度视角的分析[J].中国高教研究,2010(8):30-37.
④ 朱家德.学术组织创新与高等教育强国的形成——基于结构功能主义的分析[J].中国高教研究,2011(8):23-27.
⑤ 李枭鹰.高等教育强国建设需要什么样的高等教育结构[J].高等教育研究,2019,40(5):21-23,19.
⑥ 吴岩,刘永武,李政,等.建构中国高等教育区域发展新理论[J].中国高教研究,2010(2):1-5.
⑦ 魏小鹏.高等教育强国目标下的高等教育区域中心建设[J].中国高教研究,2010(8):8-12.

大学对于科技创新和教育竞争力的战略意义[①]。李立国[②]、潘懋元[③]等强调，要推进研究型高校与教学型高校、高等职业技术院校协调发展，做强占绝大多数的地方本科院校，培养大批应用型人才，打牢高等教育强国的根基。高书国对我国普及化高等教育阶段结构调整的逻辑起点、经济动因、人口结构变化、城市群崛起等因素进行了较为系统的分析，预测了在时间和空间两个维度上的发展趋势，提出了完善体系、提升水平、汇聚动力、培育动能的战略目标和基本思路。[④]他同时认为，我国高等教育在结构空间上具有巨大潜力，布局结构应向下延伸，层次结构应持续提升，体系结构应更加完善，专业结构应迭代发展[⑤]。

4. 高等教育质量

提高质量是建设"高等教育强国"的根本要求。学者们普遍认为，高等教育质量是一个复杂、多维、立体的概念，因此在"高等教育强国"建设中，提高高等教育质量的路径也是多元的。刘智运从层次角度，将质量分为宏观、中观、微观三个层次：宏观高等教育质量是指国家高等教育系统适应并促进全社会政治、经济等发展的程度；中观高等教育质量是指各层次、各类型高等学校的教育质量；微观高等教育质量是指高校内部的教学质量、科研质量和社会服务质量，而建设"高等教育强国"要树立"三级水平观"和"全面质量观"。[⑥]

党的十九大报告提出，我国经济已由高速增长阶段转向高质量发展阶

---

① 胡光宇,袁本涛.高教强国:高水平大学建设对我国经济社会发展的贡献分析[J].中国高教研究,2010(7):13-16.
② 李立国.从一流大学到高等教育强国:我国高等教育发展战略的转变[J].复旦教育论坛,2010,8(3):13-17.
③ 潘懋元,车如山.做强地方本科院校的理论与实践研究[M].北京:高等教育出版社,2016:1.
④ 高书国.新一轮高等教育结构调整特征与对策分析——高等教育普及化时代的战略准备[J].高校教育管理,2017,11(5):13-21.
⑤ 高书国.后普及教育时代:中国高等教育发展的战略空间[J].现代教育管理,2020(10):1-9.
⑥ 刘智运.高等教育强国视域下提高高等教育质量和水平的探析[J].高等教育研究,2009,30(8):27-32.

段。随后,"高质量发展"成为我国社会发展的总体目标和要求。在"高等教育强国"的研究领域,高等教育的高质量发展、内涵式发展等也开始成为研究热点。有学者分析了高等教育高质量发展与"高等教育强国"之间的关系。例如:韩延明认为高质量是建设"高等教育强国"之"本",此处的质量指的是高等教育的整体质量和发展水平;[1]也有学者强调,高质量发展要求科学调控发展的速度、均衡度、辨识度以及对顾客差异性需求的满足度,把握发展的尺度和限度[2],应处理好规模与质量、守正与创新、危机感与质量观的辩证关系[3];周洪宇分析了内涵式发展与教育强国建设的关系,认为十九大报告、"十四五"规划、《"十四五"时期教育强国推进工程实施方案》等系列文件,都将促进高等教育内涵式发展作为建设教育强国的重要内容;[4]眭依凡认为,高等教育内涵式发展与"双一流"建设是新时代高等教育改革发展的一体两翼,两者具有同等重要性。[5]

5. 高等教育国际化

推进高等教育国际化是建设"高等教育强国"的重要任务。阎光才等从历史的角度分析了国际化与高教强国之间的关系,国际化和开放性是高等教育活动的本质,高等教育开放与国家强大之间存在高度关联[6],要实现高等教育以及民族国家的崛起,主动开放并平等参与国际高等教育体系,已成为无可回避的选择。也有学者提出,可以通过研究型大学国际化[7]、中外合作办学[8]等方式,实现我国"高等教育强国"的战略转型。刘国瑞指出,新时代对我

---

[1] 韩延明.高质量:建设高等教育强国之"本"[J].山东高等教育,2018,6(2):8-10,2.
[2] 彭拥军,何盈玥.高等教育高质量发展的度[J].江苏高教,2021(8):7-15.
[3] 张炜.高等教育现代化的高质量特征与要求[J].中国高教研究,2018(11):5-10.
[4] 周洪宇.推动高等教育内涵式发展 推进教育强国建设[J].中国高等教育,2022(2):1.
[5] 眭依凡.引领高等教育内涵式发展:高等教育研究适逢其时的责任[J].中国高教研究,2018(8):6-10,22.
[6] 阎光才,袁希.对外开放与高等教育强国的关系内涵[J].比较教育研究,2010,32(10):22-26,44.
[7] 邱延峻.研究型大学国际化的历史演进及战略启示[J].中国高教研究,2009(7):18-22.
[8] 林聪.建设高教强国背景下的中外合作办学的战略选择[C].教育理念创新与建设高等教育强国——2010年高等教育国际论坛论文集,2010:423-428.

国高等教育国际化提出了新要求,高等教育要全面融入"一带一路"倡议,以共建"一带一路"为纽带,加强高等教育国际化战略布局,促进高校国际化能力的提升①。韩梦洁强调,新时代的高等教育国际化不能再局限于人员的交流、合作研究或语言培训等表面行为,而要将全球维度整合到高等教育的目的和功能之中,服务于人类命运共同体建设;要加强培养具有国际视野和世界眼光的人才,参与世界新秩序的制定,促进全球治理体系变革;要拓展海外市场,积极参与国际竞争。②

6. 国外发展经验

世界近现代高等教育中心历经了从意大利到英国、法国、德国、美国的四次转移,这些国家的"高等教育强国"建设经验得到学者们的普遍关注。从世界高等教育中心的纵向更替中可以发现,"高等教育强国"最突出的特征就是其高等教育系统在世界高等教育格局中具有引领作用,不仅具有较强的影响力和辐射力,还包含较强的本土文化特征和国际竞争力。③ 从具体国家来看,英国作为老牌的"高等教育强国",自进入普及化阶段以来又有了显著发展,其成就表明,"高等教育强国"既是一个规模概念,也是一个质量范畴。④ 法国的高等教育系统具有自身的特色,在建设"高等教育强国"的过程中,法国通过建立中央集权教育管理体制、以立法推动教育改革等途径推动法国高等教育走向巅峰⑤。德国18世纪末的大学改革,促成了德国"高等教育强国"的崛起,其强国之路表明,先进的高等教育理念是改革成功的关键⑥。有学者总结了美国高等教育由弱到强的发展历程,认为这一过程具有明显的时代性、阶

---

① 刘国瑞.在新起点上推进高等教育强国建设[J].中国高教研究,2018(11):11-16.
② 韩梦洁.高等教育强国建设需要什么样的高等教育国际化[J].高等教育研究,2019,40(5):28-29,19.
③ 赵婷婷,田贵平."高等教育强国"特征:基于高等教育中心转移的国际经验分析[J].国家教育行政学院学报,2019(7):22-28,42.
④ 王刚.英国建设高等教育强国之启示——基于1995年以来高等教育相关数据的分析[J].高等理科教育,2011(3):46-52.
⑤ 朱家德.法国走上高等教育强国的历程及其经验[J].赣南师范学院学报,2009,30(2):39-44.
⑥ 骆四铭.德国走上高等教育强国的历程及其经验[J].赣南师范学院学报,2009,30(2):34-38.

梯性与连续性。[①] 美国利用后发优势,坚持创新与超越,政府重视高等教育发展并积极作为,充分调动社会办学的积极性,强化质量提升,开展国际交流。[②] 此外,高校联盟[③]、司法化运行[④]、坚持多元化[⑤]等也是美国建设"高等教育强国"的重要途径。俄罗斯高等教育基础较好,历史上也曾经是"高等教育强国",它通过实行部门所有制,采取超常规措施扩大规模,开创了专业教育模式,走上了"高等教育强国"发展之路。[⑥] 日本高等教育发展速度比较快,应该说目前也在朝着"高等教育强国"迈进。日本以立法推动高等教育改革[⑦],探索高等教育机构分层分类发展模式,是其迈向"高等教育强国"的一条独特发展之路[⑧]。

(三) 概念内涵维度

学者们在相关研究中,对"高等教育强国"概念的分析无疑是这一领域研究的核心。尽管有学者认为,"高等教育强国的概念在国际上基本没有出现","国际上没有一个什么是高等教育强国的概念"[⑨],但在近年来的研究中,我国学者对"高等教育强国"这一概念的界定已形成了一定的共识。

总体来讲,"高等教育强国"是一个综合性的概念体系,在这一体系中,既

---

① 别敦荣,张征.美国何以成为20世纪世界高等教育强国[J].华中师范大学学报(人文社会科学版),2013,52(4):154-161.
② 续润华.美国创建高等教育强国的历史经验及其启示[J].河北师范大学学报(教育科学版),2011,13(12):5-10.
③ 吴越,李晓斌.高校联盟:美国走上高等教育强国的重要手段[J].高等理科教育,2013(4):57-63.
④ 傅松涛,刘小丽.司法化运行——美国高等教育强国职能的根本机制[J].比较教育研究,2011,33(5):25-30.
⑤ 何晓雷.美国高等教育多元化研究[C].教育理念创新与建设高等教育强国——2010年高等教育国际论坛论文集,2010:380-386.
⑥ 周光礼.俄罗斯走上高等教育强国的历程及其经验[J].赣南师范学院学报,2009,30(2):28-33.
⑦ 吴越.日本走上高等教育强国的历程及其经验[J].赣南师范学院学报,2009,30(2):51-56.
⑧ 冯晓玲,武毅英.日本高等教育发展模式对我国建设高等教育强国的启示[J].教育学术月刊,2010(4):79-81,92.
⑨ 周庆.解放思想 精心研究[J].中国高教研究,2008(9):3-4.

可以将高等教育作为独立的系统来理解,指一个国家的高等教育水平较高,也可以将高等教育作为社会系统中的一个子系统来理解,指高等教育系统通过与其他系统互动而促进本国综合实力的提升。[1][2][3][4] 根据研究的不同侧重点,"高等教育强国"概念的内涵可以从高等教育自身发展,高等教育与国家其他系统的关系,高等教育对国家的贡献三个维度展开分析。

1. 高等教育自身发展的维度

这一维度的内容主要围绕一个国家高等教育自身发展的各个方面展开,是学者考察"高等教育强国"内涵的主要方面,其中规模、质量、结构、效益、公平及理念等是这一维度中受关注程度比较高的内容。

首先,规模是否作为"高等教育强国"的衡量标准存在一定争议。有学者认为,充足与适度的数量是"高等教育强国"的基础,规模既是绝对数量的扩张,也是入学机会的扩大。[5] 也有学者提出,高等教育大国并非"高等教育强国"的必经阶段,规模不是"高等教育强国"的判定标准,二者也没有绝对的先后顺序,[6]"高等教育强国"不是一个数量规模的概念[7]。亦有学者认为,"高等教育强国"的毛入学率应达到普及化或大众化向普及化过渡的水平。[8][9] 其次,"质量"作为"高等教育强国"的核心维度是学者的普遍共识,从高等教育大国到"高等教育强国"可以看成是一种以质量为核心的系统性跨越,高质量

---

[1] 李枭鹰.系统科学视野中的高等教育强国[J].复旦教育论坛,2008(6):23-27.
[2] 马健生,黄海刚.试论高等教育强国的概念、内涵与特征[J].国家教育行政学院学报,2009(7):35-39.
[3] 邬大光,赵婷婷,李枭鹰,等.高等教育强国的内涵、本质与基本特征[J].中国高教研究,2010(1):4-10.
[4] 李立国,黄海军.迈向高等教育强国之路——我国距离世界高等教育强国还有多远[J].清华大学教育研究,2010,31(1):36-44.
[5] 杨德广.建设高等教育强国之浅议[C].遵循科学发展 建设高等教育强国——2009年高等教育国际论坛论文集,2009:175-178.
[6] 黎琳,李枭鹰.高等教育强国的基本特征与生发机制[J].现代大学教育,2009(5):97-101.
[7] 眭依凡.高等教育强国:大学的使命与责任[J].教育发展研究,2009,29(23):26-30.
[8] 丁三青.关于中国高等教育强国指标体系的战略构思[J].煤炭高等教育,2009,27(1):1-3,49.
[9] 苏竣,薛二勇.中国建设高等教育强国路线图研究[J].中国高教研究,2010(4):11-16.

是其核心特征①。但是"高等教育强国"中的"质量"内涵较为宽泛,它是一个由宏观、中观和微观构成的质量体系,既包括国家高等教育系统的整体质量,也包括大学的水平和人才培养质量,还包括微观的教学质量。②③ 最后,"结构""效益""公平"等也是"高等教育强国"内涵中被关注的重要维度。其中,结构包括科类结构、类型结构、层次结构和地域结构等④,结构的优化可以引起质的改变;"高等教育强国"还需要保证"效益","怎么投钱像投多少钱一样重要"⑤;同时,"高等教育强国"也意味着高等教育机会的均等和公平,建设"高等教育强国",就是要建立有底线、有差别、有尊严、有选择和有质量的高等教育公平体系。⑥

2. 高等教育子系统与社会系统关系的维度

有学者认为,"高等教育强国"是一个高等教育与社会互动而形成的过程性概念。"高等教育强国"如同一个生命体一般存在一个孕生过程,没有高等教育的发展过程,没有高等教育的历史性积累,就不可能有"高等教育强国"的诞生、存在和发展。⑦ 这是一个国家高等教育系统逐渐变得强大的过程,同时也是一个国家高等教育推动其所在国家社会、经济、文化等各方面发展的过程。⑧⑨ 还有学者认为,高等教育作为社会的一个子系统,需要与其他子系统形成功能耦合关系,在不断满足社会需求的过程中强大高等教育本身,实现与社会子系统的共生共长。⑩ 因此,"一个国家是否已经成为高等教育强国

---

① 瞿振元.高等教育强国:本质、要素与实现途径[J].中国高教研究,2013(3):1-5.
② 邬大光,赵婷婷,李枭鹰,等.高等教育强国的内涵、本质与基本特征[J].中国高教研究,2010(1):4-10.
③ 瞿振元.高等教育强国:本质、要素与实现途径[J].中国高教研究,2013(3):1-5.
④ 丁三青.关于中国高等教育强国指标体系的战略构思[J].煤炭高等教育,2009,27(1):1-3,49.
⑤ 眭依凡.高等教育强国:大学的使命与责任[J].教育发展研究,2009,29(23):26-30.
⑥ 解德渤.高等教育强国建设需要什么样的高等教育公平[J].2019,40(5):26-28,19.
⑦ 李枭鹰.论高等教育强国的整体生成[J].江苏高教,2019(9):8-14.
⑧ 李枭鹰.系统科学视野中的高等教育强国[J].复旦教育论坛,2008(6):23-27.
⑨ 马健生,黄海刚.试论高等教育强国的概念、内涵与特征[J].国家教育行政学院学报,2009(7):35-39.
⑩ 田贵平,赵婷婷.高等教育强国研究二十年回眸[J].高等教育研究,2018,39(9):8-16.

永远是一个程度问题,也许我们更应该把高等教育强国看成是一个过程,而不是一种结果"[1]。现存的研究较多从理论上阐释系统、要素之间"为什么要协调"等问题,从过程维度来阐释"高等教育强国"的研究还不多。

3. 高等教育对社会贡献的维度

如果说"关系"维度侧重从过程方面来考察"高等教育强国"内涵,那么"贡献"维度则是侧重从结果的角度来考察"高等教育强国"的内涵。"高等教育强国"中的"强",既有形容词的"强",即在高等教育方面强大的国家,又有动词的"强",即为国家或世界发展、人类进步作出卓越贡献,只有这样才能称为"高等教育强国"。[2] "高等教育强国的最终判定标准要取决于高等教育对社会发展和人的发展的'贡献率'上。"[3]"高等教育强国"不只是"条件拥有"的概念,更是一个强调"对外输出"即对世界作出贡献的概念,它可以理解为一个国家的高等教育为人类文化生存环境改善,人类生产和生活方式改变等作出积极贡献。[4] 有学者将其描述得更为具体,"高等教育强国"是指一个国家的高等教育培养的人才、提供的科技成果和社会服务,能够基本独立自主地解决本国在经济、社会及科学技术发展中所出现的重大理论和实践问题。所谓"基本",主要是指对外国技术的依存度在20%以下。[5]

三、研究述评与展望

我国近二十多年来,有关"高等教育强国"的相关研究波澜壮阔、气势恢宏,取得了丰硕的研究成果,为进一步推进"高等教育强国"的发展奠定了坚

---

[1] 陈廷柱,姜川.阿特巴赫教授谈中国建设高等教育强国[J].大学教育科学,2009(2):5-8.
[2] 丁三青.关于中国高等教育强国指标体系的战略构思[J].煤炭高等教育,2009,27(1):1-3,49.
[3] 褚雷.大众化阶段建设高等教育强国:完善多样化发展[C].改革开放与中国高等教育——2008年高等教育国际论坛论文集,2008:567-573.
[4] 李枭鹰.系统科学视野中的高等教育强国[J].复旦教育论坛,2008(6):23-27.
[5] 蔡克勇.关于建设高等教育强国的若干问题[J].高等教育研究,2008(5):7-12.

实的基础。当前,我国正在从高等教育大国向"高等教育强国"迈进,确立了到 2035 年建设教育强国的战略目标,为更好地服务于国家战略的实现,"高等教育强国"相关研究必须进一步深化。

(一)推进新形势下的"高等教育强国"研究

步入新时代,我国"高等教育强国"建设面临新的环境形势、机遇和挑战,在中华民族伟大复兴战略全局下,充分发挥"高等教育强国"建设在教育强国、科技强国、人才强国建设中的作用,彰显高等教育的龙头地位,是当前和未来我国"高等教育强国"建设首先需要思考和研究的问题。目前,相关研究方兴未艾,需进一步加强研究的系统性和理论性,开展真正从中国问题、中国文化、中国经验出发的"高等教育强国"研究,形成具有中国特色的"高等教育强国"研究成果。

(二)提升研究的理论性和系统性

"高等教育强国"自 20 世纪末提出以来,其研究已开山辟路、初现其形,但也应该看到,现有研究内容仍不够聚焦,关键节点文献少,尚未形成具有广泛共识的知识基础和理论根基。因此,未来的相关研究有必要在前期研究的基础上,进一步聚焦研究内容,提升研究的理论性和系统性。比如,作为一个概念,"高等教育强国"既可以理解为"高等教育的强国",也可以解释为"通过发展高等教育使国家强大",但是这两个方面实际上是相互联系、不可分割的,如何从理论上建构起对于"高等教育强国"内涵的系统理论认识,是未来我们需要深入研究的问题。再比如,当前对于什么是"高等教育强国"的问题,现有成果大多是描述性的,很容易陷入"盲人摸象"的困境,将"高等教育强国"误解为这些特征的集合;然而"高等教育强国"并非各个要素、特征的简单积累和机械叠加,未来应厘清这些特征之间的内在联系,建构起判定"高等教育强国"的标准体系。

（三）构建起"高等教育强国"的系统分析框架

"高等教育强国"并非一个理论概念，它是一个包括理论内涵、文化意蕴和实践特征的体系。因此，对"高等教育强国"的研究，既应包括对其本质属性的研究，也应包括对其外在特征、标准体系等方面的研究。从现有研究看，对于"高等教育强国"标准体系的研究尚处于起步阶段，层面、维度、视角不够统一，致使研究缺乏清晰的逻辑线索。因此，有必要从历史和现实的"高等教育强国"发展经验出发，将"高等教育强国"的特征放在同一维度、同一层面作条分缕析的考察，为建立"高等教育强国"的分析框架提供基础；同时，也应将中国"高等教育强国"建设的经验纳入其中，更好地体现中国特色。

第三章 "高等教育强国"的概念内涵分析

"高等教育强国"概念的内涵非常丰富,涉及很多方面。如果说"高等教育大国"概念主要从规模和数量的角度理解,那么"高等教育强国"概念就要复杂得多,需要从多角度和多层次对其进行分析。因此,我们对"高等教育强国"概念的内涵进行分析,不是要作一个简单的内涵界定,而是要构建"高等教育强国"概念的全方位、系统性的内涵体系。

一、概念分析的原则和方法

概念的结构包括其内涵和外延,因此,对概念进行分析,就是要对概念的内涵和外延进行分析。其中,概念的内涵是指这一概念所概括的对象的本质属性的总和;概念的外延则是指这一概念所概括的对象的数量或范围。内涵分析是概念分析的核心和基础,例如,什么是本质属性,如何概括本质属性等问题,就和主观与客观、理念与实在、一般与特殊等哲学史上很多争论不休的问题紧密相关。因此,要想对"高等教育强国"这一概念进行内涵建构,首先需要从方法论层面明确所遵循的概念分析原则,并在此基础上,运用恰当的概念分析方法构建分析框架。只有这样,才能达到系统建构"高等教育强国"概念内涵的目的。

(一) 概念分析的原则

概念既是认识的工具,也是认识的结果。古希腊时期,柏拉图就提出过"理念论",探讨了概念和客观世界之间的关系问题;亚里士多德更是在对柏拉图"理念论"进行批判反思的基础上,提出了"范畴说",系统论述了概念与范畴的关系。到了中世纪,出现了"唯名论"和"唯实论"的争论,后来又出现了"唯理论"和"经验论"的论争。应该说,在休谟之前,"在概念问题上主要考察的是概念的实质,概念的主观性和客观性的问题",但是在休谟之后,"经过康德到黑格尔,虽然关于概念实质的争论并没有结束,但讨论的中心、重点已经转移和深入到概念辩证本性的问题以及概念能否表达客观对象的矛盾运动和发展规律的问题了"[①]。因此,概念与认识、思维、客观等哲学核心概念紧密相连,它折射的是主观与客观、一般与特殊、理念与实在、抽象与具体等哲学的核心问题。

对于"高等教育强国"这一概念来说,由于中外学术界对相关客观事实认识的视角不同,所使用的术语也不同,因此,在对其概念内涵进行分析前,非常有必要在方法论层面明确我们对于概念分析的基本认识。

1. 超越词语语义的束缚,关注概念所指的客观事实

任何概念都有摹写客观事实、规范客观事实的作用。一方面,"概念来自本质,而本质来自存在"[②],所以概念是建立在客观事实的基础之上,是对客观事实的本质属性和一般特征进行抽象提炼的思维产物。因此,"概念摹写现实的任务,在于对事物的内部联系作出科学的说明,揭示事物的本质"[③]。另一方面,概念不同于客观事实本身,它一般以抽象的形式存在,是对一类或一

[①] 彭漪涟.概念论——辩证逻辑的概念理论[M].上海:学林出版社,1991:14.
[②] [苏联]列宁.列宁全集:第三十八卷[M].中共中央马克思、恩格斯、列宁、斯大林著作编译局,译.北京:人民出版社,1986:187.
[③] 彭漪涟.概念论——辩证逻辑的概念理论[M].上海:学林出版社,1991:83.

系列事物的抽象概括,因此其指代性和包容性更强,内涵也更为稳定和明确,也就是说,概念具有辨认、解释、说明事物的规范作用,从概念出发,客观事实可以更为规范地得到解释和呈现。

基于概念本身的作用,概念绝不仅仅是词语,对它的理解也不能局限于语义之内。词语只是概念内涵的符号,并不是概念内涵本身。之所以要强调这一点,是因为若从词语上说,"高等教育强国"这一概念是在中国本土情境中产生和使用的,国外并不使用这一词语,因此有学者质疑这一概念的科学性,但从前述的西方相关理论分析中可以看出,与"高等教育强国"这一概念相对应的客观事实在西方社会发展中是存在的。无论是"高等教育中心"还是"高等教育竞争力",它们所要表征的客观事实与"高等教育强国"是一致的。因此,对"高等教育强国"概念的分析要从客观事实出发,超越词义和语义本身的束缚而更深入地关注客观事实的本质,只有这样,才能抓住"高等教育强国"的内涵实质。

2. 概念分析是一个动态的过程,是抽象和具体的有机统一

虽然概念的主要特征是其抽象概括性,但是抽象概括不是概念分析的最终目的。黑格尔将概念分为抽象概念和具体概念,他认为,"如果我们的认识活动仅停留在概念的否定和抽象的形式里,概念就被贬抑为知性的形式"[1]。因为抽象概念在抽象出客观对象的共性和普遍性的同时,必须与其特殊性或个别性相分离,这就使得抽象概念"不是把同一对象的不同属性看作是内在统一的",也就"割裂了它所反映的对象的各种属性间的有机联系,割裂了对象的整体"[2]。所以要想获得对客观对象的完整深入的认识,需要经历从具体到抽象再到具体的过程。为此,黑格尔提出,要把概念变成一个动态的过程,"让概念运动起来",简言之,就是要"更为重视感性和直观的东西",因为"概

---

[1] 彭漪涟.概念论——辩证逻辑的概念理论[M].上海:学林出版社,1991:83.
[2] 彭漪涟.概念论——辩证逻辑的概念理论[M].上海:学林出版社,1991:206.

念的抽象只是为了认识的需要才不得不将感性事物的其他许多具体属性暂时放在一边,而那些被抽象掉的直观仍然具有其内在的价值和崇高的荣誉"。[①] 这一过程就是从抽象概念再到具体概念的过程。但具体概念不同于具体,它是普遍性和特殊性的统一,具体概念所反映的"不只是抽象的普遍,而且是自身体现着特殊、个体、个别东西的丰富性的这种普遍"[②]。概念分析的最终目的是更好地理解对象,而只有将抽象和具体、普遍性和特殊性有机融合在一起,才能达到这一目的。

我们对"高等教育强国"概念的理解也应把握动态过程性,力图做到普遍性和特殊性、抽象和具体的有机统一。"高等教育强国"所指的客观实践有共性和普遍性的一面,也存在着显著的个性和差异性,因此,对"高等教育强国"概念内涵的理解,既要抽象出它们的共性特征,又要以共性特征为出发点,再回到不同高等教育系统中以其特殊性来丰富对其共性特征的认识,形成普遍性与特殊性融为一体的完整概念体系。要想做到这一点,就要深入分析与"高等教育强国"概念相对应的客观事实,既要重视对客观事实的总结提炼,又要回到客观事实对其形成完整的认识和理解。

(二) 概念结构分析法

概念分析原则的实现需要借助相对科学的概念分析方法,美国学者加里·戈茨所提出的概念结构分析法具有较好的借鉴作用。他指出,"概念包含着对于词语所指对象或现象的理论分析和经验分析。一个好的概念会描绘出在其所指称对象之行为中非常重要的特征"[③]。据此,戈茨提出了因果论、本体论和实在论相结合的概念观。"其本体论特征在于,这种观念集中探讨究竟是什么构成了现象;其因果论特征在于,这种观念确认本体属性会在

---

① 王建军.论黑格尔"具体概念"的内在机制[J].哲学研究,2014(2):60-64.
② 丰子义.从世界现代化看中国式现代化[J].北京师范大学学报(社会科学版),2023(1):5-15.
③ [美]加里·戈茨.概念界定:关于测量、个案和理论的讨论[M].尹继武,译.重庆:重庆大学出版社,2014:3.

因果假设、解释和机制中发挥关键性的作用;其实在论特征在于,这一观念包括了对现象的经验分析。"①戈茨概念结构分析法与以往相关研究最大的不同点在于,其"概念分析包括探知现象的构成特性",也包括对概念的经验分析。他认为,"只有概念、词语及其定义的纯粹语义分析,是永远不够的"②,只有将本体论、因果论和实在论有机结合起来,才能从本质到经验全面地剖析一个概念的内涵。为此,他提出了包括基本层次(basic level)、第二层次(secondary level)、指标/数据层次(indicator/data level)的概念三层次结构分析法。其中,基本层次是理论性的,揭示本质特征;第二层次则力图给出概念的"构成维度","概念的多维度特征开始显现";指标/数据层次则是"操作化层次",目的是获得"现实经验数据"。③若从抽象程度来看,基本层次抽象程度最高,而指标/数据层次抽象程度最低;若从适用性来看,基本层次因注重揭示事物的一般性,因此适用范围最广;而指标/数据层次因包含更多的经验特征,因此适用范围缩小,戈茨认为在第三层次已经可以显现"文化的变异"因素④。同时,他还提出了三层次概念内涵的具体分析方法,如充分必要条件的方法以及家族相似性的方法,尽管这两种方法从逻辑学上看有时是矛盾的,但在概念结构分析法中,两者可以得到有机的结合。

戈茨的概念结构分析法对分析"高等教育强国"概念具有重要的借鉴价值。因为我们分析"高等教育强国"这一概念的目的,绝不仅仅在于其语义本身,甚至也不仅仅在于其本质属性等理论层面,我们更希望从经验层面探知"高等教育强国"的构成特性,这样才能充分发挥其对实践的指导意义,为我

---

① [美]加里·戈茨.概念界定:关于测量、个案和理论的讨论[M].尹继武,译.重庆:重庆大学出版社,2014:4.
② [美]加里·戈茨.概念界定:关于测量、个案和理论的讨论[M].尹继武,译.重庆:重庆大学出版社,2014:4.
③ [美]加里·戈茨.概念界定:关于测量、个案和理论的讨论[M].尹继武,译.重庆:重庆大学出版社,2014:4-5.
④ [美]加里·戈茨.概念界定:关于测量、个案和理论的讨论[M].尹继武,译.重庆:重庆大学出版社,2014:12.

国建设"高等教育强国"提供启发和借鉴。

我们借鉴概念结构分析法,从本质特性与构成维度两个方面分析"高等教育强国"概念的内涵。在本质特性方面,力图从实践中抽象和提炼出"高等教育强国"的内在、稳定、具有规律性的本质特性,探讨此概念区别于其他概念的本质和关键所在;在构成维度方面,力图构建起概念的多维度特征框架,将概念从理论分析过渡到经验分析,展现概念的多维度特征以及各维度之间的相互关系。需要说明的是,我们没有把指标层纳入概念内涵的分析框架中,并非因为它不重要;恰恰相反,这部分内容非常重要,这是将概念的理论研究应用于实践的中介和桥梁。同时,指标层的内容若想更具科学性,一定要以概念的本质特性和构成维度等相关理论研究为基础。因此,虽然在概念内涵分析部分没有包括指标层内容,但我们在第七章中专门研究了"高等教育强国"评价指标体系的建构,这可以看作本部分理论研究的延展。

二、"高等教育强国"概念的本质特性

我们对"高等教育强国"概念的本质特性的分析需要从三个方面展开:一是从语义上辨析"强国"的内涵,明确概念所对应词语的含义,建立概念分析的前提基础;二是分析"高等教育强国"的一个特性——"世界一流水平",并分析"世界一流水平"和高等教育竞争力之间的关系;三是分析"高等教育强国"的另一个特性——"本国特色",并分析"本国特色"与高等教育引领力之间的关系。

(一)语义辨析:对"高等教育强国"的两种理解

汉语中的"强国"一词在先秦文献中已有记载,且较多出现在法家典籍之中。在相关典籍中,"强国"一词的含义主要取决于"强"的用法,"强"的用法主要可分为两种:一是以"强"为形容词,二是以"强"为动词。

以"强"为形容词的"强国",在《管子》《韩非子》《孟子》中均有使用。如《管子·幼官第八》中有"强国为圈,弱国为属"①的用法;《管子·轻重戊第八十四》中有"楚者,山东之强国也,其人民习战斗之道"②的用法;《管子·霸言》中有更详细的论述,"霸王之形,象天则地,化人易代,创制天下,等列诸侯,宾属四海,时匡天下;大国小之,曲国正之,强国弱之,轻国重之,乱国并之"。③《韩非子·五蠹》中有"救小未必能存,而交大未必不有疏,有疏,则为强国制矣"的论述。④《孟子》中也曾出现以"强"来形容国家,"天下无道,小役大,弱役强",东汉赵岐对此注释为"吴,蛮夷也,时为强国"⑤。以"强"为形容词的"强国"用法,多与"弱国"相对,其含义是指强大的国家,而且"强国"之强,主要指征战能力强。

以"强"为动词的"强国",较早见于《荀子》。《荀子》第十六篇名为《强国》,专门论述了荀子的强国之道。《荀子·议兵》篇有云:"礼者,治辨之极也,强国之本也。"唐代杨倞对这句话的注释是:"强国,谓强其国也",⑥精准地说明了"强"的动词用法是使国家强大的意思。《商君书·更法》中也有类似用法:"法者所以爱民也,礼者所以便事也,是以圣人苟可以强国,不法其故,苟可以利民,不循于礼。"这种用法直至秦之后仍可见于很多文献,如三国时期魏国的刘劭在《人物志·流业》篇中说道:"建法立制,强国富人,是谓法家,管仲、商鞅是也。"⑦《史记·商君列传》中也写到"吾以强国之术说君,君大说之","强国之术"的意思是使国家强盛之术。⑧ 以"强"为动词的用法也很普遍,而且大多以"强国之术""强国之本""强国之道"等词组的形式出现,

---

① 〔唐〕房玄龄注,〔明〕刘绩补注.管子[M].上海:上海古籍出版社,2015:42.
② 〔唐〕房玄龄注,〔明〕刘绩补注.管子[M].上海:上海古籍出版社,2015:473.
③ 〔唐〕房玄龄注,〔明〕刘绩补注.管子[M].上海:上海古籍出版社,2015:165.
④ 张觉,等撰.韩非子译注[M].上海:上海古籍出版社,2012:535.
⑤ 〔汉〕赵岐注,〔宋〕孙奭疏.孟子注疏[M].上海:上海古籍出版社,1990:128.
⑥ 〔唐〕杨倞注,耿芸标校.荀子[M].上海:上海古籍出版社,2014:181.
⑦ 〔三国·魏〕刘劭,〔西凉〕刘昞.人物志[M].杨新平,张锴生,注译.郑州:中州古籍出版社,2018:65.
⑧ 〔汉〕司马迁.史记[M].北京:中华书局,2011:1972.

表明动词意义上的"强国"所追求的是使国家强盛的途径和策略。

我国学者对"高等教育强国"概念的语义分析也主要从"强国"的形容词性和动词性两个方面展开。第一,在"强"作为形容词使用时,"高等教育强国"指那些拥有较强实力、较高水平、超越其他国家或地区发展的高等教育的国家,"强"所描述的是这一国家高等教育的整体状态和特征,它所关注的是高等教育本身的发展水平。第二,在"强"作为动词使用时,"高等教育强国"指的是高等教育所发挥的作用强,尤其是在满足和促进国家的发展方面具有比较强的能力,"强"所描述的是这一国家高等教育所发挥的作用,是将高等教育作为国家社会中的一个子系统来看待,重点描述它与国家发展之间的关系。当然,大部分学者认为,"高等教育强国"应同时包括上述两方面含义,"高等教育强国"不仅体现在高等教育自身强,更体现在它对于所在国家的促进作用强,只有所在的国家因为高等教育强大而强大,才能称得上"高等教育强国"。

要想准确理解"高等教育强国"的含义,除了需要分析"强国"的内涵,还需要分析"高等教育"的含义。第一,就层次而言,"高等教育强国"中的"高等教育"可以宽泛地理解为高中后教育。由于各国的教育层次和学制划分不尽相同,承担高等教育的机构及其类型也有很大差别,所以在全球语境之下,多用高中后教育、第三级教育等指代高等教育。第二,就范围来看,"高等教育强国"中的"高等教育"是指这一国家的整个高等教育系统,而不是指高等教育的某些方面。例如,瞿振元认为"建设高等教育强国不仅要求建设若干所世界一流大学,更要建成一个完整而强大的高等教育体系"[①];谢维和也认为,"高等教育强国"不仅仅是拥有一些在国际排行榜中跻身前列的大学,更指高等教育系统所具有的"整体性优势"和"结构性优化"[②]。这就是说,称得上"高等教育强国"的国家,一定是整个高等教育系统都很强大,应该是拥有均衡发

---

① 瞿振元.高等教育强国:本质、要素与实现途径[J].中国高教研究,2013(3):1-5.
② 谢维和.高等教育:区域发展的新地标[J].中国高教研究,2018(4):12-15.

展、系统协调、结构优化、具有内在自洽性和外在适应性的高等教育系统,而并非在某一方面一枝独秀。

(二) 本质辨析:"世界一流水平"与竞争力

世界不同国家的高等教育既存在水平上的高低差别,也存在竞争中的强弱关系,前者是后者的原因,后者是前者的结果。"高等教育强国"的首要本质特性就是拥有较强竞争力的"世界一流水平"的高等教育系统,同时这一系统将为国家竞争奠定基础、赢得优势。

1. 拥有较强竞争力的"世界一流水平"高等教育系统

"强国"是在和别的国家的比较过程中彰显出来的,没有比较,就无所谓高、低、强、弱。"高等教育强国"也是从比较的视角出发,指那些在全球范围内拥有世界一流水平高等教育系统的国家。什么是"世界一流水平"? 从不同的理念、价值观、标准出发,对这一问题的回答可能并不相同。若从结果反观"世界一流水平"的内涵,或许能得到更为一致的答案,拥有"世界一流水平",意味着能够在竞争中超越大部分甚至全部竞争者脱颖而出,并获得优势地位。

虽然高等教育在很大程度上应是超越国界的,是整个人类社会的精神财富,不应过分强调竞争,但是在当今世界,作为国家社会系统的重要组成部分,高等教育不可能置身国家竞争之外而独善其身,只要国家竞争存在,高等教育的竞争就不会停止。一方面,任何国家高等教育的发展都需要政府提供经费、政策等方面的支持和保障。随着高等教育规模的扩大,没有国家政府的支持,高等教育根本不可能得到发展,政府之所以支持高等教育发展,是因为高等教育能促进国家社会经济发展。另一方面,随着社会经济形态和产业形态的转型,知识、人才、科技竞争开始成为国家竞争的主要内容,而高等教育作为知识生产、人才集聚、科技创新的核心,必将成为国家竞争的关键,不可能独立于国家竞争之外。因此,从比较的视角看待全球高等教育系统的发展水平,其目的不是比较"高低",判断"强弱",而是在竞争中赢得优势地位。

我们一般认为,竞争是两个或两个以上的主体为了某种利益而展开的较量,因此,竞争力就是在这种较量中获得优势的能力。竞争包括竞争主体、竞争场所、竞争目标和竞争利益等要素。[①] 竞争主体可大可小,"高等教育强国"的竞争主体主要是指不同国家。不同国家之所以会产生竞争,其根源在于它们之间的利益和诉求不同,当不同主体利益无法协调和兼顾时,竞争自然就会出现。竞争的激烈程度取决于利益的重要性和稀缺性,某种利益越是稀缺,难以实现,意义重大,那么围绕这一利益展开的竞争就会越激烈。竞争力可分为核心竞争力和一般竞争力,核心竞争力就是各主体在争夺关键的稀缺资源时赢得优势的能力。一个竞争主体的竞争力如何,既要看整体的竞争力,更要看核心竞争力。一般来说,核心竞争力强,整体竞争力不会太弱,但如果只是一般竞争力强,整体竞争力却不必然会强。因此,抓住核心竞争力,才是提升竞争力的关键所在。

国家间高等教育的竞争体现在很多方面,如大学排名的竞争、生源竞争、学者竞争、原创成果和知识产权竞争等。高等教育核心竞争力主要指科技原始创新竞争力和顶尖人才竞争力两个方面。换句话说,哪个国家的高等教育能够作出引领世界发展的成就,它才能称得上"世界一流水平",才具备成为"高等教育强国"的关键条件。当然,高等教育核心竞争力并不是"高等教育强国"的全部,"高等教育强国"是指高等教育系统的整体发展水平高,这种整体发展水平绝不是要追求平均化发展,而是要积极打造"高峰"。"高等教育强国"是在高等教育竞争力,尤其是在核心竞争力的不断提升中生成发展的,一个国家的高等教育只有勇敢置身于竞争环境当中,并在竞争中不断提升自己的竞争力,才能逐渐达到"世界一流水平",也才能成为"高等教育强国"。

---

① 汪应洛,马亚男,李泊溪.几个竞争力概念的内涵及相互关系综述[J].预测,2003(1):25-27.

2. 为国家竞争力提升奠定基础和优势

世纪之交,信息技术的飞速发展促进了世界经济的全球化趋势,并为发展中国家带来了新的发展机遇。但是,随着发展中国家的崛起,发达国家为了维持原有的优势地位,重新拉开了国家竞争的大幕。近年来国际上出现的科技封锁、资源抢夺、贸易战等各种争端表明,国家间基于利益的竞争依然是世界的主旋律,国家竞争力重新受到关注和重视。当今信息技术时代,决定国家竞争力的核心要素就是科技和人才的占有和投入能力,而这两者都跟高等教育紧密相关。高等教育实力强,知识生产能力就强,人才培养能力也强,国家整体科技水平和创新能力就会得到较大提高,国家也就拥有了在竞争中赢得优势的能力。无论科技竞争、经济竞争甚至军事竞争,说到底都是国家创新能力的竞争,因而也是高等教育的竞争。

高等教育对国家发展起到良性的、生态的和可持续的促进作用。一方面,高等教育能通过提升个体的素质而提高社会的可持续发展能力,通过传播知识和文化,改变人的思想观念,塑造良好的社会价值观,为国家的可持续发展奠定基础;另一方面,高等教育还可以通过教育思想和文化输出对其他国家产生影响。正如美国耶鲁大学前校长理查德·莱文所说,"美国的硬实力和软实力均来自经济实力,经济实力在很大程度上取决于科学的优势,而科学优势则取决于研究型大学的核心竞争力"[①]。应该说,这段话深刻地说明了高等教育在国家竞争中的重要地位。

(三) 本质辨析:"本国特色"与引领力

纵观世界"高等教育强国",其高等教育系统都具有鲜明的本国特色。比如:美国的高等教育系统多样化特征明显,具有成熟的市场调节机制;英国建

---

① Yale University.The American Research University and the Global Agenda[EB/OL].(2008-04-15)[2023-11-23].https://president.yale.edu/about/past-presidents/levin-speeches-archive.

立了较好的古典传统与现代社会发展需求相协调的高等教育制度体系；德国建立了与工业结构和职业体系相适应的高等教育和职业教育系统。这些并不是说有"本国特色"的高等教育都可以成为"高等教育强国"，从某种意义上讲，所有国家的高等教育都有"本国特色"，但那些成为"高等教育强国"的国家，是从自身的政治、经济、文化出发，走出了一条创新性的"本国特色"的发展之路，提升了高等教育竞争力以及国家综合竞争力。

对于"高等教育强国"来说，"世界一流水平"和"本国特色"是同等重要的两个特性。一方面，模仿永远无法达到"世界一流水平"，只有走特色的创新发展之路，才能在竞争中获胜。核心竞争力就是"领跑"能力，而依靠模仿只能"跟跑"，永远不可能"领跑"，因此只有探索创新发展模式，走在世界发展的前沿，才能形成真正"人无我有"的竞争力。另一方面，走"本国特色"的发展之路，其最终目的是达到"世界一流水平"，不能因强调"本国特色"而排斥"世界一流水平"。"高等教育强国"大多是在向"世界一流水平"学习的过程中，创新性地寻找本国发展路径而逐步成长起来的，而且，越是努力向"世界一流水平"看齐，越是敢于在世界舞台与"强国"同台竞技，高等教育的内在发展动力越容易被激发出来，其竞争力也越容易得到增强。因此，具有"世界一流水平"和具有"本国特色"是"高等教育强国"不可分割的两个本质特性，是相辅相成、互为促进的，只有同时具备这两个特性的高等教育系统的国家才能称为"高等教育强国"。

具备"世界一流水平"和"本国特色"的"高等教育强国"，一定会在世界高等教育发展中起到引领作用。眭依凡[1]、洪成文[2]、蔡克勇[3]等学者指出，应从贡献输出的角度来理解"高等教育强国"的内涵，即"高等教育强国"应是对别国有影响力和引领力的高等教育系统。比如，17—18世纪很多国家效仿英国

---

[1] 眭依凡.高等教育强国：大学的使命与责任[J].教育发展研究,2009,29(23):26-30.
[2] 洪成文.高等教育强国的内涵、特征及建设策略[J].徐州工程学院学报(社会科学版),2012,27(5):93-96.
[3] 蔡克勇.关于建设高等教育强国的若干问题[J].高等教育研究,2008(5):7-12.

的高等教育模式，19世纪效仿德国模式，到了20世纪又纷纷效仿美国模式，这些国家的高等教育系统都具有鲜明的"本国特色"，在不同时期代表着当时的"世界一流水平"。由于其高等教育发展模式新，而且取得了巨大的成就，因此它们对世界高等教育的发展具有较强的引领作用。约翰·博耶在《反思与超越：芝加哥大学发展史》一书中曾经非常形象地描述了"高等教育强国"的引领力。他说，当德国作为世界高等教育中心的时期，以德国为首的欧洲大学占据世界高等教育的首要地位，拥有德国高校学位或至少有德国访学经历是获得美国高校教职的必要条件，美国的学者、学生也对德国学术水平和研究氛围心驰神往、趋之若鹜，争相涌入德国求学。然而，仅仅过了几十年，美国就后来居上替代了德国世界高等教育中心的地位，德国曾经在世界范围内拥有的引领力也随着中心的转移一并转移到了美国，美国高等教育对世界其他国家的吸引力也迅速攀升，成为世界高等教育新的朝圣地。[①] 可见，拥有"世界一流水平"的"高等教育强国"，因站在世界高等教育发展的前沿而成为各国学习的对象，同时因其具有"本国特色"，走出了创新发展之路，进而对各国产生了强烈的吸引力，成为真正意义上的"高等教育强国"。

三、"高等教育强国"概念的构成维度

我们将"高等教育强国"概念的构成维度分为"水平维度"和"能力维度"，分别用以描述高等教育系统本身发展以及它对于外部系统所发挥的作用。

（一）构成维度的分析思路

"高等教育强国"概念构成维度分析的难点在于从何种视角划分这些维度。有学者指出，现有研究在分析"高等教育强国"概念方面主要有两个维

---

① 朱乐平.关于世界高等教育中心转移的几点思考[J].世界教育信息，2017，30(18)：10-15.

度：一是高等教育自身逻辑的维度；二是高等教育作为社会子系统的维度。①也有研究从高等教育的三个方面职能——人才培养、科学研究和社会服务来划分维度，认为"高等教育强国的'内涵'大致可以概括为三个基本方面：一是高质量的人才培养；二是世界级的科学研究；三是卓越的全球影响力"②。

"高等教育强国"所指对象既然首先是高等教育系统，那么维度的划分自然也应以高等教育系统为对象展开。判断是否是"高等教育强国"，应对国家高等教育系统整体实力进行考察，而不应把视角局限在高等教育系统内部。因此，"高等教育强国"至少包括两个维度：一是高等教育自身发展水平维度，简称为"水平维度"，主要用来表征高等教育系统自身发展的情况；二是高等教育对外部系统的作用能力维度，简称"能力维度"，主要用来表征高等教育系统对自身之外诸系统、诸要素的发展所发挥作用的情况。从水平维度来看，可以称得上"强国"的高等教育系统，一般具有较高的发展水平，这不仅表现在高等教育系统规模和数量的持续增长，经费和硬件的持续改善等方面，更体现在理念的不断更新，结构的不断优化，制度的不断完善和质量的不断提升。从能力维度来看，情况则比较复杂，关键在于如何理解高等教育系统对外部的作用。适应、满足、引领、促进等都可能是高等教育系统所发挥的外部作用，但作为"强国"的高等教育系统到底应该对社会经济发展产生怎样的作用，具体体现在两方面：一是满足社会现实发展的需要；二是促进社会创新发展的进步。高等教育与社会发展的关系是高等教育学的基本理论问题，历来多有争论。争论的焦点又突出表现在：是以国家为代表的族群社会，还是超越国家的整个人类社会；如何体现高等教育自身的逻辑等问题。诚然，过于强调自身逻辑会陷入"认识论"旋涡，而忽视自身逻辑又会步入"政治论"和

---

① 马健生,黄海刚.试论高等教育强国的概念、内涵与特征[J].国家教育行政学院学报,2009(7)：35-39.
② "遵循科学发展建设高等教育强国"课题组,胡建华."遵循科学发展　建设高等教育强国"之研究[J].中国高教研究,2017(5)：15-24.

"工具论"的泥潭。我们对于这一"两难问题"的把握,重点在于明确应然和实然、理论和实践之间的差别,从理论的角度提出的应然和理想,其作用在于指明方向;而从实践的角度分析实然和现实,是分析问题的基础和出发点。

自20世纪以来,随着高等教育在军事竞争、科技竞争、经济竞争中扮演越来越重要的角色,它已经不可避免地被卷入国家发展之中,这些竞争实际上也是国家利益竞争。当今任何一个国家,高等教育系统都是其重要组成部分,既需要来自公共财政的资金支持,又必须承担社会赋予的责任。当高等教育赖以生存的国家和社会对它提出要求时,高等教育必须满足这些要求,这是它作为国家和社会的组成部分无法推卸的责任。当然,从高等教育自身逻辑出发,高等教育的发展有时会与适应社会需求发生矛盾。这一矛盾是发展中的矛盾,是高等教育与社会博弈的过程,它和很多社会矛盾一样,必然通过双方的发展,螺旋上升至新的矛盾关系之中。

当今社会的发展方式已经发生转变,创新驱动力的源头大都来自高等教育,这也是高等教育在各个国家备受重视的主要原因。高等教育在知识创新、技术创新、文化创新等方面具有得天独厚的优势,应该发挥它在社会发展中的创新引领作用,以便使社会发展不断步入更高水平。历史证明,那些称得上"高等教育强国"的国家,高等教育之所以能够发挥创新引领作用,是因为这些国家在环境和制度设计上较好地处理了高等教育满足社会需求与创新引领作用之间的关系,引导和激发出高等教育的创新潜力。

(二)构成维度的内涵分析

我们对"高等教育强国"水平维度和能力维度的内涵分析,既需要从学理上进行论证,也需要结合世界"高等教育强国"的实践和做法。在概念结构法中,构成维度的分析被看成是理论研究向经验研究的过渡,是把抽象的本质特性与丰富的实践探索结合起来的重要一环,但构成维度的内涵分析并不等同于实践本身,它是抽象了的具体,是具体之上的抽象,因此它不是感性经验,而是理性分析。

1. 水平维度

"高等教育强国"的高等教育系统自身发展水平应至少包括四方面内容。首先,规模结构是基本要素。规模能否持续增长、结构能否不断优化,是关系到系统自身发展水平最基本的方面。其次,经费投入、师资队伍、基础设施是关系到系统自身发展水平的"硬实力"因素。现代高等教育系统规模庞大,只有人、财、物资源充沛,利用效率高,才能夯实系统持续发展的基础。再次,制度建设、理念文化是关系到系统自身发展水平的"软实力"因素,完善的制度设计和先进的理念文化是系统持续发展的有力保障。最后,国际化是彰显系统国际竞争力、影响力、吸引力的重要因素。

水平维度是体现高等教育自身发展状况的重要维度,是衡量国家高等教育系统发展水平以及是否具有竞争力的核心所在。高等教育自身发展水平的高低,不仅表现在高等教育系统的规模增长以及硬件条件,如经费投入、师资队伍、场所设备等的持续改善方面,更体现在软性条件,如理念、质量、制度以及国际化水平等的持续提升和优化方面。

2. 能力维度

高等教育不是孤立于社会存在的,世界"高等教育强国"的发展经验表明,"高等教育强国"是一个高等教育系统与社会各子系统不断互动、相互促进的过程。高等教育作为社会的一个子系统,需要与社会其他子系统形成耦合协调关系,在不断满足社会需求的过程中强大自身,实现与社会其他子系统的共生共长。有学者认为,"高等教育强国"是一个与社会互动而形成的过程性概念,它既是一个国家的高等教育系统变得强大的过程,也是一个国家的高等教育推动本国社会、经济、文化等各方面发展的过程。[①] 作为"高等教

---

① 邬大光,赵婷婷,李枭鹰,等.高等教育强国的内涵、本质与基本特征[J].中国高教研究,2010(1):4-10.

育强国",其高等教育应具有较强的满足个体以及社会各系统发展需要的能力。

首先,要有较强的满足个体发展需要的能力。人类社会发展的最终目的之一,就是作为个体的人能够获得平等、自由、全面的发展,而高等教育对人的发展的作用毋庸置疑。作为"高等教育强国",虽然并非国家中的所有公民都能接受高等教育,但是它应该尽可能地为更多的人提供更为公平的接受高等教育的机会。在当今社会,高等教育已经不是某个阶层和群体的特权,世界很多国家都已进入高等教育普及化阶段。那么,作为"高等教育强国",其高等教育更应尽力满足个体需要,使更多的人能够有机会接受高等教育。同时,个体接受高等教育需要付出金钱和时间成本,因此高等教育也有责任使得个体能够从高等教育中受益,为个体提供高质量的高等教育。

其次,要有较强的满足社会发展需要的能力。从政治需求来看,高等教育培养的人才应该是社会的建设者,应该致力于不断推动社会发展进步。从经济需求来看,高等教育培养的人才应该适应所在国家的经济结构,应该不断提升劳动力的素质和水平,为社会创造更多财富,改善人民生活。从文化需求来看,国家和民族的文化既需要通过教育进行保护和传承,也需要通过教育进行更新、塑造和发展,高等教育在保护和传承民族优秀传统文化、塑造和发展社会先进文化等方面都发挥着重要作用。此外,高等教育还应在提升公民文化素养、丰富人们精神生活等方面发挥作用。

再次,要有较强的促进社会创新发展的能力。社会的发展需要不断改革创新,而高等教育是当今社会改革创新的动力来源,因为高等教育与社会创新发展的三大要素——人才高地、科技创新、产业创新都紧密相关。近年来世界各国都非常重视创新在社会发展中的作用,并将其作为未来国家发展的重要发力点和增长点,而创新驱动力的重要来源就是高等教育,这也是高等教育在各国备受重视的主要原因。世界"高等教育强国"的实践证明,高等教育在吸引高水平人才方面具有不可替代的优势,因此"高等教育强国"往往也是人才强国。同时,高等教育因其具有较强的知识生产能力而成为国家创新体系的重要组成部分,为国家发展提供原创成果和核心技术。高等教育通过与产业的互动与合作,能够促进国家经济的快速发展,在国家传统产业的改造升级、形成新的产业增长点等方面凸显优势。

最后,要有较强的全球影响力。"高等教育强国"不仅是自身强,还要代表世界高等教育的一流水平。因此,一方面,"高等教育强国"应形成具有本国特色的高等教育创新发展模式,并对其他国家产生辐射作用,其模式和做法被其他国家所效仿;另一方面,"高等教育强国"还应促进全球高等教育治理体系变革,引领全球高等教育更好地发展。

"高等教育强国"的文化建构

第四章　我国"教育强国"文化的生成与演进

"高等教育强国"的文化底蕴来源于我国传承数千年的"教育强国"文化，儒家文化历来重视教育，这是"教育强国"文化的历史根源。儒学思想对教育在国家发展和个体成长中的作用的观点，不仅影响了当时社会统治阶层的教育观念和教育实践，也为近现代认识和建构教育与国家的关系奠定了文化基础。因此，要想理解作为文化现象的"高等教育强国"所蕴含的意义，需要系统回顾我国"教育强国"文化的生成与演进。

一、"教育强国"文化的历史生成

我国"教育强国"文化的形成基于两个源流：一是中国文化传统中所蕴含的教化为治民之本的思想；二是随着西学东渐而传入的西方教育思想。以儒家思想为核心的中国教育传统，主张立国治民、教学为先，主张以人伦道德为教育的首要目的。这一传统在近代面临双重危机，即自身体系与社会发展的适应性和应对西方外来思想的冲击。西方近现代教育思想在清末民初随西学传入中国，经洋务派、维新派的实践和反思逐渐被社会各界接受，并在民国时期得到进一步发展，在应对内外部危机的过程中不可避免地引发了整体转型,这极大地丰富了我国"教育强国"文化的内涵。

(一)"教育强国"文化的历史传统

教育与国家的关系早在先秦诸子时代就多有论述,尤其是儒、法、墨三家都极为重视教育在国家治理中的作用,其中以儒学为甚。孔子明确提出了"庶富教"的国家发展路径,注重民众教化在社会伦理秩序建设中的作用。儒学教育典籍《学记》较为集中地讨论了教育对国家发展的作用,开篇即提出"学"是"化民成俗"的关键手段,这里的"学"取其广义,指国家的整个教育体系。四书之一的《大学》与"蒙学"相区别,是指高等教育阶段的"学"。《大学》开宗明义,用明德、亲民、止于至善的三纲领直接把教育同国家的兴盛关联起来;而格物、致知、诚意、正心、修身、齐家、治国、平天下的八目则给出了个体发展与教育、国家紧密相连的具体路径。从孔、孟、荀到北宋五子,再到程、朱、陆、王及至颜元、王夫之、顾炎武等各个学术流派,都把教育作为平治天下的头等大事,把兴学强国作为重要治国方策。虽各派主张不同的为学路径,但对教育的重视却一脉相承,薪火不息。

1. 孔子:教育旨在树道德

在孔子的思想体系里,"教"是治国理政的重要手段,与增加人口和发展经济一起成为治理国家的三个要素,其中增加人口和发展经济是教育的基础。孔子的相关思想在他和冉有的对话中体现得非常明显。"子适卫,冉有仆。子曰:'庶矣哉!'冉有曰:'既庶矣,又何加焉?'曰:'富之。'曰:'既富矣,又何加焉?'曰:'教之。'"[1]南宋朱熹在《四书章句集注》中对这段话的解释是:"庶而不富,则民生不遂,故制田里,薄赋敛以富之。富而不教,则近于禽兽。故必立学校,明礼义以教之。"[2]朱熹很好地阐释了孔子关于教育在国家发展

---

[1] 〔宋〕朱熹.四书集注[M].北京:中华书局,2012:144.
[2] 〔宋〕朱熹.四书集注[M].北京:中华书局,2012:145.

中的作用。把教育的价值定位于"明礼义",这是孔子及儒家教育思想的基础及核心。

孔子强调教育在国家治理中的道德使命,主要是从教育对于构建良好社会伦理秩序的作用的角度阐发的。孔子认为,教育应面向所有的人而不是部分精英,教育的目的是培养合乎社会德性的君子。在教育对象选择上,孔子肯定了人与人天赋的平等性,提出"性相近、习相远"和"有教无类"的观点,主张教育的对象是全体国民,应重视全体国民的道德教育。

关于教育在国家治理中扮演的角色,孔子的基本主张为道德教化。孔子曾说:"不教而杀谓之虐;不戒视成谓之暴;慢令致期谓之贼。"[1]相较于刑罚,在维护和形成良好社会秩序方面,孔子坚持首选礼乐教化,认为教化的结果优于刑罚,教化不仅可以构建良好的外在社会秩序,还可以造就个体美好的内在品性,所谓"道之以政,齐之以刑,民免而无耻。道之以德,齐之以礼,有耻且格"[2]。关于教化的内容和次第,孔子认为应以"志于道"为最高追求和目的,"志于道,据于德,依于仁,游于艺"。[3] 孔子对"学"的定义也以德性的成就和接近"道"为主旨:"君子食无求饱,居无求安,敏于事而慎于言,就有道而正焉,可谓好学也已。"[4]就国家对教育的职责而言,孔子主张国家应该对教育拥有主导权和管理权。教育的目标和既定利益应与国家的政治目标以及国家利益高度统一,这对后世儒学发展及整个传统教育的架构产生了深远的影响。

2. 孟子:教育旨在明人伦

孟子继承了孔子"庶富教"的思想,主张教化是治国理政的重要政治手段,教育与国家的关系体现在如下两个方面。首先,国家经济的发展是行教化的物质基础。"今也制民之产,仰不足以事父母,俯不足以畜妻子;乐岁终

---

[1] 〔宋〕朱熹.四书集注[M].北京:中华书局,2012:196
[2] 〔宋〕朱熹.四书集注[M].北京:中华书局,2012:54.
[3] 〔宋〕朱熹.四书集注[M].北京:中华书局,2012:94.
[4] 〔宋〕朱熹.四书集注[M].北京:中华书局,2012:52.

身苦,凶年不免于死亡。此惟救死而恐不赡,奚暇治礼义哉?"①民众只有在没有性命之忧和生活顾虑的情况下才可能听从和信服国家的政治统治,接受国家的教化和教育,所以行教化须在生活富足之后。其次,教育优于其他政治手段。教育的优越性主要体现在教化可以通过建构良好的内在心灵秩序从而实现良好的政治秩序。"仁言,不如仁声之入人深也。善政,不如善教之得民也。善政民畏之,善教民爱之;善政得民财,善教得民心。"②孟子认为,完善的统治和管理方式如果不辅以教化,只能让民众在外在行为上畏惧政权和刑罚,这种方式只能获得经济的发展,不能获得民心。因此,想要凝聚民心,获得民众的爱戴,必须经由教育。

孟子强调教育在国家发展中的道德教化价值,认为教育的目的在于人伦秩序的形成。"谨庠序之教,申之以孝悌之义,颁白者不负戴于道路矣。七十者衣帛食肉,黎民不饥不寒,然而不王者,未之有也。"③因此,教育应以实现人伦秩序的构建为目的。孟子倡导国家设学以行教化,"设为庠序学校以教之。庠者,养也;校者,教也;序者,射也。夏曰校,殷曰序,周曰庠;学则三代共之,皆所以明人伦也。人伦明于上,小民亲于下。有王者起,必来取法,是为王者师也"④。

3.《学记》:教育"化民成俗"的作用

《学记》是我国教育史上最早专门论述教育相关问题的典籍,是对先秦儒家教育思想的系统总结。《学记》把教育在治国理政中的地位表述为"古之王者建国君民,教学为先"⑤,认为教育是立国治民的优选策略。

《学记》非常重视教育在国家治理中的作用,并把这种作用概述为"化民

---

① 〔宋〕朱熹.四书集注[M].北京:中华书局,2012:212.
② 〔宋〕朱熹.四书集注[M].北京:中华书局,2012:360.
③ 〔宋〕朱熹.四书集注[M].北京:中华书局,2012:204.
④ 〔宋〕朱熹.四书集注[M].北京:中华书局,2012:258.
⑤ 〔清〕朱彬.礼记训纂[M].北京:中华书局,2017:545.

成俗",通过对民众的教化形成良好的社会习俗规范和伦理秩序。《学记》认为,在为政手段中,通过"学"化民成俗,其效果远远高于合法度、求贤人和体察民情等手段。"发虑宪,求善良,足以謏闻,不足以动众;就贤体远,足以动众,未足以化民。君子如欲化民成俗,其必由学乎!"[1]

《学记》认为,教育与国家无论是在思想层面还是制度层面都是一致的,并把为学、为师和为君的目的及手段统一起来。首先,在目的设定上,"学""师""君"具有统一性。《学记》中大学之道是"化民易俗","九年知类通达,强立而不反,谓之大成。夫然后足以化民易俗,近者说服而远者怀之,此大学之道也"[2]。一个人只有通过"学",达到"大成",才能"化民成俗"。"能博喻然后能为师,能为师然后能为长,能为长然后能为君。故师也者,所以学为君也,是故择师不可不慎也。"[3]这就是说,"大成"者才能为"师",为"师"者才能为"君"。其次,在设立教育制度上,应遵从古制,由国家设学。"古之教者,家有塾,党有庠,术有序,国有学。"最后,在教育的监督管理上,应与国家政治指向一致。"大学始教,皮弁祭菜,示敬道也。《宵雅》肄三,官其始也。"[4]在教学过程中,也应由国家官员对其进行监督考察,"未卜禘不视学,游其志也"[5]。

4.《大学》:从个体之明德推及平治天下

《大学》倾向于从个体的立场阐述教育与个体及国家的关系。《大学》的基本观点是个体的"为学"目的与国家治理目标具有同构性,二者相辅相成,互为手段。它把个体德性修养与国家社会伦理秩序的建设进行了统一。

《大学》开篇就提出"为学"的目的,"大学之道,在明明德,在亲民,在止于至善"[6]。个体之"明德"与国家之"亲民"在这里构成了"大学"教育目的的两

---

[1] 〔清〕朱彬.礼记训纂[M].北京:中华书局,2017:545.
[2] 〔清〕朱彬.礼记训纂[M].北京:中华书局,2017:547.
[3] 〔清〕朱彬.礼记训纂[M].北京:中华书局,2017:553.
[4] 〔清〕朱彬.礼记训纂[M].北京:中华书局,2017:547.
[5] 〔清〕朱彬.礼记训纂[M].北京:中华书局,2017:548.
[6] 〔宋〕朱熹.四书集注[M].北京:中华书局,2012:3.

个维度。个体之"明德"是"亲民"的基础,"亲民"既是个体达致"明德"的手段,也是目的之一。二者达成度的评判标准在于是否可以获得最高的一致性,即"止于至善"。

《大学》提出了格物、致知、诚意、正心、修身、齐家、治国、平天下的"为学"次序:"古之欲明明德于天下者,先治其国;欲治其国者,先齐其家;欲齐其家者,先修其身;欲修其身者,先正其心;欲正其心者,先诚其意;欲诚其意者,先致其知;致知在格物。"①在"为学"八目中,"格物、致知、诚意、正心"关涉"明明德","齐家、治国、平天下"关涉"亲民"。同时,"修身"是"为学"八目之本,是教育的首要任务。"自天子以至于庶人,壹是皆以修身为本。其本乱而末治者,否矣;其所厚者薄,而其所薄者厚,未之有也。此谓知本,此谓知之至也。"②

(二)"教育强国"文化的近代转型

我国近代"教育强国"文化的形成并非一蹴而就,而是经历了一个漫长的过程,按历史发展顺序大致可分为萌芽期、发展期和深化期三个阶段。各个时期所提出的"教育强国"思想和路径不同,先后经历了三次转换,即萌芽期的"以技强国",发展期的"以学强国",深化期的"以教强国"。

近代"以技强国"的思想发生在第一次鸦片战争后,盛行于洋务运动前。由于西方列强对中国的侵略压迫和经济掠夺主要依赖其强大的军事力量和技术,因此,早期"睁眼看世界"的有识之士如林则徐、魏源、徐继畬等认为,西方之强在于军事技术之强,"师夷长技以制夷"成为当时抵御外侵的不二选择。教育改革自然以学习"西方之技"为导向,要求改变传统学术空谈义理之虚的局面,而倡导经世之学。学习西方军事技术以抵御外辱的思想给清末"教育强国"文化注入了新的内容,传统教育在西学的冲击中逐渐改变。虽然

---

① 〔宋〕朱熹.四书集注[M].北京:中华书局,2012:3.
② 〔宋〕朱熹.四书集注[M].北京:中华书局,2012:4.

"以技强国"的"教育强国"文化摆脱不了时代的局限性,但是这种思想开启了教育与国家兴衰存亡关系认识的新起点,教育对国家发展的作用,从传统文化中的伦理秩序,拓展至经济和军事领域。自此,以培养从政人才和构建社会伦理秩序为要义的传统"教育强国"文化开始瓦解,而以培养适应经济和军事发展的新型实用人才的近代"教育强国"文化走上了历史舞台。

近代"以学强国"思想的产生和发展在洋务运动、维新变法和清末新政三个时段之内,因此它与国家存亡、民族危机密切相关。两次鸦片战争期间,军事较量是国运盛衰的枢要,这一时期教育与国家的关系被理解为"师长技",以教育强军进而救国强国。第二次鸦片战争之后,战争的失利和西方文化的进一步输入,促使洋务派和维新派对西方文明的认识从"长技"拓展至"西学",他们认识到,时代使命不仅在"救亡"还要"启蒙"。"兴学强国"理念逐步席卷社会各阶层,"教育强国"文化与民族复兴思潮交融在一起,并引领了洋务运动和维新变法时期的教育改革。例如,留学美国和英国的容闳在自传体《西学东渐记》中多次提到,"以西方之学术,灌输于中国,使中国日趋于文明富强之境。予后来之事业,盖皆以此为标准,专心致志以为之"[1]。"然使予之教育计划果得实行,借西方文明之学术以改良东方之文化,必可使此老大帝国,一变而为少年新中国。"[2]随着强国路径从器技层面转向教育层面,教育改革也进一步深化,改革或废除科举制度、建立新式学制的呼声日益高涨,其间历经洋务派的实业教育、维新派的"启民智、作新民"运动和清末新政的教育改革,以新式学制"壬寅—癸卯学制"的颁布而告终。

中华民国政府虽然延续了清末学制,但是中国知识界的努力始终无法突破传统学术系统所强调的伦理秩序,对西学更多是工具性的利用和学习,阻碍了对其以理性为核心的价值和文化内核的理解和认同。因此,辛亥革命后,知识界对国家命运和落后局面的审思聚焦在文化价值观层面,认为国民

---

[1] 〔清〕容闳.予之教育计划[M]//陈学恂.中国近代教育文选.北京:人民教育出版社,1983:35.
[2] 〔清〕容闳.予之教育计划[M]//陈学恂.中国近代教育文选.北京:人民教育出版社,1983:33.

精神的贫瘠和缺乏是导致中国社会贫弱的重要原因,而解决国民精神问题必须依靠教育。"国何以盛？进国民之程度,斯国盛矣。国民程度何以进？兴教育,斯国民程度进矣。我中华民国,自专制一跃而进于共和,诚可沾沾自喜；然而内顾我国民,果能应用此共和政体与否？则视其程度。欲高其程度,舍教育末由。此教育为国家之根本,而国民教育又根本之根本,不待言也。"①也就是说,只有通过教育,培养具有健全人格的国民,才能促进国家的发展。"共和国民,必具健全之人格,方足以担负社会国家之义务,故养成健全人格实为共和国之基础。……吾国以共和政体应世界潮流,当采英、法、美三国之长,故拟以养成健全人格、发展共和精神为教育宗旨。"②这一阶段中国知识界已将关注焦点转向了教育普及和国民品性的养成,开始真正认识到教育在国家强大过程中所发挥的价值和作用。

总之,近代"教育强国"文化极大地推进了中国教育改革,催生了大量新式学堂,废除了绵延千年的科举制度。随着《钦定学堂章程》和《奏定学堂章程》两个新式学制的制定与颁布实施,现代学校制度基本建立起来。至此,延续近半个世纪的中学与西学的体用主辅之争、西政和西艺何者为重之争、科学与人文之争、通才与专才之争殊途同归,"教育强国"文化逐渐从表层向深层发展。辛亥革命后,以教育改造国民生活的呼声高涨,虽然军国民教育强国、科学教育强国、职业教育强国、乡村教育强国的路径不同,但是其核心是相通的,即都要通过提升国民素养来促进国家的发展和强大。

二、以技强国：近代"教育强国"文化的萌芽期

"师西技强军以强国"可看作是近代"教育强国"思想的萌芽。鸦片战争

---

① 〔清〕高凤谦.敬告教育部[M]//璩鑫圭,唐良炎.中国近代教育史资料汇编·学制演变.上海：上海教育出版社,2007：625.

② 教育调查会第一次会议报告[M]//璩鑫圭,唐良炎.中国近代教育史资料汇编·学制演变.上海：上海教育出版社,2007：859.

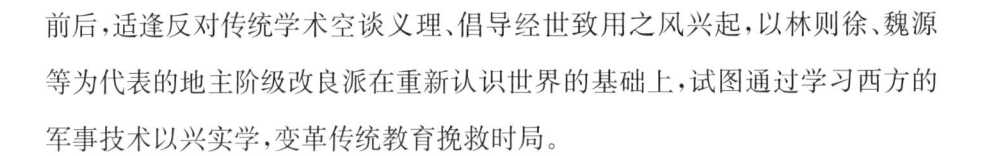

前后,适逢反对传统学术空谈义理、倡导经世致用之风兴起,以林则徐、魏源等为代表的地主阶级改良派在重新认识世界的基础上,试图通过学习西方的军事技术以兴实学,变革传统教育挽救时局。

(一) 培养目标的变化

第一次鸦片战争后,林则徐等人从战争的失败中汲取教训,认识到军事技术人才培养的重要性,着力训练新式军事技术人才,为后续的教育改革奠定了基础。这一时期教育上的变化主要是由培养目标的变化引发的,战争的失利迫使人们思考传统教育所培养人才存在的问题,一些有识之士认为,传统教育培养人的目标已经不再适应社会发展,应进行变革。对国家应培养何种人才,魏源曾有论述,他在《海国图志》中提出,御敌救国之途有二,一则祛人心之寐,二则祛人才之虚,后者就关涉人才培养目标问题。他认为,应以实事实功祛人才之虚,"去伪、去饰、去畏难、去养痈、去营窟,则人心之寐患祛,其一;以实事程实功,以实功程实事,艾三年而蓄之,网临渊而结之,毋冯河,毋画饼,则人材之虚患祛,其二。寐患去而天日昌,虚患去而风雷行"[①]。而所谓实事实功,在当时主要指应培养新式军事技术人才的实践能力。培养目标的变化直接导致了教育内容的调整和新式教育机构的产生,教育内容方面的革新在鸦片战争时期因为战争需要,主要表现为增加军事工程技术等相关内容。

(二) "师西技强军以强国"

新式军事技术人才的培养可概括为两条途径。一是兴建新式教育机构以培养新人。早期"教育强国"方案主张遴选"巧匠精兵"学习西方的军事工程技术,"是书何以作? 曰:为以夷攻夷而作,为以夷款夷而作,为师夷长技以

---

① 〔清〕魏源.海国图志[M].长沙:岳麓书社,1998:2.

制夷而作"。① 这里的"长技"包括三个方面:"一、战舰;二、火器;三、养兵练兵之法。""师长技"的方法则包括:"置造船厂一,火器局一,行取佛兰西、弥利坚二国各来夷目一二人,分携西洋工匠至粤,司造船械,并延西洋柁师司教行船演炮之法,如钦天监夷官之例,而选闽、粤巧匠精兵以习之。工匠习其铸造,精兵习其驾驶、攻击。"②可见,早期学习西方军事技术的途径之一是在传统教育体制之外重新设立新的教育机构以实现新式人才的培养。二是改革国家教育系统以培养新人。魏源建议,科举考试内容应增加军事技术。"国家试取武生、武举人、武进士,专以弓马技勇,是陆营有科而水师无科。西洋则专以造舶、驾舶,造火器、奇器取士抡官。上之所好,下必甚焉;上之所轻,下莫问焉。今宜于闽、粤二省武试,增水师一科。有能造西洋战舰、火轮舟,造飞炮、火箭、水雷、奇器者,为科甲出身;能驾驶飓涛,能熟风云沙线,能枪炮有准者,为行伍出身。皆由水师提督考取,会同总督拔取送京验试,分发沿海水师教习技艺。"③魏源对科举考试改革进行了详尽的规划,这一规划也表明,早期教育改良派的强国方案寄希望于当时传统教育系统的改革,而且主要是高等教育层次的改革。

三、以学强国:近代"教育强国"文化的发展期

所谓"以学强国",是指"借西方文明之学术"使国家强大。鸦片战争后,社会各界对于西方文明持积极态度,学习西方文明已成社会主流思想。然而在学什么和如何学等问题上,存在着不同思路,这些思想都极大地促进了近代"教育强国"文化的发展。

---

① 〔清〕魏源.海国图志[M].长沙:岳麓书社,1998:1.
② 〔清〕魏源.海国图志[M].长沙:岳麓书社,1998:27.
③ 〔清〕魏源.海国图志[M].长沙:岳麓书社,1998:29.

(一) 设学堂、学"西艺"以自强

随着认识的加深以及教育实践的推进,洋务派的教育改革理念从"师夷长技强军以救国"转向"设学堂学西艺以自强"。他们认识到,学习西方的天文、算学是学其长技的基础,"华人之智巧聪明不在西人以下,举凡推算格致之理,制器尚象之法,钩河摘洛之方,倘能专精务实,尽得其妙,则中国自强之道在此矣"。① 洋务运动时期,洋务派主张学习西方文化中的语言、地理、自然科学和工程技术等,认为西学为富国强兵之术,可以弥补中国原有学术之不足,"如学习外国语言文字,制造机器各法,教练洋枪队伍,派赴周游各国访其风土人情,并于京畿一带设立六军,借资拱卫;凡此苦心孤诣,无非欲图自强"。②

1. 学西学的原则:变器不变道

洋务派认为,西方的利器是其强盛之本。在兴办洋务实业过程中,李鸿章多次强调,"中国欲自强则莫如学习外国利器"。他认为,"机器制造一事,为今日御侮之资、自强之本……庶几取外人之长技,以成中国之长技,不致见绌于相形,斯可有备而无患"。③ 李善兰在1866年所翻译的《重学》序中说,"今欧罗巴各国日益强盛,为中国边患,推原其故,制器精也;推原制器之精,算学明也"④。奕䜣等在请开天文算学馆时也一再强调,"洋人制胜之道,专以轮船、火器为先"⑤。

由于洋务派把西学主要定位在"器"上,因此在如何借鉴西学方面,洋务

---

① 〔清〕奕䜣,等.请添设一馆讲求天文算学折[M]//高时良,黄仁贤.中国近代教育史资料汇编·洋务运动时期教育.上海:上海教育出版社,2007:48.
② 〔清〕奕䜣,等.沥陈开设天文算学馆情由折[M]//高时良,黄仁贤.中国近代教育史资料汇编·洋务运动时期教育.上海:上海教育出版社,2007:12.
③ 雷颐.李鸿章与晚清四十年[M].太原:山西人民出版社,2019:264-265.
④ 〔清〕李善兰.《重学》序[M]//璩鑫圭,童富勇.中国近代教育史资料汇编·教育思想.上海:上海教育出版社,2007:40.
⑤ 〔清〕奕䜣,等.沥陈开设天文算学馆情由折[M]//高时良,黄仁贤.中国近代教育史资料汇编·洋务运动时期教育.上海:上海教育出版社,2007:12.

派形成了以西学为辅、中学为本的主张。例如,冯桂芬早在1861年就提出"采西学,鉴诸国",认为西方"算学、重学、视学、光学、化学等,皆得格物至理;舆地书备列百国山川、阨塞、风土、物产,多中人所不及"①。因此要致富强,宜学西方之长,"如以中国之伦常名教为原本,辅以诸国富强之术,不更善之善者哉?"②李鸿章也认为,"中国文武制度,事事远出西人之上,独火器万不能及"③。

左宗棠在筹建福建船政学堂时,对中西学术的差异进行过辨析,他认为,中国学术趋向"虚",而西方学术追求"实"。"均是人也,聪明睿知相近者性,而所习不能无殊。中国之睿知远于虚,外国之聪明寄于实。中国以义理为本,艺事为末;外国以艺事为重,义理为轻。"④左宗棠从何者为本、何者为末这一角度论述了中西学术上的差异,但是他同时也强调,要正确看待这种差异。"谓执艺事者舍其精,讲义理者必遗其粗不可也。谓我之长不如外国,导其先可也;谓我之长不如外国,让外国擅其能不可也。"⑤而对当时顽固派所谓学习西学"失体"的说法,左宗棠以"礼失求诸野"驳斥之,他说,"至以中国仿制轮船,或疑失体,则尤不然。无论礼失而求诸野,自古已然"。⑥

2. 学西学的内容:制器尚象之法

洋务派在学西学的内容选择上,根据"师夷长技"的指导思想,主张应学习西方所擅长的内容。如:"至西人之擅长者,历算之学,格物之理,制器尚象

---

① 〔清〕冯桂芬.采西学议[M]//陈学恂.中国近代教育文选.北京:人民教育出版社,1983:17.
② 〔清〕冯桂芬.采西学议[M]//陈学恂.中国近代教育文选.北京:人民教育出版社,1983:18.
③ 雷颐.李鸿章与晚清四十年[M].太原:山西人民出版社,2019:255.
④ 〔清〕左宗棠.试造轮船先陈大概情形折[M]//高时良,黄仁贤.中国近代教育史资料汇编·洋务运动时期教育.上海:上海教育出版社,2007:294.
⑤ 〔清〕左宗棠.试造轮船先陈大概情形折[M]//高时良,黄仁贤.中国近代教育史资料汇编·洋务运动时期教育.上海:上海教育出版社,2007:294.
⑥ 〔清〕左宗棠.试造轮船先陈大概情形折[M]//高时良,黄仁贤.中国近代教育史资料汇编·洋务运动时期教育.上海:上海教育出版社,2007:294.

之法"①;"欲学习外国利器,则莫如觅制器之器,师其法而不必尽用其人"②。总之,这一时期在西学的学习内容方面大致分为三类:"制器尚象之法""历算之学、格物之理"以及西方语言。

西方"制器尚象之法"是洋务派的首选之学,它直接推动了新式学堂的建立。据容闳《西学东渐记》记载,1867年,曾国藩至南京就任两江总督视察江南制造局时,他曾向其建议:"劝其于厂旁立一兵工学校,招中国学生肄业其中,授以机器工程上之理论与实验,以期中国将来不必需用外国机械及外国工程师。文正极赞许,不久遂得实行。"③

"历算之学、格物之理"也是西学的重要内容,这两个领域对于"制器尚象之法"甚为重要,是其根基。"因思洋人制造机器、火器等件,以及行船、行军,无一不自天文、算学中来。现在上海、浙江等处,讲求轮船各项,若不从根本上用着实功夫,即学习皮毛,仍无裨于实用。"④从中国学术体系来看,"历算之学、格物之理"是对"道"的追求,而"制器尚象"则为"艺","即延聘西人在馆教习,务期天文、算学,均能洞彻根源,斯道成于上,即艺成于下,数年以后,必有成效"⑤。当时,这一类知识的学习多在已有学馆内开展,常与西方语言的学习一起设学。

对西方语言文字的学习也非常重要。奕䜣等在1862年设立京师同文馆时说,"欲悉各国情形,必先谙其言语文字,方不受人欺蒙。各国均以重资聘请中国人讲解文义,而中国迄无熟悉外国语言文字之人,恐无以悉其底蕴"⑥。

---

① 〔清〕冯桂芬.采西学议[M]//高时良,黄仁贤.中国近代教育史资料汇编·洋务运动时期教育.上海:上海教育出版社,2007:6.
② 雷颐.李鸿章与晚清四十年[M].太原:山西人民出版社,2019:256.
③ 〔清〕容闳.予之教育计划[M]//陈学恂.中国近代教育文选.北京:人民教育出版社,1983:35.
④ 〔清〕奕䜣,等.请添设一馆讲求天文算学折[M]//高时良,黄仁贤.中国近代教育史资料汇编·洋务运动时期教育.上海:上海教育出版社,2007:48.
⑤ 〔清〕奕䜣,等.请添设一馆讲求天文算学折[M]//高时良,黄仁贤.中国近代教育史资料汇编·洋务运动时期教育.上海:上海教育出版社,2007:48.
⑥ 〔清〕奕䜣,等.遵议设立同文馆折[M]//高时良,黄仁贤.中国近代教育史资料汇编·洋务运动时期教育.上海:上海教育出版社,2007:41.

冯桂芬在提请设立上海同文馆时强调,语言文字的重要性不仅在于沟通,更在于了解西方的民情风俗。"查与外国交涉事件,必先识其性情。今语言不通,文字难辨,一切隔膜,安望其能妥协。"[1]"今通商为时政之一,既不能不与洋人交,则必通其志,达其欲,周知其虚实情伪,而后能收称物平施之效。互市二十年来,彼酋类多能习我语言文字之人,其尤者能读我经史,于朝章国政吏治国民情,言之历历,而我官员绅士中绝无其人。"[2]

3. 学西学的途径:设科取士

在如何学习西学及由谁来学习的问题上,洋务派和保守派一直存有争议。洋务派认为,学西学可以通过两种途径:一是通过科举正途。如:李鸿章提议,"欲觅制器之器与制器之人,则我专设一科取士,士终身悬以为富贵功名之鹄,则业可成,业可精,而才亦可集"[3]。二是设馆招收学生。如:冯桂芬提议,"通习西语西文,例所不能禁,亦势所不可少,与其使市井无赖独能之,不若使读书明理之人共能之。前见总理衙门文,新设同文馆,招八旗学生,聘西人教习诸国语言文字,与汉教习相辅而行,此举最为善法"[4]。

但反对者认为,自强之道在民心气节,不在西方的奇技淫巧。"朝廷命官必用科甲正途者,为其读孔、孟之书,学尧、舜之道,明体达用,规模宏远也,何必令其习为机巧,专明制造轮船、洋枪之理乎?若以自强而论,则朝廷之强莫如整纪纲,明政刑,严赏罚,求贤养民,练兵筹饷诸大端。臣民之强则惟气节一端耳。"[5]"窃闻立国之道,尚礼义不尚权谋;根本之图,在人心不在技艺。今求之一艺之末,而又奉夷人为师,无论夷人诡谲,未必传其精巧;……

---

[1] 〔清〕奕䜣,等.通筹善后章程折[M]//高时良,黄仁贤.中国近代教育史资料汇编·洋务运动时期教育.上海:上海教育出版社,2007:6.
[2] 〔清〕冯桂芬.上海设立同文馆议[M]//高时良,黄仁贤.中国近代教育史资料汇编·洋务运动时期教育.上海:上海教育出版社,2007:7.
[3] 雷颐.李鸿章与晚清四十年[M].太原:山西人民出版社,2019:256.
[4] 〔清〕冯桂芬.上海设立同文馆议[M]//高时良,黄仁贤.中国近代教育史资料汇编·洋务运动时期教育.上海:上海教育出版社,2007:8.
[5] 〔清〕张盛藻.请同文馆无庸招集正途疏[M]//高时良,黄仁贤.中国近代教育史资料汇编·洋务运动时期教育.上海:上海教育出版社,2007:10.

如以天文、算学必须讲习,博采旁求,必有精其术者,何必夷人,何必师事夷人?……今令正途从学,恐所习未必能精,而读书人已为所惑,适堕其术中耳。"①

针对反对派的观点,奕䜣等认为,应正确看待"理"与"事"的关系,由科举之士学习西方天文算学或由学校正途讲习是为了明理,理明才能致用,"或谓制造乃工匠之事,儒者不屑为之,臣等尤有说焉。查《周礼·考工》一记,所载皆梓匠轮舆之事,数千百年,黉序奉为经术,其故何也?盖匠人习其事,儒者明其理,理明而用宏焉。今日之学,学其理也,乃儒者格物致知之事,并非强学士大夫以亲执艺事也,又何疑乎?"②

在洋务派的极力倡导和努力下,以京师同文馆为代表的外国语言学堂及机械、水师、矿务、铁路等学堂创办成功,开启了中国近代教育强国的新起点。这一时期"教育强国"的思路是以"采西学、设学堂"为主要途径,以培养掌握"西艺",即专门技术的人才为目标,通过促进西方自然科学和工程技术在中国的推广,实现"自强富国"的目的。从结果来看,新式教育所培养的一批掌握了"西艺"的洋务人才,确实在近代社会改革和经济发展中发挥了极大的作用,促进了国家的发展。

(二) 开民智、新民德以新中国

随着对西学认识的逐步加深,洋务运动时期以学"西艺"为主的"教育强国"思想开始转型。从19世纪80年代开始,维新派"开民智、新民德以新中国"的"教育强国"思想开始盛行。这一思想转型首先体现为对教育与国家强盛的关系有了新的认识;其次体现为对西学范围的认知发生了转变。

---

① 〔清〕倭仁.请罢同文馆用正途人员习天算折[M]//高时良,黄仁贤.中国近代教育史资料汇编·洋务运动时期教育.上海:上海教育出版社,2007:11.
② 〔清〕奕䜣,等.同文馆添设天文算学一馆折[M]//高时良,黄仁贤.中国近代教育史资料汇编·洋务运动时期教育.上海:上海教育出版社,2007:50.

1. 民智国强

维新派从本末先后的角度论述了教育与国家自强求富的关系,认为兴学校、育人才是国家兴盛的根本。梁启超在《变法通议》中提出,"亡而存之,废而举之,愚而智之,弱而强之,条理万端,皆归本于学校"①。盛宣怀在谈到创建天津中西学堂的目的时说道:"伏查自强之道,以作育人才为本,求才之道,尤宜以设立学堂为先。……况树人如树木,学堂迟设一年,则人才迟起一年。"②李端棻认为,人才质量关乎国家强弱,中国近代的落后和人才困乏,其根本原因在于教育不兴,"国于天地,必有与立,言人才之多寡,系国家之强弱也。……夫以中国民众数万万,其为士者十数万,而人才乏绝至于如是,非天之不生才也,教之之道未尽也"③。要改变这种状况,就要开办新式高等学校。盛宣怀在筹办南洋公学时强调,国家自强的根本在于人,而人的培养需要学习西方的高等教育制度:"世变日棘,庶政维新,自强万端,非人莫任,中外臣僚与夫海内识时务之俊杰,莫不以参用西制兴学树人为先务之急。"④

维新派之所以把国家自强的重点从军事和经济领域转向了开启民智,是因为经过多年的洋务运动,国家的贫弱没有得到根本改变,他们认识到根本原因在于:"夫才智之民多则国强,才智之士少则国弱。"⑤梁启超把西方之强归于"智之强":"近百年间,欧罗巴之众,高加索之族,藉制器以灭国,借通商以辟地,于是全球十九,归其统辖,智之强也。"⑥因此,维新派认为,"教民"才是"国强"的根本。康有为1895年在《公车上书》中提到,"然富而不教,非为善经;愚而不学,无以广才;是在教民"⑦。康有为区分了"教民"与"教士"的不

---

① 〔清〕梁启超.变法通议[M]//陈学恂.中国近代教育文选.北京:人民教育出版社,1983:130.
② 〔清〕盛宣怀.拟设天津中西学堂章程禀[M]//陈学恂.中国近代教育文选.北京:人民教育出版社,1983:72.
③ 〔清〕李端棻.请推广学校折[M]//陈学恂.中国近代教育文选.北京:人民教育出版社,1983:63.
④ 〔清〕盛宣怀.筹集商捐开办南洋公学情形折[M]//陈学恂.中国近代教育文选.北京:人民教育出版社,1983:76.
⑤ 〔清〕康有为.公车上书[M]//陈学恂.中国近代教育文选.北京:人民教育出版社,1983:97.
⑥ 〔清〕梁启超.变法通议[M]//陈学恂.中国近代教育文选.北京:人民教育出版社,1983:125.
⑦ 〔清〕康有为.公车上书[M]//陈学恂.中国近代教育文选.北京:人民教育出版社,1983:96.

同,提出"教民"在于广开民智,而"教士"则在于明理,"故教有及于士,有逮于民,有明其理,有广其智。能教民则士愈美,能广志则理愈明"。① 梁启超认为,开启民智的途径需要通过教育实现:"世界之运,由乱而进于平,胜败之原,由力而趋于智,故言自强于今日,以开民智为第一义。智恶乎开,开于学;学恶乎立,立于教。"②

2. 不在炮械军兵,而在穷理劝学

维新派由于对教育与国家关系的认识发生了转变,所以对西方国家强盛原因的认识也得到了深化和拓展。维新派认为,西方富强的根本原因是对学术的追求和民众教育的兴盛。康有为指出,"今地球既辟,轮路四通,外侮交侵,闭关未得,则万国所学,皆宜讲求。……尝考泰西之所以富强,不在炮械军兵,而在穷理劝学"③。这里所谓的"劝学",即指应对民众进行教育。

郑观应也提出西方之强在于"学"的观点。他认为,"国于天地,必有与立,盛衰兴废,固各有所以致此之由。学校者,人才所由出,人才者,国势所由强,故泰西之强,强于学,非强于人也"。④ 张之洞在其《劝学篇》序言中,把"学"和"政"放在一起讨论,认为二者是表里关系,以"学"为本、为里:"窃惟古来世运之明晦,人才之盛衰,其表在政,其里在学。"⑤相较于科举和出国留洋学习,学校对于培育人才来说是"见功速而无弊"的首要良策,因此张之洞提出,"夫学堂未设,养之无素,而求之于仓卒,犹不树林木而望隆栋,不作陂池而望巨鱼也。游学外洋之举,所费既巨,则人不能甚多。且必学有初基,理已明、识已定者,始遣出洋;则见功速而无弊,是非天下广设学堂不可"。⑥

3. 政艺兼学

维新派在学什么,即如何"教民"问题上提出了更为系统的解决方案。总

---

① 〔清〕康有为.公车上书[M]//陈学恂.中国近代教育文选.北京:人民教育出版社,1983:97.
② 〔清〕梁启超.变法通议[M]//陈学恂.中国近代教育文选.北京:人民教育出版社,1983:125-126.
③ 〔清〕康有为.公车上书[M]//陈学恂.中国近代教育文选.北京:人民教育出版社,1983:97.
④ 〔清〕郑观应.西学[M]//陈学恂.中国近代教育文选.北京:人民教育出版社,1983:53.
⑤ 〔清〕张之洞.劝学篇[M]//陈学恂.中国近代教育文选.北京:人民教育出版社,1983:237.
⑥ 〔清〕张之洞.劝学篇[M]//陈学恂.中国近代教育文选.北京:人民教育出版社,1983:245.

体来看,维新派在洋务派以"制器尚象之法""历算之学、格物之理"以及西方语言为主的基础上进一步深入,从器物层面逐步拓展到制度文化、民众素质层面,教育内容也因此转变为教民谋生、西政和专门之学等三个方面。

第一,设学以教民谋生。与林则徐、魏源时代和洋务派不同,维新派提倡学习西艺,其目的已经从强军和发展国家工业转向了民生。提升国民教育水平、为国民谋生作准备是维新派教育的重要目的,实现这一目的的重要途径是设工艺院以教民谋生。郑观应于1892年提出设立以谋生为目的的工艺院:"且中国向无工艺院,故贫民子女无业谋生者多。倘各处设院教其各成一艺,俾糊口有资,自不至流为盗贼。闻泰西工艺院急于文学院,以工艺一事,非但有益商务,且有益人心。院中课习制造、机器、织布、造线、缝纫、攻玉,以及考察药性与化学等类,教分五等。事详篇末。中国生齿日繁,生计日绌,所以工艺学堂亦今世之亟务也。"[①]严修在1897年奏请设经济专科时指出,"而臣窃反复推详,犹以为道未有尽,何义?书院学堂,所以教之者至矣,然以二十余行省之大,四百兆人民之众,其在书院学堂内者,未必所教皆属异才,其在书院学堂外者,未必散居遂无英俊,既多方以成就后学,尤必使有志之士,翕然奋兴,此非迅设专科,布告海内,恐终无以整齐鼓舞而妙裁成也"[②]。

第二,拓展西学范围。洋务运动推进西学在中国的传播,历经二十多年取得了一定成效,培养了大批掌握西方语言和军事技术的新式人才,这对于挽救晚清的存亡、维系封建统治,显然是微不足道的。随着西方列强对中国侵略的加剧以及社会矛盾的激化,优化制度建设以及提升民众素质成为亟须解决的问题。19世纪末期,维新派开始对以学"西艺"为主的洋务教育进行深刻反思。首先,维新派认为各学馆过分重视语言文字的学习,并导致教育之道未尽其使命。李端棻认为,"诸馆皆徒习西语西文,而于治国之道,富强之

[①] 〔清〕郑观应.郑观应集:盛世危言[M].夏东元,编.北京:中华书局,2013:46.
[②] 〔清〕严修.奏请设经济专科折[M]//陈学恂.中国近代教育文选.北京:人民教育出版社,1983:82.

原,一切要书,多未肄及,其未尽一也"①。郑观应也认为,以语言文字为主而忽略自然科学和工程技术的教育方式是本末倒置:"今之学其学者,不过粗通文字语言,为一己谋衣食。彼自有其精微广大之处,何尝稍涉藩篱?故善学者,必先明本末,更明大本末而后可言西学,分而言之,如格致、制造等学其本也,语言文字其末也。"②其次,维新派认为各学馆所学不够深通。郑观应认为,"今中国既设同文、方言各馆,水师、武备各堂,历有年所,而诸学尚未深通,制造率仗西匠,未闻有别出心裁,创一奇器者,技艺未专,而授受之道未得也"③。最后,维新派对西学的普及进行了反思,提出应在各书院学馆普及西方文化知识。郑观应认为,"诚能将西国有用之书,条分缕析,译出华文,颁行天下各书院,俾人人得而学之,以中国幅员之广,人材之众,竭其聪明才力,何难驾西人而上之哉!"④

维新派在这些反思的基础上提出了新"西学"的内容。1896年,梁启超在《变法通议·学校总论》中提出了学习西方文化的三个总纲:教育、政治和西艺。他说,"西人学校之等差、之名号、之章程、之功课,彼士所著《德国学校》《七国新学备要》《文学兴国策》等书,类能言之,无取吾言也。吾所欲言者,采西人之意,行中国之法,采西人之法,行中国之意。其总纲三:一曰教,二曰政,三曰艺"⑤。梁启超认为,中国当时各学馆类型虽然比较齐全,但人才培养的质量相对不高,其原因在于人才培养中"艺"的内容较多,而"政""教"内容较少。"今之同文馆、广方言馆、水师学堂、武备学堂、自强学堂、实学馆之类,其不能得异才何也?言艺之事多,言政与教之事少。其所谓艺者,又不过语言文字之浅,兵学之末,不务其大,不揣其本,即尽其道,所成已无几矣。"⑥

---

① 〔清〕李端棻.请推广学校折[M]//陈学恂.中国近代教育文选.北京:人民教育出版社,1983:63.
② 〔清〕郑观应.西学[M]//陈学恂.中国近代教育文选.北京:人民教育出版社,1983:53.
③ 〔清〕郑观应.学校[M]//陈学恂.中国近代教育文选.北京:人民教育出版社,1983:48.
④ 〔清〕郑观应.学校[M]//陈学恂.中国近代教育文选.北京:人民教育出版社,1983:48.
⑤ 〔清〕梁启超.变法通议[M]//陈学恂.中国近代教育文选.北京:人民教育出版社,1983:130-131.
⑥ 〔清〕梁启超.变法通议[M]//陈学恂.中国近代教育文选.北京:人民教育出版社,1983:131.

1898年，盛宣怀在筹办南洋公学时表示，学校以培养"致达"君子为目标，而培养之道则在于学习西政，并应以法国"国政学堂"为蓝本创建新式学校，他说，"环球各国学校如林，大率形上形下，道与艺兼。惟法兰西之国政学堂，专教出使、治政、理财、理藩四门，而四门之中皆可兼学商务，经世大端，博通兼综。学堂系士绅所设，然外部为其教习，国家于是取才。臣今设立南洋公学，窃取国政之义，以行达成之实，于此次钦定专科，实居内政、外交、理财三事"。① 同年，张之洞在《劝学篇》中对教育内容进行了概述性总结，把学校教育的内容分为"新""旧"两个维度，"一曰新旧兼学：《四书》、《五经》、中国史事、政书、地图为旧学，西政、西艺、西史为新学。旧学为体，新学为用，不使偏废。"而对于"西学"，他提出要扩展范围，"政艺兼学"，"一曰政艺兼学：学校、地理、度支、赋税、武备、律例、劝工、通商，西政也；算、绘、矿、医、声、光、化、电，西艺也"。②

第三，发展专门化学术。维新派认为，西方的自然科学技术如果不设为专门之学，则不能精通。梁启超认为，"专门之业不分，致精无自也"③；李端棻认为，应把学习自然科学变为终身之业，这样才能精通，所以应分斋设学，实行专门化学习，"格致制造诸学，非终身执业，聚众讲求，不能致精。今除湖北学堂外，其余诸馆，学业不分斋院，生徒不重专门，其未尽二也"④。

四、以教强国：近代"教育强国"文化的深化期

中华民国成立之后，西方现代教育思想所秉持的自由、理性、科学等精神被中国社会广泛接纳，并经由欧美留学归来的爱国教育家所实践。这一时期"教育强国"文化已经从学西方的技术、文化转变为改革我国教育制度，培养

---

① 〔清〕盛宣怀.筹集商捐开办南洋公学情形折[M]//陈学恂.中国近代教育文选.北京：人民教育出版社，1983：78.
② 〔清〕张之洞.劝学篇[M]//陈学恂.中国近代教育文选.北京：人民教育出版社，1983：246-247.
③ 〔清〕梁启超.变法通议[M]//陈学恂.中国近代教育文选.北京：人民教育出版社，1983：131.
④ 〔清〕李端棻.请推广学校折[M]//陈学恂.中国近代教育文选.北京：人民教育出版社，1983：63.

健全人格之国民,以发展共和精神为教育宗旨。同时,这一时期对我国教育制度的改革也走出了单纯模仿西方的路径,而更强调从我国的社会情况出发探索适合中国的路径。从这一角度看,这一时期的"教育强国"文化有了更深入的发展,并且出现了多元化发展的局面。

(一) 军国民教育强国思想

中华民国成立之初,基于对中国国情"强邻交逼、亟图自卫、历年丧失之国权非武力难以恢复"的认识,以蔡元培为代表的军国民教育强国思潮开始兴起,提倡以军国民教育强兵复国,"则如所谓军国民教育者,诚今日所不能不采者也……是二者,所谓强兵富国之主义也"。[1]

蔡元培军国民教育强国思想的发展历经两个阶段。第一,"养成人人皆兵"的军事训练阶段。辛亥革命前,蔡元培在上海创办爱国学社和爱国女学,将军事训练作为学社中的首要教学内容,在学社中埋下革命的种子。1912年,他提出将军国民教育作为教育的一部分,通过这种方式训练学生军,以保护辛亥革命的胜利果实。第二,"养成学生自卫能力"的体育教育阶段。这一阶段他的教育思想转变的原因主要有三点:一是国内军阀割据;二是外敌虎视眈眈;三是欧美国家因良好的军事教育而使学生精神活泼、体魄强壮。[2] 为了达成这一教育理想,蔡元培对大学改革提出了许多建议。他认为,大学应是"囊括大典、网罗众家"之学府,以赚钱和做官作为自己学习目标的学生不应该进入大学。为此,他将"学"与"术"分开,提出"治学者可谓之'大学',治术者可谓之'高等专门学校',两者有性质之别,而不必有年限与程度之差"。[3] 在此基础上,蔡元培将教育方针分为普通教育与专门教育,普通教育要养成

---

[1] 蔡元培.对于教育方针之意见[M]//陈学恂.中国近代教育文选.北京:人民教育出版社,1983:322.
[2] 舒新城.近代中国教育思想史[M].福州:福建教育出版社,2007:93.
[3] 蔡元培.读周春岳君《大学改制之商榷》[M]//璩鑫圭,唐良炎.中国近代教育史资料汇编·学制演变.上海:上海教育出版社,2007:835-836.

共和国民健全之人格,专门教育则注重高深学问的探索。① 他提出,健全人格的培养首在体育,体育对德育、智育、美育的培养具有重要作用,以此强调学生进行体育锻炼的重要性。

张謇也是军国民教育的支持者,他主张以"武备精神"对学生进行严格的思想教育,以军事组织和军事训练原则开展学校教育教学工作。② 张謇推崇瑞士及我国周代的军事教育,认为军事训练应为学校教育之首。在教育总长蔡元培及南京临时政府实业总长张謇的推动下,军国民教育思想在民国初年对教育实践产生了巨大影响。当时学校教学中的军事内容得到加强,如爱国救国的军人思想和军事知识被编入教科书;体操课课时增加,成为必修课;体育课要求更加严格,课程内容更加丰富;师范生被要求必须会进行体操教育。③ 1922年以后,军国民教育逐渐式微,在《壬戌学制》的教育方针中被取消。

总体来说,军国民教育强国思潮诞生于国家危难之时,是希望通过对在校学生进行思想和身体上的军事训练,使他们获得抵抗内忧外患及自卫的能力。舒新城在评价军国民教育时指出,军国民教育"人人皆兵"和"强身健体"的两个目的都未达到,其原因在于士风的偷惰和执政者对于这种教育的敌视。④ 虽然军国民教育强国思潮对实践的影响有限,但作为一种思想,它在近代"教育强国"文化中留下了浓重的一笔。

(二)职业教育强国思想

新文化运动前,民族资本主义经济回暖,工商业发展需要一批有技术、有知识的人才。彼时普通教育不切实用,中小学升学者甚少,且大多因缺乏技

---

① 蔡元培.向参议院宣布政见之演说[M]//璩鑫圭,唐良炎.中国近代教育史资料汇编·学制演变.上海:上海教育出版社,2007:122.
② 〔清〕张謇.师范章程改订例言[M]//沈行恬.张謇教育文论选注.南京:南京师范大学出版社,2016:88.
③ 吴洪成.中国近代教育思潮新论[M].北京:知识产权出版社,2016:116.
④ 舒新城.近代中国教育思想史[M].福州:福建教育出版社,2007:97.

术知识被工厂、企业拒之门外而无法就业,"国中自小学以至大学,学生之毕业于学校而失业于社会者比比"①。一批有识之士赴美考察后发现,欧美职业教育盛行,顿感中国急需职业教育以缓解工厂需要与毕业生就业的矛盾,"以为方今最重要最困难之问题,莫生计若,而求根本上解决此问题,舍沟通教育与职业,无所为计"②。

黄炎培是职业教育强国思想的重要倡导者,他从理论与实践两方面对职业教育的发展作出了重要贡献。在理论上,他一方面提出"一方为人计,曰以供青年谋生之所急也。一方又为事计,曰以供社会分业之所需也"③的职业教育目的;另一方面又对职业教育体系进行了初步规划。通过对国内外的多方调查研究,他提出"多设实业学校也,于普通学校加设实业科也,提倡实业补习教育"④的职业教育体系设想,既满足了社会对职业技术人才的需求,又不影响高一级学校对合格新生的需要。在实践上,黄炎培联合多位爱国人士创办了中华职业教育社,随后,陆续创办了中华职业学校、职业补习学校等。这些机构主要从事职业人才培养、职业调查、职业指导等活动,极大地推进了我国职业教育的发展。1922年,"新学制"将原先的"实业教育"一词替换为"职业教育",并增加了职业教育在整个教育体系中的比重,为职业教育的发展提供了法律上的保障。⑤

总之,职业教育强国思想发轫于新文化运动前,随着中华职业教育社的成立,这一思想逐渐成熟。职业教育强国思想希望通过对学生进行与职业相关的知识技能方面的教育,达到解决社会人才需求与学生就业的目的。虽然

---

① 黄炎培.中华职业教育社宣言书[M]//陈学恂.中国近代教育文选.北京:人民教育出版社,1983:385.
② 黄炎培.中华职业教育社宣言书[M]//陈学恂.中国近代教育文选.北京:人民教育出版社,1983:389.
③ 黄炎培.中华职业教育社宣言书[M]//陈学恂.中国近代教育文选.北京:人民教育出版社,1983:387.
④ 黄炎培.学校教育采用实用主义之商榷[M]//陈学恂.中国近代教育文选.北京:人民教育出版社,1983:378.
⑤ 朱有瓛.中国近代学制史料[M].上海:华东师范大学出版社,1992:805-806.

黄炎培等人寄希望于通过解决国人生计问题的职业教育使国家强盛,却未曾看到人民失业的根本原因是当时的社会制度及腐败的政府统治,如果不彻底解决生产力与生产关系、经济基础与上层建筑之间的矛盾,职业教育强国也只是治标不治本。[①]

(三) 科学教育强国思想

辛亥革命后,西方近代科学知识在我国进一步传播。一批留学归国的知识分子意识到,要发展中国民族资本主义,改变中国积贫积弱的现状,就要提高人民的科学知识水平。于是,在新文化运动期间,他们高举"民主""科学"的旗帜,提出了科学教育强国思想。虽然清末学习"西艺"也是向西方学习科学技术,但那时学习的层面较浅,主要聚焦在军事技术上,到新文化运动时期,已经从"西艺"转向了科学教育。

任鸿隽提出应拓宽科学的范围,并将科学与教育联系起来,是科学教育思想的首要提出者。1914年,他成立中国科学社,次年编印了《科学》杂志,对推动科学教育作出了重要贡献。任鸿隽的科学教育思想可以总结为"科学的教育化"和"教育的科学化"两个方面。第一,"科学的教育化"是指在学校教育中加入科学教育。他提出,中小学科学教育是大学理科的基础,因此要对中小学的科学教育进行彻底的改造。首先要建设良好的科学教师队伍;其次要注意减少知识讲授,而增加让学生亲自动手的实验时间。[②] 当时国内大学研究所甚少,大学毕业生想继续做研究的大多只能选择留学,由此他提议将支持学生留学的资金用来建设大学研究所,并聘请国外教授授课,一来减轻国家的经济负担,二来可以提高大学办学层次。[③] 此外,他提倡培养学生科学精神,训练学生的心智。第二,"教育的科学化"是指运用科学的方法来研究

---

① 吴洪成.中国近代教育思潮新论[M].北京:知识产权出版社,2016:354.
② 樊洪业,张永春.科学教育救国之梦:任鸿隽文存[M].上海:上海科技教育出版社,2002:309.
③ 樊洪业,张永春.科学教育救国之梦:任鸿隽文存[M].上海:上海科技教育出版社,2002:509.

教育。他在《科学与教育》一文中提出,教育的本质是"自知与知世界",而"还顾吾国,科学之真旨与方法,既尚未为言教育者所深谙",①做教育的人不仅需要教人科学,还需要用科学的精神与方法研究教育。

胡适受赫胥黎和杜威的影响,认为科学是寻求真理的唯一法门,他有关科学教育的思想主要体现在对教育目的、教育内容、教学方法的论述中。在教育目的上,他认为教育即生活,受过教育的人必须要养成独立的个性和人格,而这不是传统儒家思想可以造就的,要用科学思想加以培养。他认为,教育的过程就是不断将学生已有的经验和新的经验组织起来,使其成为下一次经验重组的工具。② 在教育内容方面,他反对死学儒家经典,提倡多学一点自然科学知识。他认为,"多学一点自然科学的知识与技术,那条路是活路,这条故纸堆里的路是死路。三百年的第一流聪明才智销磨在这故纸堆里,还没有什么好成绩。我们应该换条路走走了。等你们在科学实验室里有了好成绩,然后拿出你们的余力,回来整理我们的国故"③。在教学方法上,他推崇科学的教育教学方法。他关注儿童的心理发展规律,反对儿童过早学习古文,反对死记硬背等灌输式的教学方法。④ 他认为,道尔顿制是科学的教学方法,可以促进学生研究的主动性。⑤ 此外,胡适对实验主义科学方法论极为推崇,提出了"大胆假设,小心求证"的著名论断。1919年以来,他的多篇文章以及演讲都谈到实验主义的治学方法,极大地促进了科学方法的传播。胡适的"大胆假设"解放了千年来被《四书》《五经》禁锢的知识分子的头脑,鼓励他们勇敢地质疑;"小心求证"则弘扬了理性主义精神,深刻地体现了追求真理的科学理性,极大地促进了科学思想在中国的传播。

---

① 樊洪业,张永春.科学教育救国之梦:任鸿隽文存[M].上海:上海科技教育出版社,2002:62.
② 葛懋春,李兴芝.胡适哲学思想资料选[M].上海:华东师范大学出版社,1981:82.
③ 胡适.治学的方法与材料[M]//耿云志.中国近代思想家文库:胡适卷.北京:中国人民大学出版社,2014:405.
④ 黄书光.胡适教育思想研究[M].沈阳:辽宁教育出版社,1994:190.
⑤ 胡适.书院制史略[M]//陈漱愉,姜异新.胡适论教育.福州:福建教育出版社,2016:231-234.

丁文江是中国近代著名的地质学家,提倡用科学思想教育同胞,挽救中国。第一,他相信科学是教育最好的工具。科学不仅可以发展实业,富国强兵,而且可以改变国民"愚昧"的精神面貌。他指出,"因为天天求真理,时时想破除成见,不但使学科学的人有求真理的能力,而且有爱真理的诚心。无论遇见甚么事,都能平心静气去分析研究,从复杂中求简单,从紊乱中求秩序;拿论理来训练他的意想,而意想力愈增;用经验来指示他的直觉,而直觉力愈活"[①]。第二,他认为科学的精华在于科学方法。他曾说,"科学的万能,科学的普遍,科学的贯通,不在他的材料,在他的方法"[②],"凡世界上的现象与事实都是科学的材料。只要用的方法不错,都可以认为科学"[③]。

科学教育强国思潮兴起于新文化运动前后,在五四运动时期达到高潮。这种思想强调以科学精神、科学文化、科学方法等为核心来教育学生,在破除迷信、向民众普及科学精神与科学方法上产生了积极影响。但科学教育强国仍然没有达到先驱们的预期,原因有二:其一,科举余毒未清,影响科学的发展;其二,自给自足的自然经济使中国人民自古便受制于自然,忽然转向对自然控制的科学,精神层面存在一定阻碍。[④]

(四) 乡村教育强国思想

中国教育自古是"学而优则仕"。宋朝时期,书院逐渐成为科举人才的重要来源;元代时,以"四书"出题,以《四书章句集注》为答题标准,且书院受制于政府,被纳入官学体系;明代时,已经明确"科举必由学校"。这使得学校成为科举的附庸,逐渐与乡村拉开距离。近代以来虽有"初等小学堂"设立于城

---

① 丁文江.玄学与科学——评张君劢的人生观[M]//张君劢,丁文江,等.科学与人生观.长沙:岳麓书社,2011:20.

② 丁文江.玄学与科学——评张君劢的人生观[M]//张君劢,丁文江,等.科学与人生观.长沙:岳麓书社,2011:20.

③ 丁文江.玄学与科学——评张君劢的人生观[M]//张君劢,丁文江,等.科学与人生观.长沙:岳麓书社,2011:20.

④ 舒新城.近代中国教育思想史[M].福州:福建教育出版社,2007:212.

镇之中,但一方面仍未真正走入乡村建学,另一方面由于帝国主义的侵略和军阀混战,民不聊生,农村凋敝,乡村仍未建立起健全的学校体系。即便部分乡村设立了相关学校,"然此种学校大都设备简陋,教员资格不合,毕业生程度低劣,固不能称为真正之乡村教育也"[①]。许多有识之士开始反省并探索新的强国之路,以"民为邦本"为理念的乡村教育思想和实践开始兴盛,并逐渐发展为一场声势浩大的乡村教育运动。在这场乡村教育运动中,最具代表性的是陶行知和晏阳初。

1. 陶行知:通过改造乡村新生活建设新中国

陶行知师从杜威、孟禄,并与克伯屈等人交往甚密,因此其思想的形成深受美国实用主义学派的影响。1917年,留学归来的陶行知开始在中国推行实用主义教育,介绍西方现代教育学说,提倡教育改革。1923年,他与晏阳初等人成立中华平民教育促进会,先后赴河南、察哈尔等地推进平民教育运动。

陶行知提出教育是国家万年根本大计,教育的使命在于"把教育的力量来建设新中国,我们的使命是要唤醒民众,使民众团结起来"[②]。陶行知之认为,中国的立国之本在农村,因此教育和农村的联手是国家真正走向强盛的路径。乡村教育的使命是通过改造乡村赋予中国以新的生命,"我们的新使命,是要征集一百万个同志,创设一百万所学校,改造一百万个乡村。……一心一德的来为中国一百万个乡村创造一个新生命。叫中国一个个的乡村都有充分的新生命,合起来造成中华民国的伟大的新生命"[③]。

陶行知之所以认为乡村教育在建设新中国方面大有可为,主要源于他对教育与改造社会关系的认识。陶行知认为,"教育就是社会改造,教师就是社会改造的领导者"。兴办学校和改造社会是一件事,因为唯有通过办学改造人心从而改造社会,才能实现真正的社会改造。"改造社会而不从办学入手,

---

① 卢绍稷.中国现代教育[M].北京:商务印书馆,1934:139.
② 徐莹晖,徐志辉.陶行知论乡村教育[M].成都:四川教育出版社,2010:113.
③ 徐莹晖,徐志辉.陶行知论乡村教育[M].成都:四川教育出版社,2010:10.

便不能改造人的内心;不能改造人的内心,便不是彻骨的改造社会。"①教育的目的如果不包括改造社会的使命,那么这样的教育是没有意义的,教育之所以有力量,在于教育可以改造人心。"教育的力量与别种力量不同之点,就在教育的力量是能够达到个个民众的内心里头去的,他能够使民众自己从'心里'发出一种力量来自己团结的。"②因此陶行知提出,农村教育的目的是唤醒农民的"自立、自治、自卫、自存"的意识,"好为中国造就能组织、能团结、能为共同幸福从事共同活动之新国民"。③

在对何为乡村教育的理论思考及推进乡村教育的实践中,陶行知的"生活教育思想"日益明确。在回答乡村教育是什么时,陶行知提出乡村教育的生路即是进行乡村生活教育,"要运用科学方法建设适合本国生活之教育"④,"中国乡村教育走错了路……生路是甚么? 就是建设适合乡村实际生活的活教育"⑤。陶行知认为,随着工业文明的到来,乡村的生活方式也必然会发生转变,"现在中国正在产生新生活,占全国最大多数的农民自当得着相当训练去参加这种新生活"⑥。所以,乡村教育运动应适应新农民生活需要,应"训练农民享受工业文明的利益而不致被他淘汰",乡村教育的本质是"志在建设和创造的"。⑦

陶行知认为,纠正之前乡村教育走错路的方法是要创造适合乡村实际生活的教育,就是"去发展学生的活本领——征服自然改造社会的活本领。活的乡村教育,要教人生利"⑧。要认识到,"书籍不过是人生工具的一种,不是

---

① 徐莹晖,徐志辉.陶行知论乡村教育[M].成都:四川教育出版社,2010:130.
② 徐莹晖,徐志辉.陶行知论乡村教育[M].成都:四川教育出版社,2010:113-114.
③ 徐莹晖,徐志辉.陶行知论乡村教育[M].成都:四川教育出版社,2010:42.
④ 徐莹晖,徐志辉.陶行知论乡村教育[M].成都:四川教育出版社,2010:58.
⑤ 徐莹晖,徐志辉.陶行知论乡村教育[M].成都:四川教育出版社,2010:9.
⑥ 徐莹晖,徐志辉.陶行知论乡村教育[M].成都:四川教育出版社,2010:74.
⑦ 徐莹晖,徐志辉.陶行知论乡村教育[M].成都:四川教育出版社,2010:140.
⑧ 徐莹晖,徐志辉.陶行知论乡村教育[M].成都:四川教育出版社,2010:9.

人生唯一的工具"①。因此,单纯用文字和书本的方法发展教育是错误的,正确的教育是"教人发明工具,制造工具,运用工具。生活教育教人发明生活工具,制造生活工具,运用生活工具"②。陶行知强调,中国的教育需要实实在在地进行生活改造,而不能流于空谈。"中国教育已到绝境,千万不要空谈教育,千万不要空谈生活;只有发明工具,制造工具,运用工具是真教育,是真生活。"③因而,真正的生活教育要实现以下五种目标:"一、康健的体魄;二、农人的身手;三、科学的头脑;四、艺术的兴趣;五、改造社会的精神。"④要完成这个目标,在陶行知看来,唯有通过建设乡村学校,"乡村学校是今日中国改造乡村生活之唯一可能的中心",而乡村教师则是"改造乡村生活的灵魂"。⑤

2.晏阳初:通过"作新民"促进国家建设

晏阳初在美国就读期间,曾前往法国战场为华工服务,华工同胞的悲惨遭遇深深震撼了他,也促使他思考教育的重要性。回国后,晏阳初先用一年多的时间了解平民生活状况,后在长沙、烟台等地开展平民教育,晏阳初提出,平民教育之"平"意为"人格平等""教育机会平等"。随着平民教育运动的深入发展,晏阳初认识到中国是农业大国,因此不顾及农民的平民教育不是完整的平民教育,"中国的'人'的基础是农民,其生活的基础在乡村,所以结果也就逼上乡建的一条路"⑥。1926年后,晏阳初逐渐把教育的重点从城市转移到乡村,并于定县开展了乡村平民教育,到二十世纪三十年代形成了声势浩大的乡村建设实验运动。

晏阳初认为,历经辛亥革命和战争的结果,中国近代社会面临两个问题亟须解决:一是生活秩序,"数千年来所有政治上、社会上、家庭里安定的生活秩序,

---

① 徐莹晖,徐志辉.陶行知论乡村教育[M].成都:四川教育出版社,2010:75.
② 徐莹晖,徐志辉.陶行知论乡村教育[M].成都:四川教育出版社,2010:64.
③ 徐莹晖,徐志辉.陶行知论乡村教育[M].成都:四川教育出版社,2010:64.
④ 徐莹晖,徐志辉.陶行知论乡村教育[M].成都:四川教育出版社,2010:138.
⑤ 徐莹晖,徐志辉.陶行知论乡村教育[M].成都:四川教育出版社,2010:10.
⑥ 宋恩荣.晏阳初文集[M].北京:教育科学出版社,1989:176.

都从根本上发生了疑问";二是中国人的价值观念,"世界各国人民的宇宙观、人生观、社会观,及一切生活上的法则,皆起了剧变,吾国人不能避免世界思潮的激荡,当然更要发生种种问题"[①]。这两个问题解决的关键在于"人",在于面对民众共有的问题,由此,唯一的解决方案是推行平民教育。"我们内受国家固有文化的陶育,外受世界共通新潮的教训,自觉欲尽修齐治平的责任,舍抱定'除文盲作新民'的宗旨,从事于平民教育的工作而外,别无根本良谋。"[②]因此,他开展平民教育运动的目的有三个:一是使民众了解平民教育是什么,从而推动社会援助平民教育;二是使人人知道有读书的权利与可能,形成全民参与的读书氛围;三是达到"人人识字与教育普及为最后目的"[③]。

晏阳初认为,国民的素质是国家建设的基础,"国家不建设在国民的基础上,固然是很危险,建设在缺乏智识力、生产力、团结力、强健力的国民的基础上,更是危乎其危"[④]。平民教育对于国家的意义和价值主要体现在国民素质的提升,"吾辈所以努力于平民教育的目的,正为培养国民的元气,改进国民的生活,巩固国家的基础"[⑤]。因而,晏阳初把平民教育运动的使命定位于"作新民",所谓"新民",指具有三重层层递进而又互相关联的身份。"养成有知识有生产力和有公德心的整个人;养成社会健全的分子,发展社会的事业;养成建设国家的国民,增高国际的地位。"[⑥]晏阳初重视对平民教育使命的阐述尤其强调公民素质的提升,"平民教育的主要目的不仅是使一个不识字的工匠成为一个'读书人',或把一个纯朴的农民塑造成懂得科学知识的人。此外,还应该使他们成为有聪明才智和有进取心的中华民国公民"[⑦]。

晏阳初认为,中国农村的基本问题可以归纳为四个方面:一愚、二贫、三

[①] 宋恩荣.晏阳初文集[M].北京:教育科学出版社,1989:19.
[②] 宋恩荣.晏阳初文集[M].北京:教育科学出版社,1989:20.
[③] 宋恩荣.晏阳初文集[M].北京:教育科学出版社,1989:13-14.
[④] 宋恩荣.晏阳初文集[M].北京:教育科学出版社,1989:22.
[⑤] 宋恩荣.晏阳初文集[M].北京:教育科学出版社,1989:22.
[⑥] 宋恩荣.晏阳初文集[M].北京:教育科学出版社,1989:28.
[⑦] 宋恩荣.晏阳初文集[M].北京:教育科学出版社,1989:46.

弱、四私。解决这四个基本问题需要通过四大类教育来实现：其一，开展文艺教育以培养智识力，谋解决愚的问题；其二，开展生计教育以增进生产力，谋解决穷的问题；其三，开展公民教育以训练团结力，谋解决私的问题；其四，开展卫生教育以发育强健力，谋解决弱的问题。① 四种教育为有机整体，"此四者不可缺一，缺一则非健全的国民，缺四则尽失其国民的意义"②。为了发挥教育的整体功能，除了"四大教育"之外，晏阳初又推出了"三大方式"——学校式教育、家庭式教育、社会式教育。无论是"四大教育"还是"三大方式"，其本质都是形成教育合力，促进农村教育与社会同步发展，以达到为乡村建设培养人才、改变农村落后面貌的目的。

总的来说，我国"教育强国"文化的形成具有鲜明的继承性和时代性特点。其继承性体现在自先秦时期以来，教育对国家发展的重要作用就被统治者所重视，这一认识一直存在于我国的文化传统之中。虽然因各个历史时期的国情不同，教育强国的路径和方式也不同，但是其间仍然体现着"形散神聚"的一脉相承性，这说明我国"教育强国"文化具有强大的生命力，一直深藏于我国文化和社会之中，这是当下我们理解"教育强国"文化首先应该明确的认识。其时代性体现在，"教育强国"文化深受社会文化、发展环境的影响，它和国家、民族的命运以及文化的传承发展紧密联系在一起，正是因其时代性的特征，从古代到现代"教育强国"文化才经历了数次的演进和转变，而每一次变化都打上了深刻的时代烙印。因此，深入分析"教育强国"文化的时代性，有助于我们更深入地把握教育与国家发展的关系，深刻理解中华数千年文化中教育的地位和价值。

---

① 宋恩荣.晏阳初文集[M].北京：教育科学出版社，1989：22,54-56.
② 宋恩荣.晏阳初文集[M].北京：教育科学出版社，1989：22.

第五章 我国"高等教育强国"的文化意蕴

"高等教育强国"既体现着浓厚的中国本土文化色彩,也体现着很强的政策性。在我国的教育领域,政策对教育文化的影响非常深刻,政策在很大程度上形塑着教育的观念、制度以及实践。党的十九大以来我国把建设"教育强国"摆在优先发展的战略地位,"强国文化"被赋予了更强的政治色彩。"高等教育强国"作为我国高等教育领域的重要概念,同样无法回避其政策性,因此,对"高等教育强国"文化意蕴的认识和理解,也应紧密结合政策的推进,从中进行挖掘和提炼。

一、"高等教育强国"的提出

20世纪80年代,西方有学者从世界经济增长方式变化的角度提出了知识经济概念,认为知识已经成为推动经济增长的重要因素。1996年,经济合作与发展组织在《以知识为基础的经济》的报告中,将知识经济定义为建立在知识的生产、分配和使用之上的经济,科技和教育再次成为世界各国的关注焦点。虽然世界各国没有明确地提出"高等教育强国"的概念,但是一些国家尤其是西方发达国家已经充分认识到高等教育发展对国家综合实力提升的重要性,于是相继出台了促进高等教育发展的政策和战略,旨在通过提高高等教育质量来进一步提升国家整体实力和竞争力。

我国自改革开放以来,政府一直加大力度发展高等教育。1993年1月,党中央、国务院批转国家教委《关于加快改革和积极发展普通高等教育意见的通知》(国发〔1993〕4号),提出要积极发展高等教育。同年2月,党中央、国务院发布《中国教育改革和发展规划纲要》(中发〔1993〕3号),明确提出"要集中中央和地方等各方面的力量办好100所左右重点大学和一批重点学科、专业","211工程"正式启动。1995年5月,当"九五"计划开始之时,由中共中央和国务院共同颁布了《中共中央、国务院关于加速科学技术进步的决定》(以下简称《决定》),首次提出在全国实施科教兴国战略。《决定》指出,要"坚持教育为本,把科技和教育摆在经济、社会发展的重要地位,增强国家的科技实力及实现生产力转化的能力",充分体现出政府希望通过科技和教育振兴国家的战略意图。这一时期,我国高等教育发生了深刻变化。一方面,我国高等教育经过一段时间的稳步发展,取得了较为显著的成就,成为举世瞩目的高等教育大国;另一方面,1999年起我国正式实施高等教育扩招政策,短期之内高等教育规模急速扩张,对高等教育办学条件提出了巨大挑战,社会各界对高等教育质量和水平表示担忧,未来我国高等教育应该如何发展,成为社会各界关注的重大问题。

世纪之交,我国高等教育界掀起了一场关于"把一个什么样的高等教育带入21世纪"的大讨论。时任教育部副部长的周远清于1999年8月在《教材与教学研究》上发表了《强化"三个意识" 建设高等教育强国》的文章,畅想了21世纪的中国高等教育。[1] 他认为,在走向新世纪的时代里,各国都把未来自己民族、自己国家的兴旺寄托在发展教育特别是高等教育上,立足世界之林,我国建设成为"高等教育强国"不是要不要、应不应该的问题,而是必须的问题。[2]

---

[1] 周远清.强化"三个意识" 建设高等教育强国[J].教学与教材研究,1999(4):5-6.
[2] 周远清.建设高等教育强国——开创高等教育新世纪[J].北京高等教育,1999(11):3-5.

周远清后来详细地回顾了这一段历史,他说:"在1999年这个跨世纪的前夕,许多国家的教育专家、学者,甚至一些国家的政要和领导人都纷纷发声,提出本国教育发展的目标、方向和思路,思想甚为活跃。改革开放以后,为适应社会主义市场经济的发展,在我国教育战线上掀起了改革的高潮,并取得了巨大的成绩。大家也都在议论和研究21世纪中国高等教育会是个什么样?此时,中国的高等教育发展面临前所未有的新局面,未来高等教育应该怎样发展,成为我国社会各界有识之士共同思考、共同关注的重要议题。"[1]他回忆说:"记得在1999年的一次教育国际论坛上,我曾提出'强化三个意识,建设高等教育强国',即强化国际意识建设高等教育强国,强化素质意识全面提高教育质量,强化改革意识走出中国自己的教育发展之路。同年8月,我在《教学与教材研究》上发表了题为《强化'三个意识' 建设高等教育强国》的文章。有学者认为自此开启了我国高等教育强国研究的历程。文章吸引了很多高教战线的学者对其进行研究,也引起了诸多实践工作者的深刻思考。"[2]

2002年11月,党的十六大提出了全面建设小康社会的奋斗目标。这一奋斗目标对各个领域都提出了新的要求,如何落实这一目标,如何适应中国社会的未来发展,成为摆在每个行业面前的新课题。时任教育部部长的陈至立对教育也提出了要求,她认为"教育在十六大以后应该有个总体的战略设想"[3]。于是,教育部组织专家撰写了一份咨询报告——《从人口大国迈向人力资源强国》,从人力资源开发的角度,提出了"人力资源强国"的概念,但实际上所要回答的是教育如何应对全面建设小康社会的问题。[4] 2003年,已经担任中国高等教育学会会长的周远清发表了题为《建设高等教育强国——应对全面建设小康社会》的文章,从全面建设小康社会的目标出发,再一次论述

---

[1] 周远清.我的高等教育强国情缘[J].中国高教研究,2020(6):1-2.
[2] 周远清.我的高等教育强国情缘[J].中国高教研究,2020(6):1-2.
[3] 教育强国"《从人口大国迈向人力资源强国》报告"座谈会[J].中国远程教育,2003(6):31-40.
[4] 中国教育与人力资源问题报告课题组.从人口大国迈向人力资源强国[J].中国职业技术教育,2003(17):8-10,14.

了建设"高等教育强国"的思路和举措。他认为,"在全面建设小康社会的进程中应该继续实施科教兴国的战略,要科教奔小康。要达到全面建设小康社会中的三个'更',即更高水平、更加全面、更加均衡,高等教育的发展具有更加重要的作用"。[①]

我国在世纪之交提出建设"高等教育强国",反映出我国政府和社会各界在高等教育面临新的发展局面时所作出的深度思考和及时回应,所提出的建设"高等教育强国"的设想带有强烈的引导性和前瞻性。社会各界对建设什么样的"高等教育强国"以及如何建设"高等教育强国"进行广泛而深入的探讨。建设"高等教育强国"意味着我国高等教育发展战略的重大转变,传统的重点建设战略已经不能适应新的要求,因此,应该向全面发展的战略转变。[②]"高等教育强国"概念的提出有其历史必然性,是我国高等教育发展到一定阶段,国家高等教育战略目标和发展政策调整的必然结果。这一概念的提出,表明我国高等教育发展正在从关注重点发展到关注整体水平的转变,我国高等教育已经向提升高等教育系统发展水平的目标迈进。

二、"高等教育强国"政策内涵的演进

21世纪以来,我国政府越来越重视"高等教育强国"建设,将其作为高等教育政策的重要内容。我们将通过对相关政策内容的梳理,分析"高等教育强国"政策内涵的演变,为深入理解我国"高等教育强国"文化特点奠定基础。

(一) 内涵探索期

2007年10月,党的十七大确立了"优先发展教育,建设人力资源强国"的

---

① 周远清.建设高等教育强国——应对全面建设小康社会[J].中国高教研究,2003(7):4-6.
② 李立国.从一流大学到高等教育强国:我国高等教育发展战略的转变[J].复旦教育论坛,2010,8(3):13-17.

发展方针。2007年12月,时任国务委员的陈至立在教育部直属高校工作咨询委员会第18次全体会议上,作了题为《以提高质量为核心 加快从高等教育大国向高等教育强国迈进的步伐》的报告。这是政府教育主管部门领导以官方身份第一次提出"高等教育强国"概念。她指出,"建设高等教育强国战略目标的时机已经成熟","中国高等教育既站在一个新的历史起点,也正处在一个新的发展阶段。科学提出高等教育下一步发展方向和目标,是关系到我国高等教育持续健康发展的大问题。我同意会议代表们提出的有关以提高质量为核心,加快从高等教育大国向高等教育强国迈进步伐的一系列重要建议"。① 在此基础上,她强调了建设"高等教育强国"的战略意义、基本思路和战略重点。她认为,"发达的高等教育是人力资源强国的重要保障。贯彻落实党的十七大精神,建设人力资源强国,就必须建设高等教育强国"②。同时,她从六个方面论述了建设"高等教育强国"的战略重点,这六个方面包括:第一,培养拔尖创新人才和各类优秀人才,提高我国核心竞争力;第二,以提高质量为核心开展各项工作;第三,坚持人才强校,建设高素质教师队伍;第四,根据我国现代化建设的需要和世界科技发展的趋势,优化高等教育结构和布局;第五,坚定不移地推进一流大学、高水平大学和高水平学科建设,增强高校创新能力;第六,继续深化改革,不断提高对外交流与合作水平。③ 可以看出,这六个方面仍然是今天我国"高等教育强国"建设应着力推进的重点。

有统计显示,自2008年开始,我国关于"高等教育强国"的研究文献数量

---

① 陈至立.认真学习贯彻党的十七大精神 以提高质量为核心 加快从高等教育大国向高等教育强国迈进的步伐——在教育部直属高校工作咨询委员会第十八次全体会议上的讲话[J].中国高等教育,2008(1):4-9.

② 陈至立.认真学习贯彻党的十七大精神 以提高质量为核心 加快从高等教育大国向高等教育强国迈进的步伐——在教育部直属高校工作咨询委员会第十八次全体会议上的讲话[J].中国高等教育,2008(1):4-9.

③ 陈至立.认真学习贯彻党的十七大精神 以提高质量为核心 加快从高等教育大国向高等教育强国迈进的步伐——在教育部直属高校工作咨询委员会第十八次全体会议上的讲话[J].中国高等教育,2008(1):4-9.

急剧增加,①形成了高等教育理论界和实践界集思广益研讨"高等教育强国"的盛况。当时许多高校校长参与到"高等教育强国"的研究和讨论中。时任清华大学校长的顾秉林认为,"高等教育强国"应具有以下基本特征:拥有较大的高等教育规模及较高的高等教育普及率;高等教育体系应该形成适应经济社会发展需求的良性结构;高等教育的总体质量应该居于世界领先行列;要有一批高水平大学跻身世界优秀大学的群体;要产生具有世界影响力的办学理念和办学模式。②时任北京交通大学党委书记的王建国认为,建设"高等教育强国"是全党全社会和高校共同的责任,他提出要努力实施六个计划——高水平大学建设计划,创新人才培养计划,知识创新、科技创新计划,教师队伍建设计划,国际交流合作计划,现代大学制度计划。③

总的来看,这一时期"高等教育强国"已经进入政策视野,但是在内涵、目标、战略定位等方面尚需进一步明确。

(二) 内涵形成期

2010 年 6 月,中共中央政治局召开会议,审议并通过《国家中长期教育改革和发展规划纲要(2010—2020 年)》(以下简称《纲要》),《纲要》开篇即明确提出要建设"人力资源强国""教育强国"和"高等教育强国",指出"提高质量是高等教育发展的核心任务,是建设高等教育强国的基本要求。到 2020 年,高等教育结构更加合理,特色更加鲜明,人才培养、科学研究和社会服务整体水平全面提升,建成一批国际知名、有特色、高水平的高等学校,若干所大学达到或接近世界一流大学水平,高等教育国际竞争力显著增强"。《纲要》将"高等教育强国"作为高等教育发展的长远目标,并从提高质量、完善结构、创建一流大学、提高竞争力等角度进行了全面部署。这是我国政府的正式文件

---

① 田贵平,赵婷婷.高等教育强国研究二十年回眸[J].高等教育研究,2018,39(9):8-16.
② 顾秉林.研究型大学在建设高等教育强国中的使命与作用[J].中国高等教育,2008(1):9-11.
③ 王建国.建设高等教育强国的若干思考[J].中国高等教育,2008(2):15-19.

中首次将建设"高等教育强国"作为未来高等教育发展的战略目标,同时还明确了时间点和需要完成的任务,表明"建设高等教育强国已经变成了政府行为"[①]。在此之后,"高等教育强国"这一提法开始越来越多地出现在政府的文件和报告之中。

2012年11月,党的十八大确立了"坚定不移沿着中国特色社会主义道路前进 为全面建成小康社会而奋斗"的目标,同时,习近平总书记提出了"两个一百年"奋斗目标和中华民族伟大复兴的中国梦。这对教育来说具有非常重要的指导意义,因为教育在中华民族复兴之路上一直扮演着重要角色,未来也必将发挥更重要的作用。2015年,国务院发布了《统筹推进世界一流大学和一流学科建设总体方案》(国发〔2015〕64号),主要任务是"加快建成一批世界一流大学和一流学科,提升我国高等教育综合实力和国际竞争力,为实现'两个一百年'奋斗目标和中华民族伟大复兴的中国梦提供有力支撑",并明确提出要"实现我国从高等教育大国到高等教育强国的历史性跨越","到本世纪中叶,一流大学和一流学科的数量和实力进入世界前列,基本建成高等教育强国"。这一政策文件把"双一流"建设看成是推进"高等教育强国"建设的重要路径,"高等教育强国"的政策目标性进一步凸显。同时,这一方案也进一步明确了"到本世纪中叶"基本建成"高等教育强国"的主要任务和时间节点。此时,"高等教育强国"已经得到了政府的认可被正式写进了政府的文件中,并成为未来我国高等教育发展的战略目标。

(三)内涵拓展期

2017年10月18日,中国共产党第十九次全国代表大会开幕。习近平总书记作了题为《决胜全国建成小康社会 夺取新时代中国特色社会主义伟大胜利》的报告。报告指出,新时代我们的"总任务是实现社会主义现代化和中

---

① 周远清.我国当前高等教育形势[J].高等教育研究,2010,31(12):1-3.

华民族伟大复兴,在全面建成小康社会的基础上,分两步走在本世纪中叶建成富强民主文明和谐美丽的社会主义现代化强国",同时明确指出,"建设教育强国是中华民族伟大复兴的基础工程,必须把教育事业放在优先位置,深化教育改革,加快教育现代化,办好人民满意的教育"。"建设教育强国"被写进了党的工作报告,这既体现了新时期党对教育工作的重视,也更加凸显了新时期教育在国家发展中所承载的重大责任。

2018年9月10日,全国教育大会在北京召开,习近平总书记发表了重要讲话。他从党和国家事业发展全局的战略高度,对新时代教育工作进行了全面系统深入的阐述和部署,提出要加快推进教育现代化、建设教育强国、办好人民满意的教育,既体现了党中央对教育工作的高度重视,也为未来教育发展指明了方向。

2018年5月28日,习近平总书记在中国科学院第十九次院士大会、中国工程院第十四次院士大会上发表重要讲话并指出,"中国要强盛、要复兴,就一定要大力发展科学技术,努力成为世界主要科学中心和创新高地"。当前新一轮世界科技革命和产业变革正孕育兴起,对世界经济政治格局、产业形态、人们生活方式等产生深刻影响,也必将重塑世界科技竞争格局,改变国家力量对比,所以科技创新成为许多国家谋求竞争优势的核心战略。虽然习近平总书记这一讲话并不直接针对高等教育,但是作为科技创新的重要主体——高等学校,在科技创新受到前所未有重视的今天,其在建设创新型国家中的重要作用必将进一步凸显。可见,当今"高等教育强国"建设与"科学中心和创新高地"建设紧密相连,我们对"高等教育强国"战略地位和意义的理解得到进一步拓展和加深。

2019年2月,中共中央、国务院印发了《中国教育现代化2035》,对如何建设教育强国进行了具体规划和部署,提出"到2035年总体实现教育现代化,迈入教育强国行列"的新目标。2021年,根据党的十九届五中全会精神,十三届全国人大四次会议通过了《中华人民共和国国民经济和社会发展第十四个五年规划和2035年远景目标纲要》,提出了2035年建成教育强国的远景目标。无论是教育强国的建设,还是教育现代化的实现,都必须实现教育系统整体水平的提高以及所培养人才整体素质的提升,而高等教育在教育系统整体发展中占据重要地位。在高等教育方面,《中国教育现代化2035》特别提出了"高等教育竞争力明显提升"的发展目标,这对认识我国高等教育发展中的关键问题和主要矛盾具有重要价值。尽管我国高等教育的发展千头万绪,各种问题和矛盾交织在一起,但如果我们抓住提升高等教育竞争力这一核心,那么未来我国高等教育改革和发展就有了明确的方向。

2022年10月16日,中国共产党第二十次全国代表大会在北京开幕。习近平总书记作了题为《高举中国特色社会主义伟大旗帜 为全国建设社会主义现代化国家而团结奋斗》的报告。报告指出,"我们要坚持教育优先发展、科技自立自强、人才引领驱动,加快建设教育强国、科技强国、人才强国,坚持为党育人、为国育才,全面提高人才自主培养质量,着力造就拔尖创新人才,聚天下英才而用之"。二十大报告把教育提到了前所未有的战略高度,并将教育强国建设与科技强国建设、人才强国建设统筹考虑、一体推进。高等教育正处于教育强国、科技强国和人才强国三者交汇之处,因此,"高等教育强国"建设不仅仅关系到教育强国,更关系到科技强国和人才强国的建设,"高等教育强国"建设已经成为关系到国家整体发展和综合竞争力的重要战略任务。

2023年5月29日,习近平总书记在中共中央政治局第五次集体学习时强调,要"加快建设教育强国,为中华民族伟大复兴提供有力支撑",而"建设教育强国,龙头是高等教育。要把加快建设中国特色、世界一流的大学和优势学科作为重中之重,大力加强基础学科、新兴学科、交叉学科建设,瞄准世界科技前沿和国家重大战略需求推进科研创新,不断提升原始创新能力和人才培养质量"。[①] 这一重要讲话不仅进一步明确了高等教育在教育强国建设

---

① 习近平在中共中央政治局第五次集体学习时强调加快建设教育强国为中华民族伟大复兴提供有力支撑[N].新华日报,2023-05-30.

中的地位和作用,更为未来我国高等教育的发展明确了方向。

总的来看,这一时期政府明确提出了"教育强国"建设目标,把"高等教育强国"建设融入"教育强国"建设的总体战略之中,使得高等教育在整个国家发展中的战略地位进一步提升。因此,在"教育强国"建设的大背景下,"高等教育强国"建设被赋予了更重要的使命。

三、"高等教育强国"建设的目标及意义

我们分析和提炼我国"高等教育强国"建设的政策目标及意义,目的是更深入地理解"高等教育强国"所要达到的目的及其与国家发展战略之间的关系,进一步理解"高等教育强国"文化的本土特点。

(一) 建设"高等教育强国"的政策目标

"高等教育强国"建设目标主要集中在两个方面。一方面,通过不断提升高等教育本身的水平和质量来建设"高等教育强国"。如政策目标中所提到的"提高质量是高等教育发展的核心任务",是建设"高等教育强国"的关键所在;"高等教育结构更加合理,特色更加鲜明,人才培养、科学研究和社会服务整体水平全面提升,建成一批国际知名、有特色、高水平的高等学校,若干所大学达到或接近世界一流大学水平,高等教育国际竞争力显著增强","一流大学和一流学科的数量和实力进入世界前列"等,则更多地体现了"高等教育强国"的关键特征。另一方面,通过不断提升高等教育为国家和社会服务的能力来达到"高等教育强国"建设的目的。如政策目标中提到,"加快建成一批世界一流大学和一流学科,提升我国高等教育综合实力和国际竞争力,为实现'两个一百年'奋斗目标和中华民族伟大复兴的中国梦提供有力支撑"等,就是重点强调建设"高等教育强国"对国家发展的意义和服务国家的目标。

"高等教育强国"是针对一个国家高等教育系统而言的,尽管不同"高等

教育强国"的优势各不相同,但就整体实力而言,能称为"高等教育强国"的高等教育系统应在世界各国中位居前列。"高等教育强国"之所以"强",主要体现在两方面:一是高等教育系统本身的强大,只有高等教育系统自身的实力强和发展水平高,超越其他国家和地区,才能被称为"高等教育强国";二是高等教育系统具有比较强的满足和促进国家发展的能力,也就是说,高等教育自身强还不是"高等教育强国"的全部,只有它所在的国家也因此强大,才能称得上真正的"高等教育强国"。

综上,我国"高等教育强国"建设目标包括两个方面。第一,"高等教育强国"建设就是要不断提升国家高等教育系统自身的发展水平,使其实力位居世界前列,高等教育在国际上的竞争力和影响力不断提升。第二,"高等教育强国"建设还需要不断提升高等教育系统在国家发展中的作用和贡献,不仅要满足国家发展需要,更要引领社会创新发展,并应形成本国发展模式,对其他国家的发展产生影响。需要注意的是,"高等教育强国"建设应着力处理好中国特色和世界一流的关系。"高等教育强国"处于世界坐标系之上,需要同各国的高等教育在世界舞台上同台竞技,因此"高等教育强国"首先要做到世界一流,若达不到世界一流的实力和竞争力,便不能称之为"高等教育强国"。我们也应该看到,世界一流并不能通过模仿而实现,高等教育应有本国特色,只有从本国实际情况出发,走出一条属于自己的发展之路,才有可能不断走向卓越,成为"高等教育强国"。

(二) 建设"高等教育强国"的意义和作用

"高等教育强国"通过服务创新型国家战略,提升教育发展水平以及增强国家核心竞争力,为全面建成小康社会,建设社会主义现代化强国,实现中华民族伟大复兴,提供强大的人才支撑和智力支持。

1. 建设"高等教育强国"是社会主义现代化强国建设的重要组成部分

党的十九大报告指出,中国特色社会主义新时代是决胜全面建成小康社会,进而全面建设社会主义现代化强国的时代。作为社会主义强国建设的重要组成部分,"高等教育强国"是教育强国的重要内容和人力资源强国的必要途径。建设"高等教育强国"是建设中国特色社会主义的"高等教育强国",是建设具有"中国特色、世界水平"的"高等教育强国"。当前,我国已经顺利实现全面建成小康社会的目标,实现共同富裕成为新时代社会主义现代化建设新的战略目标。在新的历史阶段和发展起点上,面向新的发展格局和战略目标,以服务社会主义强国建设为契机,重新审视和探讨高等教育如何更好为社会主义现代化建设服务,具有理论和实践层面的双重意义。

建设社会主义现代化强国是中国共产党人不懈奋斗的目标,也是近代以来中华民族孜孜以求的梦想。教育强国是现代化强国的重要内容,也是建设现代化强国的基础。习近平总书记在2018年9月10日召开的全国教育大会上指出,教育是民族振兴、社会进步的重要基石,是功在当代、利在千秋的德政工程,对提高人民综合素质,促进人的全面发展,增强中华民族创新创造活力,实现中华民族伟大复兴具有决定性意义。改革开放特别是党的十八大以来,党中央十分重视高等教育的发展,大力推进高等教育改革,为我国社会主义现代化建设事业提供了有力的支持和保障,为加快教育现代化和教育强国建设奠定了坚实的基础。

2. 建设"高等教育强国"是中华民族伟大复兴的基础工程

教育是对中华民族伟大复兴具有决定性意义的事业,肩负着中华民族伟大复兴的历史使命,而高等教育发展水平是一个国家教育发展水平和发展潜力的重要标志。当今世界正面临百年未有之大变局,国际形势激荡,国家竞争凸显,这使得高等教育的发展比以往任何时候都更加迫切,对科学知识和卓越人才的渴求比以往任何时候都更加强烈。当前我国已经开启全面建设社会主义现代化国家新征程,中华民族伟大复兴向前迈出了新的一大步,高等教育必将被赋予更重要的历史使命,面临新的挑战和任务。

习近平总书记指出,"时代越是向前,知识和人才的重要性就愈发突出,教育的地位和作用就愈发凸显。我国正处于历史上发展最好的时期,但要实现'两个一百年'奋斗目标、实现中华民族伟大复兴的中国梦,必须更加重视教育,努力培养出更多更好能够满足党、国家、人民、时代需要的人才"①。目前我国高等教育的发展还存在着不平衡不充分的问题,高等教育发展还不能完全适应经济社会发展的需要,一些不利于高等教育发展的体制机制障碍依然存在,与世界"高等教育强国"相比,还存在着不小的差距,因此,进一步推进高等教育发展至关重要。作为教育强国建设中的"龙头","高等教育强国"建设不仅直接关系到"教育强国"的建设,更与"科技强国""人才强国"建设紧密相关,建设"高等教育强国"与中华民族伟大复兴紧密相连。

3. 建设"高等教育强国"是实现高质量发展的关键所在

2017年以来,我国开始进入高质量发展新阶段。从国内形势来看,中国特色社会主义进入新时代,我国社会主要矛盾已经转化为人民日益增长的美好生活需要和不平衡不充分的发展之间的矛盾。从国际形势来看,新一轮的国家竞争愈演愈烈,科技竞争、产业竞争直接关系到国家利益和国家的未来发展。国际国内形势的挑战使得我国必须通过高质量发展来提升社会整体发展质量,提升国家竞争力,以保障国家和人民的利益与福祉。

随着社会的发展,知识创新越来越成为提高一个国家综合国力和国际竞争力的决定性因素,人力资源越来越成为推动一个国家经济社会发展的战略性资源,科技创新越来越成为一个国家未来发展和伟大复兴的不竭动力。作为社会发展的重要动力站,高等教育在知识创新方面具有无可替代的重要作用。未来的高等教育被赋予了更重要的责任和使命,建设"高等教育强国"既是教育强国建设的重要组成部分,也是我国科技创新和人才高地建设的基础和保证。这表明,高等教育在当今我国社会经济发展格局中的定位和作用发

---

① 努力培养出更多更好的人才——习近平总书记在北京市八一学校考察时的讲话引起热烈反响[N].人民日报,2016-09-11.

生了新变化,这就要求"高等教育强国"建设应放在我国社会高质量发展的大背景中来思考。面对新的发展环境和新的发展阶段,我国高等教育对国家经济社会发展的作用应从基础支撑转向引领带动,未来我国必须进一步发挥高等教育在国家建设中的先导性、引领性作用,这才能不辜负时代赋予高等教育的新使命和新挑战。

四、"高等教育强国"文化的成因及价值

改革开放以来,我国最早使用"强国"一词的是体育界。体育较其他领域更早走出国门,在世界舞台上与其他国家同台竞技,为了彰显国家实力和树立国家形象,20世纪80年代我国提出建设"体育强国"的目标。20世纪90年代,世界科技和经济竞争日益加剧,我国开始出现"科技强国""经济强国"等提法。21世纪初,人们越来越发现在科技和经济竞争中人才是关键,"人才强国""人力资源强国"等提法便应运而生。随着改革开放程度的加深,国内各领域建设都突飞猛进,与国外的交流合作也日益加深,一些发展较快、体量较大的行业开始思考做大之后如何做强的问题,于是"强国"的提法逐渐增多,如"钢铁强国""医药强国""纺织强国""航空航天强国""贸易强国"等。

"高等教育强国"的提出也是如此。高等教育不是一个孤立发展的领域,它与社会的经济、政治、文化具有千丝万缕的联系,不管是高等教育系统本身是否强大,还是高等教育能否促进国家的强大,从其产生之日起,它就被赋予了强烈的国家责任感和使命感。人们希望在世界高等教育体系中做强我国的高等教育,提升其整体实力,而且希望高等教育应在提升国家整体实力的过程中发挥更重要的作用。所以"高等教育强国"体现着强烈的本土意识,它源于在当今世界高等教育格局中我国的高等教育的赶超心态和强烈发展意愿,其目的是想要寻找并确立中国高等教育在世界高等教育体系中的地位,它体现的是中国看待自身高等教育的出发点、价值观以及所蕴含的期望。

(一)"高等教育强国"文化的成因

我国"高等教育强国"文化的生成有其内在原因,这可以从实践基础、动力来源以及历史根基三个方面进行分析。

1. 我国高等教育取得的巨大成就是文化生成的实践基础

世纪之交"高等教育强国"概念的提出,是源于对"把一个什么样的高等教育带入21世纪"问题的思考。这一时期我国高等教育发展既承接了改革开放以来我国高等教育的重建与改革,又酝酿了后来的高等教育规模大扩张,这时提出"高等教育强国",是在高等教育取得一定成绩的基础上对未来发展走向进行思考后提出的设想和目标。

然后,历经十年,"高等教育强国"被写进《国家中长期教育改革和发展规划纲要(2010—2020年)》之中。正是因为有了这十年的发展,中国高等教育才成为名副其实的世界高等教育大国,才具有建设"高等教育强国"的可能性。正如时任国务委员的陈至立第一次正式提出"高等教育强国"概念时所总结的那样,"我国的高等教育正站在一个新的历史起点上,高等教育的发展实现了历史性跨越"[①]。因此,此时把建设"高等教育强国"作为今后高等教育发展的目标,是高等教育发展的必然要求。这就是说,"高等教育强国"之所以能够成为一个政策概念,之所以能够成为我国高等教育发展的目标,是因为改革开放四十多年高等教育发展取得了巨大成就,我国高等教育已经成为世界上规模最大的高等教育系统,为国家发展提供了大量人才和智力支持,为我国从高等教育大国向"高等教育强国"的转变奠定了坚实的实践基础。

2. 高等教育主动适应国家发展需要的责任担当是文化生成的动力来源

"高等教育强国"政策内涵的每一次变化,都是高等教育主动适应国家政

---

① 陈至立.认真贯彻党的十七大精神 以提高质量为核心 加快从高等教育大国向高等教育强国迈进的步伐——在教育部直属高校工作咨询委员会第十八次全体会议上的讲话[J].中国高等教育,2008(1):4-9.

策和社会发展变化的结果。20世纪90年代末,"高等教育强国"第一次被提出,是在国家实施科教兴国战略背景下高等教育对自身发展的思考;"高等教育强国"第一次被写进政府的政策文件,是在建设人力资源强国背景下高等教育对未来发展方向的自我定位和自我激励;今天,在教育强国、科技强国和人才强国三位一体、统筹发展的背景之下,对"高等教育强国"与三者关系的思考更体现了新时期高等教育的主动选择和责任担当。

中国高等教育自产生之日起就担负着巨大社会责任。如果说19世纪60年代建立新式学堂是清政府的无奈之举,经过一个多世纪的发展,当今中国高等教育对社会责任的担当则更多是主动选择而非被动适应。"高等教育强国"事业,有众多理论工作者和实践工作者参与研究,这就是高等教育自我选择和主动担当的有力体现。今天,在我国教育强国建设的背景下,高等教育的"龙头"地位被凸显,一方面源于高等教育在当今社会发展中地位和作用的增强;另一方面也源于我国高等教育一直在国家发展中担当重要职责和发挥重要作用。

3. 中华民族文化中蕴藏的"教育强国"传统是文化生成的历史根基

我国有着重视教育的文化传统,尤其是儒家学说十分重视教育在国家发展和个体成长中的作用,这种思想为我国近现代认识和建构教育与国家的关系奠定了文化基础。第一次鸦片战争以后,中华民族开始了对西方列强殖民掠夺的反抗历程,教育一直被看成是抗击西方侵略与强盛国家的重要途径。从"以技强国"到"以学强国"再到"以教强国",近代"教育强国"文化的发展变化一直与国家、民族的命运紧密联系在一起。可以说,教育在中华民族复兴之路上一直扮演着重要角色,也一直承载着人民的殷切期望。中华人民共和国成立以后,各行业从无到有的建设和发展,以及改革开放以来中国社会的飞速变化,都离不开我们自己的教育所培养的人才。同时,对教育的重视也已经融入政府的各项政策和战略当中,从"科教兴国战略"到"优先发展教育"再到"建设教育强国",都彰显了政府对教育的重视,高等教育更是如此。我国政府已深刻认识到高等教育在科技和经济竞争、国家综合实力竞争、国家经济结构调整、国家创新能力提升等方面所能发挥的作用,"高等教育强国"才能从学术界的讨论发展为政府在高等教育领域的政策目标。所以说,中华民族文化中蕴藏的"教育强国"文化的传统,正是我们今天"高等教育强国"文化生成的历史根基。

(二)"高等教育强国"文化的价值和作用

"高等教育强国"对近年来中国高等教育的发展产生了深远的影响,它已经从学术和政策话语上升到更深的文化层面,其间蕴含着重要的价值。

1. 凝聚号召作用

"高等教育强国"概念一经提出便吸引了很多高教领域的学者对其进行研究,同时也引起了很多实践工作者的深入思考。研究和思考的过程就是凝聚人心的过程,也是反思和展望的过程。2008年,中国高等教育学会依托相关课题推进"高等教育强国"研究,参与人员众多,影响广泛,充分展现了"高等教育强国"这一主题所具有的吸引力、凝聚力和号召力。

高等教育的发展是非常复杂的系统工程。虽然高等教育发展需要脚踏实地地从当前的具体问题做起,但是作为整个高教领域,也需要有一个可以凝聚人心的远景目标,"高等教育强国"正是这样的目标。从某种意义上说,建设"高等教育强国"永远都是一个过程,即便是当今的世界"高等教育强国",要保持强国地位,仍需要持续建设和不断向前发展。因此,"高等教育强国"文化的首要价值,就在于它为我国高等教育事业描绘出了发展的前景和目标,为每一位高等教育工作者绘制了愿景和梦想,而正是这种目标和愿景,发挥了凝聚人心的作用,为我国高等教育事业的发展指明了方向。

2. 目标导向作用

"高等教育强国"是对高等教育系统所应达到发展高度的描述,它本身就是一个目标,当这一目标以政策形式确定下来以后,就会发挥出对实践工作的指导作用,政府必将努力推进政策目标的实现,这是政策目标本身所具有的价值和作用。在《国家中长期教育改革和发展规划纲要(2010—2020年)》和《统筹推进世界一流大学和一流学科建设总体方案》中,政府都明确提出了建设"高等教育强国"的时间和实施路径,充分显示了其目标导向的作用和价值。

党的二十大报告提出教育强国、科技强国、人才强国三位一体统筹发展战略,虽然这一战略中没有提到"高等教育强国",但是习近平总书记在中共中央政治局第五次集体学习时强调,"建设教育强国,龙头是高等教育",高等教育在教育强国建设中发挥着带动和引领作用。在当今教育强国的建设过程中,"高等教育强国"建设必将更为迫切,因为"高等教育强国"既是"教育强国"的重要组成部分,也是"科技强国"和"人才强国"的重要支撑和基础,所以从当今我国社会发展的现实需要和国家总体政策来看,"高等教育强国"建设仍将在未来高等教育发展中发挥目标导向作用。

3. 建构中国自主高等教育学知识体系的作用

我国高等教育经历了20世纪50年代学习苏联模式,改革开放以后学习欧美模式的发展过程。经过多年的实践探索,人们越来越认识到外来模式和经验无法完全适用于本国实际,因为这些做法和经验根植于来源国家的文化传统、教育观念和政治经济制度,当被移植到我国时,就会在一定程度上体现出文化以及制度的不适应性。

近年来我国高等教育取得了令世界瞩目的成绩,所探索出的一些做法也开始被越来越多的国家所效仿,如"985"工程、"双一流"建设等。现实的发展需要我们从中国的实践出发,构建中国自主的高等教育学知识体系,而对"高等教育强国"的系统研究正是在这方面的有益尝试,在这一尝试过程中所探索的路径和方法,对未来我国高等教育学自主知识体系建构具有重要的参考和借鉴价值。

第六章　世界"高等教育强国"的生成及特征

我们将从"高等教育强国"生成的外部条件、所表现出的特征以及对国家产生的影响三个方面,系统分析世界"高等教育强国"更替的过程,从文化层面回答这些国家为何会成为"高等教育强国",体现了哪些"高等教育强国"的共性等问题,以便我们深入理解和把握"高等教育强国"的文化特性,提炼世界"高等教育强国"生成与发展的历史经验。

一、意大利(14—16世纪)

11世纪,意大利成为当时的世界贸易中心,城邦国家崛起,行会普遍盛行,世界上最早的大学——博洛尼亚大学也在此诞生,此后那不勒斯大学、锡耶纳大学等相继成立。14—16世纪,意大利在大学数量、教学水平等多个领域逐渐达到顶峰,发展成为世界历史上第一个"高等教育强国"。

(一)意大利"高等教育强国"生成的外部条件

意大利之所以能够成为世界首个"高等教育强国",与其得天独厚的地理条件以及较高的社会经济发展水平紧密相关。应该说,这些外部条件为意大利成为"高等教育强国"打下坚实的基础。

1. 地理位置优越

自罗马帝国建立以来,意大利逐步摆脱了中世纪社会动荡与经济凋零的局面,商业和海洋贸易迅速发展起来,港口数量在15世纪前后达到顶峰,逐渐发展成为第一大海洋贸易强国。[①] 这主要是因为意大利的地理位置极其优越,半岛地貌使得很多城市都临海,海上交通非常发达,许多沿海城市都能够参与到海洋贸易中来。当时,威尼斯、热那亚、比萨、那不勒斯等地都是意大利的重要港口,相较于其他国家,意大利不仅港口数量多,而且也较为密集,形成了聚集优势。海洋贸易不仅带动了意大利各城市经济的发展,也为其文化繁荣奠定了基础。优越的地理位置和便利的交通使意大利成为世界人才的集聚地,各地文化随着海洋贸易以及人口流动不断传入意大利,使其成为贸易中心的同时,也变成了文化交流中心,并为意大利后来发展成为欧洲文艺复兴重镇奠定了基础。

2. 城市化程度高

14—16世纪,意大利的城市化程度已经明显高于英国、法国、德国等国家。当时英国、法国和德国的城市化程度相对较低,人口大多分布在乡村和小镇。例如,在英国的伦敦虽然已经开始显现出其作为国家首都的重要地位,但是其人口规模和商业活动的繁荣程度相比佛罗伦萨和威尼斯等地要逊色许多;在德国的科隆、纽伦堡和亚琛等重要城市的人口密度和聚集程度明显弱于意大利。[②] 意大利的很多城市如威尼斯、那不勒斯等已经发展成了重要的商业贸易中心,同时,在意大利北部地区如佛罗伦萨和米兰,已经出现了初步的工业集聚现象,这两个城市的羊毛工业和纺织工业相当发达,吸引了

---

① ELLIOTT J H. Spain and its world, 1500—1700: Selected essays[M]. New Haven: Yale University Press, 1989: 114-116.

② BURINGH E, VAN ZANDEN J L. Charting the "Rise of the West": Manuscripts and Printed Books in Europe, A Long-Term Perspective from the Sixth through Eighteenth Centuries[J]. The Journal of Economic History, 2009, 69(2):409-445.

大量劳动力流入。① 在文化艺术方面,意大利的一些城市如佛罗伦萨、罗马和威尼斯等,聚集了大量的艺术家、文人和学者,形成了繁荣的文化艺术生活氛围。此外,作为教皇的居住地,罗马成为欧洲乃至全世界的宗教中心,大量的信徒和朝圣者聚集在罗马,使其城市人口极为密集。② 这一时期,意大利已经发展成为欧洲最先进的经济体之一,发达程度遥遥领先于德国、法国和英国,特别是在贸易、金融和文化方面更是发展迅速,在欧洲乃至世界发展中占据重要地位。

3. 政府和教会支持

中世纪意大利大学的发展得益于三方面的支持。一是教皇以及皇帝颁发的特许状。世界上最早获得大学特许权的是意大利的博洛尼亚大学,英国、法国与德国的大学直到12至14世纪才被授予特许权。③ 博洛尼亚大学的特许状由罗马帝国的教皇和皇帝颁发,赋予其自主授予学位、决定教学内容等权力。二是意大利颁布了保障大学师生权益的法律。中世纪大学里的学者和学生常常需要长途跋涉到不同的城市或国家去学习,在异国他乡很容易受到不公平对待。针对这种情况,1155年,罗马帝国的国王腓特烈一世颁布了《安全居住法》,该法案主要是为了保护学者和学生的权益,允许他们自由迁徙并确保他们的安全,这使得来自世界各地的教师以及学生能够安心地在意大利的大学中工作学习,为大学的发展提供了有力保障。三是意大利的大学获得了政府和教会的财政支持。"1416年,博洛尼亚社区将几项税收收入分给大学,显然这并不够。因此,1433年,执政者将该市所有销售商品的税收收入都分给大学;1437年教皇尤金四世确认了该决议并且承诺提供更多资

---

① TILLY C, TILLY L, TILLY R. The rebellious century: 1830—1930[M]. Cambridge, MA: Harvard University Press, 1975:117-122.
② TILLY C, TILLY L, TILLY R. The rebellious century: 1830—1930[M]. Cambridge, MA: Harvard University Press, 1975: 113-115.
③ 侯佳.依章治校与大学治理的法治化[J].山西大学学报(哲学社会科学版),2021,44(3):136-141.

助;这种分配方式在15世纪一直得以持续。"① 不难看出,教会和政府对大学的发展给予了大力的支持。

(二) 意大利高等教育的特征

意大利作为世界上第一个"高等教育强国",它开创了高等教育的先河,孕育了世界第一所大学,大学数量在当时的欧洲也位居首位,出现了多种大学办学模式,奠定了各学科领域的教学内容体系,并发展成为世界人才汇聚地和学术中心。

1. 大学的数量位居前列

自博洛尼亚大学建立到16世纪初,意大利创办了大量的大学。这一阶段意大利是欧洲大学数量最多的国家,远超同期其他国家。14世纪,意大利共有10所大学,德国、英国、法国三国共有7所大学;到16世纪,虽然意大利在大学数量上的优势变小,共有13所大学,② 但是相对而言,直至14、15世纪,意大利大学数量仍居欧洲各国首位。

2. 大学成为世界人才的汇聚地

根据《古今科技名人辞典》和《科学家传记百科全书》中的记载,14—16世纪的意大利科技名人和科学家共有24人,在整个欧洲居于首位,其他国家与意大利存在一定的差距。③ 其中,自然科学家数量最多,尤其是医生、解剖学和植物学家等;其次是数学家和物理学家等。不仅如此,当时其他国家的很多科学家都会到意大利的大学进行科学研究和教学,如德国冶金学家兼医生

---

① GRENDLER P F. The universities of the Italian Renaissance[M]. Baltimore: the Johns Hopkins University Press, 2002: 1.
② [瑞士]瓦尔特·吕埃格.欧洲大学史:第一卷:中世纪大学[M].张斌贤,杨克瑞,译.保定:河北大学出版社,2008:76-81.
③ ASIMOV I. Asimov's Biographical Encyclopedia of Science and Technology[M]. New York: Doubleday, 1964: 95-136.

阿格里科拉曾在博洛尼亚大学从事医学研究[1];波兰天文学家尼古拉·哥白尼也曾于博洛尼亚大学从事天文学等研究[2]。可以说,这一时期的意大利已经成为世界人才的"发源地"和"汇集地"。

3. 多样化的大学办学模式

意大利的博洛尼亚大学素有"西方大学之母"的美誉,很多大学都脱胎于它的模式。博洛尼亚大学是学生主导的办学模式,学生拥有选举教师、确定学费和其他一些管理权力。"在13世纪的大部分时间里,博洛尼亚大学的学生社团掌握着每个学生都梦寐以求的权力,包括:任命、支付报酬、辞退教授等;凭借富裕的外国学生为当地带来的可观收入,学生总是以迁移到其他城镇来威胁当地政府。"[3]博洛尼亚大学的模式在当时得到国家以及教会的认可,教皇尼法斯八世和尤金尼厄斯四世分别创建了罗马大学和卡塔尼亚大学,在大学的谕旨和批示中都明确表示必须仿效博洛尼亚大学的办学模式。

帕多瓦大学则是教师主导的办学模式。该大学的教师拥有学校管理和决策权,在选择教学内容、制定教学方法和标准等方面享有相当大的权力。其实,当时欧洲很多大学都采取这种办学模式,尤其是以法学和医学等职业学科为主的大学更是如此。

都灵大学采取过教会控制的办学模式。该大学早期与教会有密切联系,其办学初衷是为教会培养神职人员。而那不勒斯大学则刚好相反,它是罗马帝国皇帝腓特烈二世于1224年创立的,采用的是世俗权威控制的办学模式,皇帝希望通过这所大学培养服务于皇家的人才。为此,皇帝会为大学提供资

---

[1] JOHN D. Biographical Encyclopedia of Scientists[M]. 3rd ed. Boca Raton: CRC Press, 2008: 7.

[2] JOHN D. Biographical Encyclopedia of Scientists[M]. 3rd ed. Boca Raton: CRC Press, 2008: 150.

[3] GRENDLER P F. The universities of the Italian Renaissance[M]. Baltimore: the Johns Hopkins University Press, 2002: 6.

金、土地或其他资源的支持,同时也会对大学的教学目标、课程设置、教职人员招聘等施加一定影响。可以看出,中世纪大学的主要办学模式在意大利都出现过,这在很大程度上体现了当时意大利高等教育的发达程度。

4. 学术研究水平世界领先

从近代科学的发展来看,医学、天文学、新物理学的诞生均与意大利的大学密切相关。在医学上,意大利的解剖学在当时的欧洲处于领先地位,引领欧洲达一个半世纪之久,萨莱诺大学不仅编撰了一批权威性的医学著作,而且其医学教育模式对其他国家起到了引导示范作用;在天文学上,哥白尼《天体运行论》的出版拉开了近代科学革命的序幕,哥白尼本人也先后在博洛尼亚大学、帕多瓦大学学习法律、医学和神学,并获得博士学位;在物理学上,新物理学创始人伽利略曾在比萨大学学习医学,获得比萨大学教授职位,后在帕多瓦大学任教,他先后在意大利的大学里学习和工作近三十年。从人文学科发展来看,意大利的大学最先将人文学科内容纳入大学课程。自15世纪中叶,诗歌教学等逐步进入大学课堂,并且人文学科的地位在佛罗伦萨大学、博洛尼亚大学中得到大幅度提高。1450—1520年间,多数人文学科学者获得了大学教授的职位。[1]

5. 构建了各学科教育的内容体系

中世纪的意大利出现了很多对整个欧洲乃至世界影响深远的大学教材,这些教材在法律、医学、哲学、神学等学科领域为各国的大学教育提供了标准,促进了欧洲其他国家大学教育的发展,为现代大学教育体系的形成奠定了良好的基础。这说明当时意大利的大学教育已经达到了欧洲顶尖的水准,各学科的教科书成为当时系统反映学科教育内容的标准参照物(如表6-1所示)。

---

[1] ALTBACH P G. Globalization and the University: Realities in an Unequal World[J]. International Handbooks of Higher Education. 2006(18): 121-139.

表 6-1　中世纪意大利大学教科书代表性著作①

教科书	作者	出版地	传播范围
《解剖学》	梦迪诺·德·留奇	博洛尼亚	意大利、法国、德国、西班牙等国
《医学艺术》	康斯坦丁诺斯·阿非利加诺	萨莱诺	意大利、法国、德国、英国、西班牙等国
《公证学概论》	罗兰迪诺·德·帕萨杰里	博洛尼亚	意大利、法国、西班牙、德国和英国等国
《教会法丛书》	格拉齐亚诺	博洛尼亚	意大利、法国、西班牙、德国等国
《简单药物集》	马泰乌斯·普拉泰阿里乌斯	萨莱诺	意大利、法国、德国、英国等国
《神学大全》	托马斯·阿奎那	那波列	欧洲及天主教国家

具体来看，《解剖学》对当时的医学教育产生了深远影响，并为文艺复兴时期的科学革命奠定了基础；《医学艺术》涵盖了解剖学、生理学、诊断学、药理学和外科学等内容，对当时医学实践产生了重要影响，并为后来的医学发展奠定了基础；《公证学概论》详细解释了公证法规和程序，在当时被视为公证实践的权威指南，对公证法的研究和教育产生了深远的影响；《教会法丛书》汇集了教会法规、教宗法令、教父著作、教会会议决议等，对于理解和解释教会法产生了深远的影响，成为教会法学的核心文献；《简单药物集》是一本包含大约 270 种药材的药典，描述了这些药材的性质、来源、外观和药用，是一部较早的欧洲药物学专著；《神学大全》是一部深入探讨基督教神学的重要著作，对西方的神学以及哲学都产生了深远的影响。

---

① 韩菲尹.走向巅峰的高等教育大国——12—15 世纪意大利高等教育发展研究[D].金华:浙江师范大学,2015:32-33.

（三）意大利高等教育对国家发展的影响

意大利的高等教育对当时意大利城邦国家的发展产生了非常重要的影响,大学所培养的人才促进了社会的发展和阶层流动,同时,对古希腊、古罗马文化遗产的保护和传承也作出了巨大贡献。

1. 培养了社会急需的人才

意大利的高等教育为当时的社会发展培养了很多急需的专门人才。由于意大利商业贸易发达,教会组织和城镇快速扩张,因此急需法律、翻译、管理等方面的人才。这一时期意大利大学十分重视法学、医学和翻译方面的人才培养,建成了以博洛尼亚大学为代表的法学中心,以萨莱诺大学为代表的医学中心和以西西里大学为代表的翻译中心。当时欧洲城邦林立,王权反复更替,很多城邦国家发展极不稳定,但是意大利社会却呈现出繁荣发展的局面,这与其高等教育的发展密不可分。意大利大学的学者们经常被国王或领主聘为顾问,为城邦国家管理和社会发展提供建议和对策,为社会的发展作出了较大贡献。

2. 促进了社会阶层的流动

中世纪欧洲封建制度的社会等级森严,但大学的出现为社会阶层的流动提供了一定的可能性。在中世纪的大学里,虽然贵族子弟占有较大比例,但是也有一些来自中下阶层的学生,年轻人可以凭借自身的才华和学识获得社会尊重,成为神职人员,或者成为城邦国家发展所需要的专门人才。由于大学所培养的人才专业性强,可替代性弱,因此当时从意大利大学毕业的学生,可以获得较高的社会地位。如法学院培养的法律人才可以担任法官和律师;医学院培养的学生可以担任医生、药师;一些翻译、管理方面的人才,在贸易、商业活动中发挥重要作用。因此,大学为当时的年轻人提供了社会阶层流动的机会。

3. 为古希腊和古罗马文化遗产的保护和传承作出了巨大贡献

意大利是罗马文化的直接继承者,保留了大量的古罗马文化遗产和文献,它们被保存在教堂图书馆、私人藏书室里,同时也被保存在大学的图书馆中。当时很多大学都设立了图书馆,珍藏了大量的古典文献以及复制品可供查阅和研究。同时,意大利的大学在古希腊文化的保护和挖掘中也做了大量的工作。14世纪初,拜占庭遭到了土耳其人的入侵,被迫向罗马教会寻求支持。随着两地之间的不断往来,大量的希腊手抄文稿被带到意大利;后来,君士坦丁堡陷落,许多拜占庭学者逃到了意大利的大学,他们在大学里讲授希腊文明,对古典手稿、抄本进行搜集、整理、研究,为之后的文艺复兴奠定了良好的基础。可以说,意大利的大学对人类知识尤其是古希腊、古罗马文化遗产的保护和发展作出了巨大贡献。

二、英国(17世纪至18世纪中叶)

英国于1588年打败西班牙"无敌舰队"确立了海上霸主地位;1688年实行君主立宪制,确立了资产阶级的统治地位;全球扩张殖民地使得这个"日不落帝国"在世界舞台崛起。在高等教育领域,英国一系列高教制度已发展成熟,为其成为"高等教育强国"奠定了基础。到18世纪上半叶,英国高等教育开始衰落,一度为法国和德国所赶超。从19世纪初开始,英国又重新成为除美国之外的世界第二高等教育中心[1]。

(一) 英国"高等教育强国"生成的外部条件

英国之所以能成为世界"高等教育强国",与其国家本身的发展密不可

---

[1] BEN-DAVID J. Centers of learning: Britain, France, Germany, United States [M]. NewYork: McGraw-Hill Book Company, 1977: 5.

分。宪政制度改革为英国向现代国家转变奠定了政治基础,有效避免了社会动荡,使得大学能够在稳定的社会环境中得以发展。同时,思想启蒙、科学革命等进一步彰显了理性传统,这与中世纪大学以来的自由教育理念有着较强的内在契合性。可以说,17世纪的英国已经为高等教育的崛起奠定了理念和制度上的基础。

1. 宪政制度变革,向现代民主国家迈进

16世纪,随着中世纪晚期宗教改革运动和天主教会的衰落,罗马教廷在西方社会的控制权日渐式微。自16世纪30年代起,英国王权与罗马教廷争夺英国教会最高统治权和经济利益的斗争加剧,英国王权开始自上而下推进宗教改革,建立脱离罗马教廷的英国教会。但是到17世纪末,英国国王詹姆斯二世试图加固国王的权力,这引发了社会各界对他的强烈抵制。1688年,英国光荣革命爆发,英国王权接受了《权利法案》,该法案明确规定国王的权力受到议会的监督,国王不再具有绝对权力,这标志着君主制和议会制度之间的权力关系发生了根本性改变,英国开启了以自由和宪政为标志的现代民主国家的建设历程。政治制度的变革使得英国资产阶级力量迅速壮大,国家实力有了显著提升,其发展超越了当时还处于分裂状态的意大利、德国以及封建君主制下的法国,为文化和教育的繁荣奠定了基础。

2. 引领近代科学革命,成为世界科学中心

17世纪,随着文艺复兴、宗教式微、资产阶级的兴起,西方的知识体系也发生了根本性的改变,欧洲的学术重心已经由对神学的修订、阐释转移至自然科学,神学和哲学的地位逐渐被数学和自然科学所取代。[①] 英国哲学家弗朗西斯·培根所倡导的实验主义、经验主义为近代科学的发展开辟了道路。科学家们开始强调观察和实验的重要性,倡导使用更精确的测量工具来进行

---

① [瑞士]瓦尔特·吕埃格.欧洲大学史:第二卷:近代早期的欧洲大学(1500—1800)[M].张斌贤,杨克瑞,译.保定:河北大学出版社,2008:512-520.

科学研究。科学家们因共同的兴趣聚集在一起,慢慢形成了"无形学会"①。1663年,"无形学会"获得了皇家特许权,逐步发展成为皇家学会。通过皇家学会等机构的努力,实验科学在英国迅速扩展,英国也因此成为世界科学中心。科学的发展吸引了越来越多的科学家来到英国交流、研究。虽然当时皇家学会等研究机构独立于大学之外,但是科学家和学者的频繁交流,改变了英国当时的学术工作氛围,也在很大程度上影响了高等教育的发展。

3. 理性传统凸显,奠定观念基础

英国素有"重法轻权"的文化传统,这种理性的思维充分体现在其宪政制度之中,"即使在专制王权发展到顶峰的都铎王朝时期,君主们也从不逾越'王在议会'和'以法治国'两条界线"②。这说明,理性和法治深藏于英国社会的思想观念传统之中。另外,与科学革命相伴出现的科学精神进一步强化了英国的理性传统,培根、约翰·洛克、大卫·休谟等都极为推崇经验主义。当以经验为依据、以事实为基础的观念与理性传统相融时,后者得到了进一步的强化和凸显,"对事实进行实事求是的科学观察与分析,是英国人据以行事的依据,也是他们几乎带着一种宗教似的虔诚心情来看待的精神财富","英国人这种严谨务实的科学精神,使其无论是在科学革命的浪潮中抑或启蒙运动的勃兴中,均走在了历史的前列"。③这种理性传统深深地影响着英国高等教育的发展,可以说,自由教育正是这一传统在高等教育中的体现,英国著名教育家纽曼认为,大学就是要培养具有理性精神的人,虽然纽曼排斥科学教育,但是对于理性传统,纽曼是极力倡导的。

4. 社会环境稳定,确保大学发展的延续

从16世纪开始,欧洲因宗教改革爆发了一系列战争。例如:胡格诺战争

---

① LOMAS R. The Invisible College[M]. London: Corgi, 2009: 35.
② 谌章明.英国启蒙运动的思想特征及其影响[D].湘潭:湘潭大学,2008:9.
③ 谌章明.英国启蒙运动的思想特征及其影响[D].湘潭:湘潭大学,2008:12.

(1562—1598年)、三十年战争(1618—1648年)、荷兰独立战争(1566—1609年)等。战争期间,大量大学因立场不同被查封停办,被停办的学校高达50所左右。[①] 英国因地理位置优势,远离欧洲大陆,在欧洲战争中免受直接冲击。同时,英国的宗教改革也比较温和,在其中起关键作用的光荣革命虽然涉及面广,影响深远,但是和平式的革命,避免了战火和流血。因此,当时英国具有比较稳定的政治环境,确保大学可以在本土发展和延续。17世纪到18世纪,英国无一所大学因宗教改革或战争等原因被查封,世界各地的学者都将英国视作避风港,纷纷前往英国工作、定居。

(二) 英国高等教育的特征

虽然英国最著名的两所大学——牛津大学和剑桥大学产生于中世纪,但是英国大学是在15世纪以后逐渐发展起来的,其间经历了二三百年的时间。牛津大学成立于1167年,它的很多学院是在13至16世纪之间成立的;剑桥大学成立于1209年,在1370年到1500年前后,剑桥大学学院数量由8所增加到十几所;格拉斯哥大学成立于1451年;圣安德鲁斯大学成立于1410—1413年。可以看出,英国最古老的四所大学的发展都经历了一个比较漫长的过程。直到17世纪,受益于英国社会为高等教育的发展提供的良好环境和条件,英国高等教育水平开始超越意大利,成为世界"高等教育强国"。

1. 保留和传承古典大学传统

大学自治和自由教育(也称博雅教育)是古典大学最重要的传统,自中世纪大学产生之时就深藏其中。随着社会的发展,一些中世纪大学的影响力在逐渐减弱,如盛极一时的博洛尼亚大学、巴黎大学等,大学自治和自由教育的传统在这些大学中也日渐式微。英国的传统大学却不同,牛津大学、剑桥大

---

① [瑞士]瓦尔特·吕埃格.欧洲大学史:第一卷:中世纪大学[M].张斌贤,杨克瑞,译.保定:河北大学出版社,2008:106-111.

学几百年来一直位居世界大学前列,同时它们也一直保留和传承着古典大学的传统。在中世纪,由于不列颠岛上特殊的宗教和政治环境,教会和王权对英国大学的控制都远低于其他欧洲大陆国家,这使得英国传统大学得以拥有更广阔的自主发展空间,可以将中世纪大学的自治传统保存并延续下来。尽管后来英国政府对牛津大学和剑桥大学的干预也在不断增强,"但毋庸置疑,中世纪大学独立于政府管制之外,内部实行社团化管理的自治精髓,还是在很大程度上被牛津和剑桥继承了下来"[1]。同时,自由教育传统也主要是在英国发展并传承下来的。"中世纪之后,英国最完好地继承了古典的博雅教育传统。16 世纪末,'liberal education'这个短语已经开始在英国出现,这一概念在此后的三四百年中逐渐演变成为英国最重要、最具有特色的一种教育理念。"[2]

2. 高等教育制度和模式被其他国家所效仿

英国大学在保留和传承古典大学传统的同时,也创造了一些高等教育制度和模式。其中,学院制和导师制至今仍影响着世界很多国家的高等教育。有学者说,"学院制是牛津和剑桥最为重要的要素"[3]。英国的传统大学一般由许多学院组成,这些学院与我们今天大学中的学院不同,前者主要负责本科生的教育,独立性更强,拥有较大的自治权,可以自主决定课程设置、教学质量、录取政策等。每个学院都有自己的教职员工、学生、图书馆和住宿设施,也都有自己独特的文化传统,如仪式、庆祝活动和学院标志等。因此,与我们今天大学中的学院相比,英国传统大学中的学院更像是学生生活、交流的小型社区,为学生提供了安全、有活力的生活环境和学习环境。与学院制

---

[1] 司俊峰.英国大学自治样态的流变研究——基于"府学关系"变迁的视角[D].上海:华东师范大学,2017:4.
[2] 沈文钦.西方博雅教育思想的起源、发展和现代转型:概念史的视角[M].广州:广东高等教育出版社,2011:2.
[3] BRIDGESTOCK L. Oxbridge Explained.[EB/OL]. (2013 - 2 - 11)[2019 - 05 - 06]. https://www.topuniversities.com/where-to-study/europe/united-kingdom/oxbridge-explained.

相辅相成的是导师制,如果说学院制关注的是生生交往及其环境的营造,那么,导师制注重的则是师生交往及其制度建设。因此,它也被誉为英国传统大学"皇冠上的宝石"①。它们表现出的生命力超越了时间和历史的年轮,在今天依然焕发着勃勃生机。

3. 孕育了一批教育家和顶尖科技人才

17—18世纪,英国的传统大学兴盛,英国也因此成为当时世界的人才聚集地。据《中外教育名人辞典》的数据显示,在17—18世纪的欧洲,英国的教育家在数量和质量上都明显超越了同时期的其他欧洲国家。18世纪时,英国著名教育家的数量高达20位,而其他欧洲国家的教育家总数仅有34位。②大批教育家的出现与当时英国教育包括高等教育的整体发展水平是分不开的,凸显了英国在当时欧洲教育领域的领导地位。

《古今科技名人辞典》和《科学家传记百科全书》的数据显示,17—18世纪英国科技名人总数达36名,居世界首位。③④ 同时,《牛津国家传记词典》显示,在17世纪末的65名英国科学家中,75%的科学家曾在牛津和剑桥接受过教育,还有5%是其他大学的毕业生。⑤ 例如,倡导实验科学的哲学家弗朗西斯·培根曾在剑桥三一学院学习法律;物理学家和化学家波义耳曾担任牛津大学的教授;同为物理学家和化学家的胡克曾在牛津大学读书;"现代科学之父"牛顿曾在剑桥大学三一学院学习。可见,英国的传统大学虽然抵制自然科学知识,但是它重视培养学生的理性思维和分析能力,这为学生成为顶尖科技人才奠定了坚实的基础。

---

① TAPPER T, PALFREYMAN D. Oxford and the decline of the Collegiate Tradition[M]. London: Woburn Press, 2000: 96.
② 滕星.中外教育名人辞典[M].北京:中央民族学院出版社,1988:516-520.
③ JOHN D. Biographical Encyclopedia of Scientists[M]. 3rd ed. Boca Raton: CRC Press, 2008: 836-840.
④ ASIMOV I. Asimov's Biographical Encyclopedia of Science and Technology[M]. New York: Doubleday, 1964: 155-170.
⑤ British Academy. Oxford Dictionary of National Biography[M]. Oxford: Oxford University Press, 2004.

(三) 英国高等教育对国家发展的影响

英国高等教育素有自治和远离社会的传统，尤其在 17—18 世纪，高等教育还游离在社会的边缘而没有走入社会的中心，这显然会降低其对社会的影响力。即便如此，英国作为当时高等教育最发达的国家，对国家的政治、经济尤其是科技的发展还是产生了较大的影响。

1. 在英国法制体系建设中发挥重要作用

英国"以法立国"，法制体系建设和法律人才培养是关涉英国社会发展的重大问题。早在中世纪，牛津和剑桥两所大学就设有法学院。到了 17 世纪，随着英国社会的变革和经济的发展，英国对法律教育的需求也随之增加。牛津大学和剑桥大学的法学院在英国法律的研究和发展中发挥了关键作用。这些大学的学者们参与了大量国家法律议题的研究和咨询工作，包括宪法、刑法、私法和国际法等。同时，这些大学也为英国培养了大批法律人才，为社会法制体系的建设和运行提供了人才支撑和保障。

2. 助力英国成为世界科技中心

从 1600 年开始，英国的科技成果数量呈稳步上升趋势。在 1661 年到 1761 年的百年间，英国出现了科技成果大爆发的现象，其科技产出远超同期其他国家。数据显示，在 1641 年到 1700 年间，英国科技成果总量约为同时期德国的 2.1 倍，法国的 1.8 倍。之后虽有所回落，但到 19 世纪初又呈现上升趋势。[1] 英国之所以能够成为世界科学中心，这与英国高等教育的迅速发展以及全社会对科学研究的重视紧密相关。英国政府出台了一系列有利于科技发展的法规和政策，如保护知识产权法律的出台，促进了科技成果的转化和商业化。虽然当时科学研究在英国大学中不占主流，但是大学中的学者与欧洲其他国家的学术机构有很多合作，双方共享资源和信息，在很大程度上刺激了英国科学研究的创新活力。

---

[1] 谢晨璐.迈向巅峰——17—18 世纪英国高等教育发展研究[D].金华:浙江师范大学,2016:50.

三、法国(18 世纪下半叶至 19 世纪上半叶)

18 世纪,随着资本主义经济的发展,理性主义思想的传播,法国成为启蒙运动的中心。法国大革命爆发后,法国高等教育也在轰轰烈烈的变革中走向世界舞台的中心,建立了中央集权的教育管理体制,科学和文化的发展都达到前所未有的高度。

(一) 法国"高等教育强国"生成的外部条件

18 世纪,法国经历了大革命、资本主义经济发展等重大的社会变革,在观念、社会需求以及制度上为法国高等教育的发展奠定了基础。这一时期的世界高等教育格局正处于英国开始衰落、德国尚未崛起之时,而法国高等教育恰逢其时,正好赶上社会变革后的快速发展期,这使得它迅速崛起,并成为世界"高等教育强国"。

1. 启蒙运动为教育和科学的发展奠定了基础

随着文艺复兴与宗教改革,欧洲爆发了旨在反抗神学教条、封建专制的思想启蒙运动。启蒙运动开始于 17 世纪,并于 18 世纪在法国达到了高潮。法国启蒙运动旗帜鲜明地反对神权、王权和特权,将理性作为社会进步的标志,提倡用理性来衡量和判断事物,建立自由、平等、民主的新社会。

法国的启蒙运动强调人权和人的独立和理性精神,它对教育和科学的发展影响巨大。从教育上说,启蒙思想家们主张天赋人权,强调教育应遵循人的自然天性,反对灌输式和压制式的教育,提倡"自然教育",以培养身心和谐发展的时代新人为目标;从科学上说,启蒙运动提倡理性主义,认为应摒弃一切形式的迷信和盲从,主张通过人自身的观察和分析来理解和解释世界。因此,启蒙运动对科学的发展具有重要促进作用,它所提倡的理性精神正是科学精神的反映,这为人们破除宗教迷信、正确认识自然、追求科学真理厘清了人们的认知理念,对科学革命和现代科学的诞生具有重要的促进作用。

2. 资本主义经济为新型高等教育的发展提供了动力

1789年,法国大革命爆发,废除了封建统治阶级的特权,为资本主义经济的发展扫除了障碍。拿破仑当政后,更是积极推进资本主义工商业的发展,出台了多项政策法律,如颁布了《民法典》《商法典》《刑法典》,为资产阶级私有财产权提供了法律上的保护。在政策上,推进保护关税政策,限制外国工业品进入法国市场,大力扶持民族工业的发展,成立了法兰西银行,对本国企业提供资金支持,同时对某些企业和行业实行国家订货,并通过举办博览会、完善专利权制度等促进经济发展。在这些举措的激励之下,法国资本主义经济迅速发展壮大起来。

当时,在法国积极发展民族工业的过程中,一些企业引进了很多英国的先进技术,迫切需要大批懂技术的专门人才。但是法国的传统大学十分保守,教学内容陈旧落后,对科学技术的新发展持冷漠甚至抵制的态度,无法满足法国社会的现实发展需求。在这种背景之下,以职业性、专门性为主要特征的新型高等教育应运而生。一方面,新型高等教育为资本主义经济培养了大量各行各业的专门人才;另一方面,法国高等教育也因这种新型高等教育获得了发展动力和活力。

3. 中央集权制为新型高等教育的发展提供了保障

法国与英国的宪政体系不同,它采用了以行政官僚团体为主的行政治国体系,这一体系促使法国建立了中央集权的高等教育管理体制,强化了政府对高等教育的控制力和影响力。

1793年9月,执政的国民议会颁布了《公共教育组织法》,要求关闭和取消现存所有传统大学,[①]创建一批新型高等教育机构。拿破仑当政时期,更是进一步加强了政府对教育的控制。"1806年至1808年,拿破仑相继签发了

---

① 贺国庆,王保星,朱文富,等.外国高等教育史[M].北京:人民教育出版社,2003:124.

'有关帝国大学的构成法律'及'关于帝国大学组织的政令'等法令。法令规定,帝国大学是包括教育行政管理、教育教学人员和各级学校系统在内的法国国民教育体系的总称,全面负责整个帝国的公共教育。"[1]通过这种法令,法国政府全面整顿了教育秩序,构建了中央集权的教育管理体制,改造了一批旧学校,新建了一批新学校,为新型高等教育的发展提供了制度保障。

(二) 法国高等教育的特征

法国之所以能成为"高等教育强国",主要原因在于它打破了旧的高等教育体系,形成了一种适应资本主义经济、工业革命发展新要求的新型高等教育模式。而这种新型高等教育模式因大力推崇科技教育,促进了当时法国科技以及文化的发展,使之发展成为世界"高等教育强国"。

1. 改革传统大学教育,形成新型精英高等教育模式

法国从18世纪20年代就出现了职业性、专门性的高等学校。当时由于海外殖民与对外战争的需要,法国创建了炮兵学院、军事工程学院等一批专门性的军事高等院校,培养军事人才。后来,随着资本主义经济的进一步发展,采矿业、冶金业、制造业、纺织业等都需要大量专门人才,于是政府又创办了桥梁公路学校、巴黎矿业学校等一批侧重培养民用技术人才的高等专科学校。至大革命爆发,法国的高等专科学校已达到72所,广泛分布于军事、工程、水利、采矿、医学等领域。[2]

1793年《公共教育组织法》颁布后,专门性的高等学校得到大力发展,这种学校后来被称为"大学校"。巴黎理工学院、巴黎高等师范学校等十几所至今仍享誉世界的"大学校"都是这一时期发展起来的,它们以科技教育为主,面向工业、商业等实际应用领域培养社会所需人才。"大学校"和一般培养应

---

[1] 冯典.大学、科学与政府:近代法国大学模式的形成、特征与评价[J].高等教育研究,2015,36(10):103-109.

[2] 贺国庆,王保星,朱文富,等.外国高等教育史[M].北京:人民教育出版社,2003:124.

用型人才的学校不同,是典型的精英教育,进入"大学校"学习的学生都是经过层层选拔的拔尖学生,学校教育以科技教育为主,教育内容是与科技发展前沿有关的知识。最重要的是,"大学校"培养出了很多精英人才。例如:1794年建立、1810年复办的巴黎高等师范学校,在其建校的200多年时间里,共培养了12位诺贝尔奖得主和8位菲尔兹奖得主,[①]可见一斑。

拿破仑时代,法国政府更加重视发展职业性和应用性的高等教育,鼓励发展"大学校",希望以此培养科学家以及各种专门人才,推进民族工业的发展,并为帝国建立强大的军事和经济后盾。相比之下,法国的综合大学则表现不佳,所培养的人才社会适应性较差,"大学校"逐渐成为法国精英高等教育的代表。

2. 教育家和科技人才辈出

据《中外教育名人辞典》的数据显示,法国的教育名人从1740年的9人,增加到1820年的30人,位居当时欧洲之首[②]。这一时期法国的科技人才辈出,在自然科学各个领域作出了很多开创性的贡献。如在力学和数学方面,让·勒朗·达朗贝尔是三角级数理论的奠基人,对偏微分方程也作出了巨大的贡献;加斯帕尔·蒙日创立了画法几何学,推动了空间解析几何学的独立发展。在天文学和物理学方面,约瑟夫·拉格朗日建立起各类天体的运动方程;比奥在偏振光领域成绩巨大;梅西耶制作了彗星表。在化学方面,拉瓦锡提出了"元素"的定义,发表了第一个现代化学元素周期表,被后世尊称为"近代化学之父"。在医学和生物学方面,居维叶第一个提出化石分类系统,同时也是比较解剖学的开创者。应该说,这一时期法国科技人才的"井喷现象",与其高等教育对科技教育的重视程度紧密相关。

[①] 李永全.1793—1896年法国大学断层分析——基于教育生态学的视角[J].复旦教育论坛,2011,9(6):77-81.

[②] 滕星.中外教育名人辞典[M].北京:中央民族学院出版社,1988:519-521.

3. 科学文化成果丰硕

18 世纪末到 19 世纪初,法国成为世界科学文化中心,产生了一大批科学文化成果,远远超过同时期世界其他国家。根据对《科学文化史年表》《古今科技名人辞典》和《科学家传记百科全书》中各国科学文化成果的统计可以发现,18 世纪上半叶,法国的科学文化成果数量低于英国,但是在 1751 年至 1830 年的八十年间,法国科学文化成果激增,占当时世界总量的 42%,[①]已遥遥领先于英、德两国。应该说,法国科学文化在这一时期的繁荣,与其科技人才辈出、高等教育的发展都紧密相关。

(三) 法国高等教育对国家发展的影响

法国的高等教育对当时法国的经济和工业发展起到了重要的促进作用,培养了大批科技人才。不仅如此,高等教育的发展也为法国文化艺术的繁荣作出了巨大的贡献。

1. 培养了大量科技人才

法国大革命爆发之后,拿破仑政府对技术教育十分重视,政府通过改造、新建"大学校",为炮兵、工兵、路桥、造船、军用和民用工程、开矿和地理等领域输送了大批科技人才。[②] 据统计,拿破仑政府时期,法国大约设有 10 所"大学校",包括巴黎高等师范学院、巴黎综合理工学院、巴黎高等矿业大学等多个著名学院。[③] 它们至今仍然是为国家培养科技人才的重要高等学府。1850 年,法国接受过高等教育的工程师人数已经达到了 7 100 人左右,而同一时期的欧洲第二工业强国——德国,其工程师人数仅为法国的 56%。此后,法国工程师群体数量以每年 300 人左右的数量持续增长,到 1880 年已经达到了

---

① 黄帅.走向繁荣——18 至 19 世纪法国高等教育发展研究[D].金华:浙江师范大学,2016:33.
② 熊璋.法国工程师教育[M].北京:科学出版社,2012:21.
③ RÜEGG W. A History of the University in Europe. Vol. III: Universities in the Nineteenth and Early Twentieth Centuries (1800—1945)[M]. Cambridge: Cambridge University Press, 2004: 3-31.

17 000人左右,这极大地促进了当时法国产业和工业的发展。①

2. 促进了文化艺术的繁荣发展

从18世纪末开始,欧洲进入继文艺复兴之后的又一个艺术和文化发展的黄金时代。法国是这一黄金时代的文化艺术中心,法国的传统大学和新建"大学校"共同促进了这一时期法国文化艺术的繁荣发展。结合古典艺术的美学理念和启蒙时代的思想,延续并发扬了欧洲的传统文化艺术风格,在自由主义、浪漫主义观念的推动下,法国的文化艺术达到了前所未有的高度,形成了开放、自由、多元的文化氛围。法国在艺术上的力量和影响力在全世界持续增强,吸引着来自欧洲各国的艺术家、学者和思想家前来学习和交流,"突然间,艺术家们可以自由地选择任何题材,从莎士比亚的场景到政治时事,事实上,任何吸引想象力并引起兴趣的东西都可以。"②同时,艺术类"大学校"的建立使得艺术走进了大众视野,"学院逐渐承担起了向普通学生教授艺术的职能"③,思想上的彻底解放与艺术受众群体的扩大,进一步促进了法国文化艺术的发展。

四、德国(19世纪上半叶至20世纪20年代)

德国在普法战争中战败,但民族意识被唤醒。德意志民族希望通过以柏林大学为代表的大学改革运动振兴国家。柏林大学模式开创了现代大学的先河,获得了极大的成功,德国也因此成为新的世界"高等教育强国"。

---

① AHLSTRÖM G. Higher technical education and the engineering profession in France and Germany during the 19th century [J]. Economy and History, 1978, 21(2): 51-88.

② GOMBRICH E H. The Story of Art [M]. Phaidon: Phaidon Publishers, distributed by Oxford University Press, 1950: 361.

③ GOMBRICH E H. The Story of Art [M]. Phaidon: Phaidon Publishers, distributed by Oxford University Press, 1950: 362.

(一) 德国"高等教育强国"生成的外部条件

德国是在内忧外患的过程中开始发展高等教育的。社会变革为高等教育的发展扫清了制度上的障碍,新人文主义为高等教育的发展奠定了思想基础。同时,经济的发展为德国高等职业教育的发展提供了广阔空间,使德国得以形成学术型和职业型并存的二元制高等教育体系。

1. 大力推行资产阶级性质的社会变革

耶拿战争后,德国国内要求进行改革的呼声越来越高,社会各界都希望通过改革,挽救国家于危机之中。于是,从1807年开始,国王先后任命了施泰因和哈登堡主持改革,开启了德意志境内资产阶级性质的社会变革。

1807年7月,施泰因就职后即着手进行改革。当年10月就颁布了《十月敕令》,宣布取消农民的人身依附关系,赋予农民拥有自由获得土地、自由选择职业等权利。1808年又颁布《城市法规》,规定城市拥有自治权力,同年11月宣布建立国务院,下设内政、外交、财政、军事和司法5个部,统一领导国家事务。施泰因的改革比较激进,触动了德意志贵族的根本利益,因此其改革遭到竭力反对。1810年,哈登堡出任首相,他力图在贵族利益和改革间取得平衡,以继续推进改革。他先是颁布了《调整敕令》,调整了农民的土地权,然后颁布了《财政敕令》和《工业税敕令》,废除了行会对工商业的限制和特权,并统一了国内关税。施泰因和哈登堡的改革极大地提升了德意志的国家实力,德国开始飞速发展,为后来的崛起奠定了基础。

2. 新人文主义奠定了近代经典大学理念的基础

德国的启蒙运动深受新人文主义的影响。"发生在德国的这场思想文化运动从来都不是一种单一的思想运动。它从一开始就处在各种社会思潮(启蒙学说、理性主义、浪漫主义、古典主义和以日耳曼民族主义为代表的国家主义)的影响下,具有综合与调和的特征。尽管参加者的思想倾向表现各异,他们却一致对人以及人的特有的精神世界感兴趣。"[①]由于这种思想旨趣与古典人文主义有一脉相承之义,所以有人用"新人文主义"来概括德国这一时期思想文化运动特征,以凸显18世纪末到19世纪初德国思想文化运动所表现出的倾向和特质。

新人文主义对德国教育的影响非常深刻。例如:新人文主义的代表人物约翰·戈特利布·费希特曾任柏林大学的第一任校长,威廉·冯·洪堡也曾担任普鲁士王国内政部文化及教育司司长,总管全国教育事务,他们"注重精神培育,即人性的自我表现和人格的自我完善","提出了教育上的无功利性的价值取向","高度评价古典人文学科在精神陶冶中的作用",[②]这些思想后来成为德国现代大学办学的观念基础,并在经典大学理念的形成中贡献了重要力量。

3. 工业的快速发展为高等职业教育提供了广阔空间

随着德国社会改革的推进以及欧洲工业革命的影响,德国的产业结构发生了巨大的变化。1867年,第一产业在德国产业中的占比为42%,第二产业占比为29%。但是到了1913年,这一结构基本颠倒过来:第一产业在德国产业中占比24%,第二产业占比47%。[③] 同时,由于专利法的实施,知识产权得到了保护,极大地刺激了研发和创新活动的开展,各种新技术和新机器的引入提高了生产效率,使得生产从以前的手工业方式向大规模的工厂生产方式转变。在这一过程中,德国迅速崛起为一个技术和工业强国。

德国工业的快速发展对高等教育提出了新的要求。"从19世纪中期以后,德国出现了各种传授近代自然科学和技术的高等教育机构,如工科大学、地方技术学院等。""19世纪70年代以后,各地许多科技学校相继升格

[①] 单中惠.西方教育思想史[M].北京:教育科学出版社,2007:229.
[②] 单中惠.西方教育思想史[M].北京:教育科学出版社,2007:231-232.
[③] 张雪.19世纪德国现代大学及其与社会、国家关系研究[D].武汉:华中师范大学,2012:98.
[④] 黄福涛.外国高等教育史[M].上海:上海教育出版社,2003:155.

为工科大学"①,这些学校以培养各工业领域所需的人才为主要目的,形成了不同于柏林大学的另一种高等教育类型,为德国工业和产业发展作出了重要贡献。高等教育的分化使得德国形成了"二元制"的高等教育体系:传统大学以培养学术型人才为主;新型的职业型院校以培养应用型人才为主。

4. 具备了建立一所新型现代大学的条件

从18世纪后期开始,欧洲大学的发展普遍受到阻碍。以德国为例,"为数众多的德国大学(其中一些已破败不堪)都在18世纪末、19世纪初的法国大革命风暴中停办了。从1789—1815年,全欧洲143所大学仅剩83所,德国的34所大学消失了18所"②。

德国在耶拿大战的失败不仅使普鲁士遭遇军事的打击,《提尔西特和约》的签署更使它遭受了政治上的打击,国内民族士气十分低落。在这一时刻,迫切需要建立一所理想的现代大学,以提振民族士气,为民族国家的崛起培养人才。因此,在柏林建设一所新型现代大学的设想被提出,并得到来自社会各方面的支持。首先,1808年施泰因颁布了《城市规程》,城市获得较大自主权,这为在柏林创办大学提供了地方支持和保证。其次,当时柏林具有建立一所优秀大学的良好基础:一方面,可以统一整合1700年柏林科学院成立前后建立的众多学术机构;另一方面,柏林在18世纪末具有浓厚的文化氛围,"到1800年,柏林城内已经生活着1 200多名知识分子",他们能够为大学提供所需要的师资。③ 可以说,柏林大学的建立是内因和外因共同促成的结果,它在成立之初,就注定是一种有别于欧洲中世纪大学的模式,并被赋予了重大的责任和使命。

---

① 黄福涛.外国高等教育史[M].上海:上海教育出版社,2003:165.
② 张斌贤,王晨,张乐.柏林大学建校史:1794—1810[J].高等教育研究,2010,30(10):83-93.
③ 张斌贤,王晨,张乐.柏林大学建校史:1794—1810[J].高等教育研究,2010,30(10):83-93.

(二) 德国高等教育的特征

德国高等教育开创了现代高等教育的先河,它所确立的大学理念和大学制度至今仍深刻地影响着世界高等教育的发展。同时,德国作为当时的高等教育中心和强国,体现出强大的吸引力,世界各地的学者和学生都纷纷到德国的大学求学,使得德国在成为高等教育中心的同时,也成为世界人才聚集中心。

1. 开创了现代大学新模式

19世纪初,施泰尔马赫、费希特、洪堡等人在德国建立了以柏林大学为代表的一批新型现代大学。作为哲学家和教育家,他们一方面将经典大学理念推向巅峰,完善了学术自由理念,提出了"文化国家观""教学与研究相结合的原则"等;另一方面,作为政府官员和大学校长,他们积极进行制度创新以保证大学理念的实现。

中世纪大学素有大学自治的传统,但是直到德国柏林大学的建立,大学自治才从行会模式中解脱出来,形成了学术自由的理念,并成为现代大学的基本原则之一。学术自由的原则意味着大学不应被国家的现实目的所左右,学术就是大学本身的目的。洪堡曾说过,"大学,也就是科学的活动是一种精神活动,与任何较严密的组织形式均格格不入,国家的任何介入都是一种错误"[1]。因此,洪堡等新人文主义者认为,应建立起一种制度,那就是国家必须为大学提供经费,但是却不能干预大学的学术自由。有人把这种对国家与大学关系的看法称为"文化国家观",在洪堡主持国家教育事务时,这一观念得到推行,柏林大学也因此发展起来。

柏林大学提出了"教学与研究相结合"的原则,科学研究也因此成为大学的另一项职能。这一原则之所以被提出,是因为以洪堡为代表的新人文主义

---

[1] 陈洪捷.德国古典大学观及其对中国的影响[M].北京:北京大学出版社,2002:39-40.

者坚信纯粹科学具有教育价值,"它建立在深邃的观念之上","能够统领一切学科,是关于世上万般现象、知识的最终归宿"。① 因此,个体在研究中既可以促进知识的发展,同时也可以"由科学而达致修养"②,"大学的教育目的就是要通过科学的学习和研究而使学生达到理性、个性诸方面和谐发展的人"③。

德国现代大学模式将经典大学理念融入大学制度设计中,实现了理念和制度的完美融合,对19世纪以来许多国家的高等教育发展产生了深刻的影响,美国、英国、法国的传统大学都模仿柏林大学的模式进行改革,中华民国时期的很多大学也仿效柏林大学模式建立,"德国模式横扫整个欧洲以及欧洲以外的地区"④。

2. 成为世界人才聚集地

德国因柏林大学的成功,一跃成为19世纪的世界"高等教育强国",以柏林大学为代表的一批德国大学也成为世界各国学者和学生心中向往的求学圣地,他们从各自的国家纷纷来到德国的大学学习。据统计,从1814年至第一次世界大战前,约有一万名美国青年和学者到德国大学学习深造,仅柏林大学所接收的美国留学生就超过五千人。到20世纪初,国外留学生在德国大学学生总数中约占9%,比三十年前翻了一番⑤,足见当时德国高等教育对于其他国家的吸引力。

19世纪,德国成为世界人才的聚集地。德国科学家人数为505人,英国科学家人数为432人,法国科学家人数为399人,美国科学家人数为298人,意大利科学家人数为87人,德国明显领先,占比接近30%。⑥ 在第一次世界大战之前的42名诺贝尔自然科学奖获得者中,有14位德国学者是大学教授,

---

① 陈洪捷.德国古典大学观及其对中国的影响[M].北京:北京大学出版社,2002:37.
② 陈洪捷.德国古典大学观及其对中国的影响[M].北京:北京大学出版社,2002:38.
③ 赵婷婷.大学何为——理想与现实间的冲突及协调[M].北京:高等教育出版社,2005:70.
④ [瑞士]瓦尔特·吕埃格.欧洲大学史.第3卷:19世纪和20世纪早期的大学 1800—1945[M].张斌贤,杨克瑞,译.保定:河北大学出版社,2014:58.
⑤ 贺国庆,王保星,朱文富,等.外国高等教育史[M].2版.北京:人民教育出版社,2006:168.
⑥ 潘奇.西方大学教师国际流动研究:1100—1970[D].上海:华东师范大学,2012:105.

仅柏林大学一校就有8人。在纳粹统治前,柏林大学获得诺贝尔奖的人数多于世界上其他任何教育与科研机构,这不仅是柏林大学的骄傲,也是整个德国大学的光荣。[①] 在人文社会科学方面,19世纪的德国涌现了如黑格尔、马克思等一批大师级人物,其成就至今无人能及。可以说,在第一次世界大战以前,德国的科学和文化都达到了前所未有的高度,成为当时世界人才的聚集地,展现出强大的吸引力。

(三) 德国高等教育对国家发展的影响

德国高等教育的发展极大地提振了德意志民族的精神,起到了教育救国、教育兴国、教育强国的作用。同时,德国大学倡导教学与研究相结合,使得科学研究在大学内得到极大的发展,国家科技创新能力得到明显提升,直接促进了德国工业的繁荣和发展。

1. 提振了民族精神

柏林大学是在德国遭受军事和政治双重打击的情况下建立起来的,它的建立本身被赋予振兴民族精神的重任。1807年,当提奥多尔·施马尔茨向国王威廉三世提出要在柏林建设一所新的大学时,威廉三世对这一建议给予了高度肯定,并认为"国家应以精神的力量来弥补在物质方面所遭受的损失"[②]。在这种精神的感召下,大学成为整个德意志民族的一面爱国旗帜,德意志民族精神和爱国意识以大学和教育为基点不断扩大与深入,"为德意志民族的崛起而奋斗,视教育为全民族的事"[③]成为德意志人民心中强大的信念。

2. 为德国的工业化作出了巨大贡献

柏林大学将科学研究作为大学的重要职能,使得科学研究在大学中得以更好地开展,教学和研究得以在德国的大学中统一起来,这大大促进了德

---

① 根据诺贝尔奖官方网站相关数据统计而来。
② 张斌贤,王晨,张乐.柏林大学建校史:1794—1810[J].高等教育研究,2010,30(10):83-93.
③ 张雪.19世纪德国现代大学及其与社会、国家关系研究[D].武汉:华中师范大学,2012:92.

国大学的科技创新能力。19世纪下半叶,随着科学研究在德国大学中的推广,大学中的研究所开始重视对应用性技术的研究。在世界各国的大学中,德国大学率先建立了与生产紧密结合的实验室,将科学领域的诸多新发明和新发现在企业中推广。以化学工业领域为例,有学者指出,"正是在这些实验室中,德国科学家们出于纯科学研究探知的渴望而发现了各种各样的染料"[1],然后被用到生产中去;还有学者在论及德意志帝国时期的高校研究状况时指出,"没有任何地方像德国那样,科学和技术能够如此紧密地结合在一起"[2]。正是这种结合,使得德国大学在其工业化过程中发挥了巨大作用。

五、美国(20世纪20年代至今)

美国的高等教育起源于殖民地学院,直至两次世界大战之后才逐渐发展起来。美国高等教育不断进行制度创新,率先进入高等教育大众化阶段,建立了独具特色的高等教育体系,从20世纪上半叶至今一直是世界高等教育中心和强国。

(一) 美国"高等教育强国"生成的外部条件

联邦制为美国高等教育的多样化发展打下了制度基础,各州可以根据自身情况,探索不同的高等教育发展模式。同时,在一些重大问题上,联邦政府发挥了关键的引领性作用,如《莫里尔法案》《退伍军人权利法案》以及联邦对大学科学研究的资助政策等,都成为决定美国高等教育发展走向的里程碑。

---

[1] KIESEWETTER H. Industrielle Revolution in Deutschland 1815—1914[M]. Frankfurt am Main:Suhrkamp, 1989:154.

[2] HENDERSON W O. The Rise of German Industrial Power 1834—1914[M]. Berkley and Los Angeles, California:University of California Press, 1976:186.

1. 联邦制为高等教育多样化发展提供了制度保障

美国作为一个新兴国家,它的政治体制既吸收借鉴了欧洲现代国家政治体制的优点,又具有自己的独创性。早在殖民地时期,十三块殖民地就是各自独立的整体,拥有较大自主权,各地区根据所处环境创立新制度,进行自我管理。建国之初的美国采用的是"邦联制"政体,成立了以大陆会议为主要形式的中央政府,但由于各州权力很大,政府软弱无能,所以导致社会秩序混乱,国家发展受阻。为了改变这种情况,1787年,各州派代表齐聚费城,制定并通过了《联邦宪法》。这部宪法规定美国实行资产阶级性质的联邦制,实施立法、行政、司法三权分立的资产阶级总统制民主共和政体,宪法规定了立法权、行政权、司法权的归属以及各州的相互关系和义务。这部宪法的出台表明,美国创造出既不同于君主立宪制也不同于议会内阁制的、具有全国统一中央政权的联邦制国家。

美国的联邦制造就了美国独特的高等教育多样化体系。州政府拥有管理各州高等教育的权力,各州可以从自身的实际情况出发,确定自己的发展模式。联邦政府没有直接干预高等教育的权力,但是,联邦政府可以通过拨款、出台政治经济政策等间接方式,引导高等教育的发展。正是在这种制度框架之下,美国形成了既能适应社会发展需要,又能体现国家发展意图的高等教育多样化体系。

2. 重大法案为高等教育的发展奠定了坚实基础

《莫里尔法案》和《退伍军人法案》是在美国高等教育发展中起到关键作用的两个重大法案,前者确立了美国公立大学的基本框架,后者开启了美国高等教育大众化的序幕。这两个法案都是在联邦政府主导下出台的,体现了国家在高等教育发展中的关键作用。

19世纪,美国的工业和农业都在加速发展,传统的生产方式发生了根本性的变化,传统高等教育已经无法适应这种新要求。以乔纳森·特纳为代表的有识之士呼吁,应建立一种新型的农工大学,以满足工农大众接受高等教育的需求。1857年,众议员贾斯汀·莫里尔向众议院提交了这一议案,后经多次辩论最终获得通过,1862年林肯总统签署了赠地学院法案,又称《莫里尔法案》。该法案开门见山地提出,"本法的目的是向州和准州拨出公共土地,以使它们能开设重视农业和工艺教育的学院"①。同时,法案进一步解释了其目的,即"在不排除其他科学和古典学科并包括军事战术学科的情况下,教授与农业和机械技术相关的知识,在实施中,州立法者可自行确定,以促进工人阶层在追求生活和职业发展中的自由和实用教育"②。《莫里尔法案》颁布后,之前没有公立大学的18个州,通过改组、新建拥有了自己的公立大学,③美国公立高等教育的基本框架初步建立起来。在一个多世纪的时间里,美国州立大学为国家发展培养了大量人才,同时,一些州立大学逐渐发展为世界顶尖研究型大学,成为美国高等教育的中坚力量。

第二次世界大战结束以后,为了合理安置二战退伍军人,1944年5月,美国总统罗斯福签署了《退伍军人权利法案》。该法案规定,"退伍军人有机会在政府资助下接受至少一年的教育"④。这一法案实施的直接效果是使大批军人拥有了受教育的机会,据统计,"在这部法案共计145亿美元的资助下,大约有780万名退伍老兵接受了各种形式的教育"⑤。这一法案不仅帮助他们融入社会,拥有了再就业的机会,而且解决了社会问题,稳定了社会发展。更为重要的是,《退伍军人权利法案》开启了美国高等教育大众化的序幕,受这一法案的影响,美国高等教育传统的入学观念被打破,高等教育开始接纳越来越多元化的学生群体,美国高等教育的规模也不断扩大,并很快超过欧洲各国,在世界上率先进入高等教育大众化阶段。

---

① 张斌贤.美国高等教育史(中)[M].北京:教育科学出版社,2019:35.
② 张斌贤.美国高等教育史(中)[M].北京:教育科学出版社,2019:35.
③ 张斌贤.美国高等教育史(中)[M].北京:教育科学出版社,2019:43.
④ 张斌贤.美国高等教育史(下)[M].北京:教育科学出版社,2019:81.
⑤ 张斌贤.美国高等教育史(下)[M].北京:教育科学出版社,2019:81.

3. 政府资助推动了研究型大学的发展

自18世纪末,美国联邦政府开始对科学研究进行资助,这其中也包括大学科学研究。但是,这种资助大多投入力度较小,且覆盖面有限。二战是政府资助大学科学研究的转折点,为了能够在战争中获胜,为国家争取更大的利益,联邦政府加大了对大学科学研究的资助力度。1940年,美国成立了国防研究委员会,专门设置科学研究与开发办公室(简称OSRD)推进相关科学研究工作,当年,国防研究委员会与32所大学和19家工业企业签订了研究合同。[①] 二战前,联邦政府资助的科研经费占所有科研经费的1/6,1944财政年度这一比例已经达到3/4。[②] 同时,这些经费有很大一部分流向了大学,以1944年为例,"仅科学研究与开发办公室与大学签订的合同金额就达9 000万美元,而1938年美国大学在自然科学领域的研究经费总额大约是2 800万美元"[③]。这一时期政府的投入力度急剧加大。

1945年,万尼瓦尔·布什以OSRD主任的名义,向总统提交了《科学:无尽的疆界》研究报告,呼吁战后联邦政府应继续支持科学研究,发挥科学研究为国家服务的作用,并建议设立国家研究基金会。这些建议后来被政府采纳,战后联邦政府持续资助科学研究的制度得以形成。大学是这一政策的最大受益者,1960年,高等教育从联邦政府获得了大约15亿美元的资助,在20年的时间里数额增长了100倍。[④] 联邦政府对大学的巨额资助在1958—1968年间达到最高水平,大量的大学因联邦政府资助而得到了快速发展。如斯坦福大学,从一所在20世纪30年代还默默无闻的大学,一跃成为20世纪60年代的美国"十佳"大学,其间的变化主要是联邦政府资助带来的。克拉克·克

---

① KEVLES D J. The Physicists:The History of a Scientific Community in Modern America[M] 2nd ed. Cambridge, MA: Harvard university press,1995.
② 张斌贤.美国高等教育史(下)[M].北京:教育科学出版社,2019:26-27.
③ 张斌贤.美国高等教育史(下)[M].北京:教育科学出版社,2019:22.
④ [美]约翰·塞林.美国高等教育史[M].2版.孙益,林伟,刘冬青,译.北京:北京大学出版社,2014:259.

尔称这些大学为"联邦拨款大学",而很多这类大学后来逐渐发展为世界顶尖的研究型大学,在美国高等教育体系中发挥着重要作用。

(二) 美国高等教育的特征

美国是西方国家中最早启动规模增长,进入高等教育大众化发展阶段的国家,其高等教育一直体现着强劲的发展动力。以自由和竞争为基础的多样化高等教育系统也是美国高等教育的重要特征,这种多样化使得其高等教育能够满足社会更多样化的需求。同时,美国高等教育具有很强的制度创新能力,它所创造出的很多制度被其他国家所效仿,在世界高等教育系统中发挥作用。因此,美国高等教育具有很强的吸引力,不仅吸引了世界各国的优秀学生前来学习,而且吸引了很多顶尖学者来到美国的大学工作、研究,使其成为当今的人才聚集中心。

1. 高等教育规模发展迅速,最早进入大众化阶段

有数据显示,从 1869 年开始,美国高等教育毛入学率呈持续上升趋势,从 1869 年的 1.3% 增长到 1949 年的 15.2%,[1]20 世纪 50 年代,美国的高等教育毛入学率已经达到大众化水平。美国高等教育毛入学率增长最快的阶段是 20 世纪 40 年代中期到 70 年代中期,这一阶段高等教育的快速增长主要得益于美国高等教育政策。1944 年的《退伍军人权利法案》使得大量退伍军人涌入高等学校,为高等教育规模增长打开了生源大门。1958 年的《国防教育法》颁布后,联邦政府和州政府都加大了高等教育的投入,高等教育的规模得到了进一步扩大。同时,美国政府为了缓解社会矛盾,出台各种政策扩大高等教育机会,如 20 世纪 60 年代和 70 年代,联邦政府扩大学生资助项目,扩大女性和少数族裔学生接受高等教育的机会,这些都为高等教育的规模增长提供

---

[1] SNYDER T D. 120 years of American education a statistical portrait[M]. Washington, D. C.: US Department of Education, 1993.

了源源不断的动力。总之,到20世纪70年代中期,美国高等学校在学人数已从1951年的220万增长至1 100万,增长了4倍,[①]在当时世界各国中,美国高等教育的规模位居首位。

2. 形成自治和竞争为基础的多样化高等教育系统

时任哈佛大学校长的德里克·博克曾指出,美国制度显著的特点依次是自治、竞争和反应能力,自治是竞争的基础,院校之间相互的竞争反过来又保存和加强了大学自治的特点,而自治和竞争的存在则提高了美国高等教育的迅速反应能力。[②] 自20世纪以来,随着大学从社会的边缘走入社会的中心,大学自治也受到越来越多的限制。美国高等教育在保护大学自治方面进行了不懈的探索。一方面运用法律手段通过各种判例明确大学自治权;另一方面通过各种制度设计争取和实现自治,如不同类型高校、不同学科专业、不同地区等都建立了民间协会,它们担负起了制定标准、监督评价等工作,实现了高等学校内部的同行自我管理。由于有了自治和竞争,美国高等教育发展呈现出多样化的特点。根据最新的卡耐基高等教育分类,美国高校可分为8个大类33个小类,涵盖了从副学士到博士的各个学位层次,囊括了研究型大学、文理学院、专业院校等多种类型高校,形成了多样有序的高等教育系统。美国高等教育系统的多样化使得它能够更好地满足社会多样化的发展需要,高等教育所表现出的整体社会适应力更强。

3. 高等教育具有很强的制度创新能力

美国高等教育具有很强的制度创新能力。从高等教育机构的类型来看,1876年成立的约翰斯·霍普金斯大学开创了具有美国特色的研究型大学模式;以威斯康星大学为代表的赠地大学则开创了服务社会发展的高等教育新模式,并形成了著名的"威斯康星思想"。从人才培养和课程教学来看,形成

---

① 于家太.美国高等教育大众化的历程[J].江苏高教,1999(3):98-102.
② [美]德里克·博克.美国高等教育[M].乔佳义,译.北京:北京师范大学出版社,1991:3-13.

了与自由教育一脉相承又与现代社会发展需求相契合的通识教育模式;创立了学分制和选修制,为学生发展个人兴趣提供了制度保障;不断进行教学模式的改革,自21世纪以来将信息技术引入教学领域并创设的翻转课堂和慕课等形式,极大地改变了当今高等学校中的教学方式和教学组织形式。从高等教育质量保障和评价来看,开创了高校和专业认证制度、同行评价制度、终身教职制度等。美国大学中的很多制度已经成为现代高等教育制度的基础,在很多国家的高等教育系统中发挥着重要作用。

4. 催生了一大批学术大师和原创性科研成果

美国高等教育对于世界各国的学生都具有很强的吸引力,其国外留学生规模远超世界其他国家。根据美国国际教育协会在2014年发布的报告,从2004年开始,美国高等教育的国际学生数量呈持续增长的态势,在2013—2014学年已经达到886 052人,同比增长了8.1%。[1] 由于美国大学吸引了来自世界各国的优秀学生和学者,极大地提高了美国高等教育的整体质量,使其步入良性发展的轨道。20世纪以来,美国越来越表现出在顶尖人才引育以及原创成果产出方面的超强能力。以诺贝尔奖为例,自1901年至2018年,美国诺贝尔奖获得者人数居世界首位,达到356人,占获奖总人数的51.6%,远超其他国家;[2]自1936年至2018年,美国获得菲尔兹奖的人数达20人,约占获奖总人数的30%,[3]居世界第一位。

(三) 美国高等教育对国家发展的影响

美国高等教育的发展对国家的科技创新与产业发展有非常重要的影响,大学与企业形成良性互动,带动了新型产业和科技创新。同时,大学在关键技术、基础研究等方面的原始创新又进一步促进了国家实力的提升,使得美

---

[1] 高鹏.美国高等教育国际化的历程研究[D].长春:吉林大学,2015:136-137.
[2] 根据诺贝尔奖官方网站相关数据统计而来。
[3] 根据菲尔兹奖官方网站相关数据统计而来。

国的国家影响力、竞争力以及吸引力都大大增强。

1. 促进了科技园区形成，带动新兴产业发展

美国许多大学周围都形成了科技园区或科技走廊，这些大学和企业进行多种形式的合作，催生出许多新兴技术，并带动了新兴产业的发展。硅谷、128号公路与杜勒斯技术走廊是不同时期美国科技园区的典型代表。在二战结束早期，斯坦福大学以半导体科技为核心，引领周边企业进行科技创新，形成了以高新技术产业为核心的硅谷。随着时代的发展，硅谷在科技领域、园区规模等方面逐渐扩展，所涉及领域从早期的半导体制造拓展到今天的互联网和社交媒体、生物技术和医疗健康、人工智能和机器学习、金融科技与教育技术等多个新型领域，每年创造的GDP高达8 400亿美元。[①] 应该说，硅谷是研究型大学带动产业发展的典范，在世界上至今仍是无法超越的成功案例。

20世纪60年代，麻省理工学院、哈佛大学与波士顿大学等基于自身丰富的科技创新资源，为周边企业提供人才与技术支持。"65所学院和大学提供了重要的专业劳动力来源，包括医生、管理人员、律师以及工程师和科学家"[②]，直接促进了周边企业的发展壮大。由于这些企业沿着128号公路分布，所以这一科技园区也被称为128号公路科技走廊。"到1960年代末，高科技已在马萨诸塞州的128号公路扎根，占当地就业总量的近10%"[③]，英特尔、IBM、Facebook和Twitter等公司都在此处设有工作处。同样，从20世纪80年代末至今，围绕弗吉尼亚州北部的乔治华盛顿大学，逐步形成了企业聚集区，这一新的技术走廊被称为杜勒斯技术走廊。根据《华盛顿邮报》的统计与预测，"杜勒斯技术走廊现有的就业岗位约为50万个，而到了2030年，预计将

---

① HADHAZY A. The Reality of Silicon Valley[J]. Popular Science, 2014, 284(5): 14.
② LAMPE D, ROSEGRANT S. Route 128: Lessons from Boston's High-Tech Community[M]. New York: Basic Books. 1992: 5.
③ LAMPE D, ROSEGRANT S. Route 128: Lessons from Boston's High-Tech Community[M]. New York: Basic Books. 1992: 6.

提供71万个高新就业岗位"[①],为当地甚至美国社会的发展作出了巨大的贡献。美国的大学一直深度参与到美国产业创新和科技创新当中,并引领和带动了美国新兴产业的发展。

2. 研发自主关键技术,提升国家综合实力

美国高校一直承担着大量国家关键技术的研发工作,这些关键技术涉及航空航天、信息技术、能源、生物技术等多个领域。二战期间,以大学为主体,在政府的资助下,美国围绕军事关键技术,如雷达、原子弹、喷气式发动机等进行攻关。以原子弹和雷达为例,这些技术由加州大学伯克利分校、芝加哥大学、麻省理工学院等多所大学共同研发,最后被用到第二次世界大战中,并在很大程度上改变了战局,为美国赢得了利益和主动权。正如路易斯·布朗所说的那样,"炸弹或许结束了战争,但雷达赢得了战争"[②]。战后,代尔夫特技术大学、加州大学等再一次参与到雷达技术的深化研究中,这些技术被用于民航、海事、天气预报、地质勘探等多个领域,并带来了重大的技术变革。20世纪80年代,斯坦福大学、加州大学等共同研发了互联网技术,该项技术被誉为21世纪最伟大的发明,如今已渗透到人们生活的方方面面。根据互联网协会发布的2019年美国互联网行业数据,互联网已经成为美国第四大行业,2018年创造了600万个岗位,所产生的GDP超过2万亿美元,约占美国GDP的10%。[③] 美国大学的很多关键技术为美国赢得了巨大的发展空间,提升了其综合国力。今天,美国高校依旧走在世界科技发展的前沿,在人工智能与机器学习、量子计算、可持续能源技术等方面仍位居世界前列,依然在为美国的国家竞争力提升贡献力量。

---

① KATIE W. Dulles Corridor: Engine of grouth[N]. Washington Examiner, 2023-11-29.
② BROWN L. A Radar History of World War II: Technical and Military Imperatives[M]. Bristol and Philadelphia: Institute of Physics Publishing, 1999: 4.
③ Internet Association. Measuring The U.S. Internet Sector: 2019[EB/OL]. https://archiveia.org/publications/measuring-us-internet-sector-2019/.

3. 提升国际影响力,吸纳全球人才

美国的高校已经成为提升美国国际影响力、吸纳全球人才的重要载体。美国的大学在科研水平、学术氛围、资金条件、国际化程度等方面均处于世界领先水平。根据 2023 软科世界最好大学排行榜统计,美国在世界排行前 500 的大学中占据 117 所,约占总数的 23%,远超其他国家。[①] 这些高校通过科研创新与合作、国际学生与学者交流、学术出版与会议等方式提升美国的国际影响力,推动美国在全球科学、教育和技术领域获得领导地位,并为美国吸纳了大量高水平的人才。据统计,美国高校在 STEM 领域的外籍教师约占 29%[②];在美国的诺贝尔奖获得者中,约 35% 是来自其他国家的移民[③]。

六、"高等教育强国"生成和发展的世界经验

世界"高等教育强国"的发展与更迭历经千年之久,其更替的过程深刻地反映了"高等教育强国"生成和发展的内在规律,而总结和分析这一内在规律,对加深关于"高等教育强国"的认识和理解,推进我国"高等教育强国"建设具有重要意义。

(一)国家强大与"高等教育强国"的相关性

"高等教育强国"的生成和发展与一个国家的强大紧密相关。一方面,"高等教育强国"的生成在很多时候是国家强大的必然结果。比如:14—16 世纪的意大利,其贸易和经济发展水平高,城市化程度高,并且具有稳定的社会

[①] 该数据根据 https://www.shanghairanking.com/rankings/arwu/2023 统计而得。
[②] FEENEY M K, JUNG H, JOHNSON T P, et al. U.S. Visa and Immigration Policy Challenges: Explanations for Faculty Perceptions and Intent to Leave [J]. Research in Higher Education, 2023, 64: 1031-1057.
[③] 该数据根据 www.nobelprize.org 统计而得。

发展环境，是当时的世界强国，这为其高等教育的发展提供了坚实基础。大学得以在意大利集聚并发展，吸引了来自世界各地的学者和学生，意大利也因此成为"高等教育强国"。再比如：17—18世纪的英国，国家实力强大，同时，通过宪政体制变革建立了现代民主国家，保证了英国社会的稳定发展，在欧洲诸国饱受战乱之苦时，英国国力迅速增强，成为当时的世界强国，英国高等教育因此获得了快速发展，取代意大利成为"高等教育强国"。再比如：18—19世纪的法国，国家虽然一度处于战争之中，但拿破仑帝国建立以后，中央集权加强，显示出强大的国家实力，成为新的世界霸主。由于建立了中央集权的高等教育体制，法国高等教育发展被纳入国家发展之中，其实力迅速提升，法国也因此成为世界"高等教育强国"。

另一方面，国家的强大在很大程度上得益于高等教育，高等教育在国家实力提升中发挥着关键作用。比如：19—20世纪的德国，其高等教育改革是在国家处于战争和政治失败的双重打击之下开始的。可以说，德国高等教育改革和德国的社会变革几乎同时展开，德国现代大学模式的成功，使它成为培养和集聚顶尖人才的中心，为德国国家实力的提升作出了巨大贡献。再比如：20世纪的美国，其强国之路与高等教育发展的关系密切。高等教育在美国社会发展中占据非常重要的战略地位，通过建立赠地学院培养了大量应用型人才，这为美国工农业的现代化水平快速提升提供了保障；通过扩大高等教育的规模，美国解决了社会稳定问题，拉动了经济发展；通过联邦拨款资助大学发展，美国在国防、高技术等领域迅速拥有了一批自有技术，并直接促进了美国经济的腾飞。美国能够成为世界强国，与其拥有强大的高等教育是紧密相关的。

世界"高等教育强国"发展的经验表明，无论是作为国家强大的必然结果，还是作为国家强大的影响因素，"高等教育强国"都与国家实力增强紧密相关。因此对我国来说，将高等教育放在国家发展的战略地位并充分重视高等教育的作用是正确选择，也是必然选择。我国应坚持这一定位，进一步发挥高等教育的龙头作用，使其在国家发展中发挥更重要的作用。

（二）"高等教育强国"与科技强国、人才强国的共生性

"高等教育强国"与科技强国、人才强国常常相伴出现，三者具有共生性。意大利、英国、法国、德国、美国等国家在成为"高等教育强国"之后的一段时间内，其科技成果的产出都居世界首位，文化成就斐然，聚集了大批世界各领域的顶尖学者和科学家，成为世界的科技强国和人才强国。

"世界高等教育中心"这一概念是国外学者比较常用的概念，同样，"世界科技中心"和"世界人才中心"也经常代替"科技强国"和"人才强国"出现在国外学者的研究中。美国学者本·戴维认为，世界高等教育中心就是具有世界影响力的高等教育系统，是"世界体系的中心部分"和"世界高等教育的典范"。[1] "世界高等教育中心"最突出的特征就是作为中心的高等教育系统在世界高等教育格局中具有引领作用，比其他系统体现出更强的实力和影响力，而这种特征无疑也是"高等教育强国"所具备的特征，只不过"高等教育强国"作为本土概念，其间还蕴含着"赶超""强国梦""使命感"等本土含义。因此，西方研究中的"世界高等教育中心""世界科技中心"等，其内涵与"高等教育强国""科技强国"基本相同。

之所以要辨析这两类概念的异同，是因为西方学者早就对"世界科学中心、高等教育中心"等进行了研究。20世纪30年代，美国学者默顿就提出了世界科学中心转移的问题。到了20世纪60年代，日本学者汤浅光朝运用计量方法对世界科学中心转移的现象进行了定量研究，认为当一个国家的科学成果数量占世界科学成果总量的25%，就可称之为世界科学中心，并据此提出世界科学中心的转移次序及时间：意大利（1540—1610年）、英国（1660—1730年）、法国（1770—1830年）、德国（1810—1920年）、美国（1920年之

---

[1] BEN-DAVID J. Centers of learning—Britain, France, Germany, United States [M]. NewYork: McGraw-Hill Book Company, 1977: 5.

后)。① 1977年,美国学者本·戴维首次提出了高等教育中心转移的问题,并认为世界科学中心和世界高等教育中心存在高度的关联性。② 我国学术界对世界科技中心与世界高等教育中心之间具有高度关联性这一观点上基本认同,但对于两者出现的先后顺序仍然存在分歧。一种观点认为,世界高等教育中心的形成要早于科技中心的形成。如姜国钧③、邬大光④等认为,教育中心(包括高等教育中心)为科技中心的形成提供条件,因此教育中心(包括高等教育中心)的形成要早于科技中心的形成。还有一种观点认为,高等教育中心与科技中心在时间上大致是重叠的,如周光礼认为,"一个国家成为高等教育中心与科学活动中心的时间大致是重叠的。一个国家高等教育兴隆周期越长,科技兴隆的周期也越长"⑤。

笔者认为,"高等教育强国"与人才强国的时间基本上是重叠的,因为大多数情况下,人才都聚集在高等教育机构中。五个国家在其高等教育鼎盛期,都吸引了大批来自世界各地的学子和学者前来求学,这些国家当时所拥有的教育家、科学家、学术大师等都居世界首位,体现出明显的"高等教育强国"和人才强国共生性的特点。对于"高等教育强国"和科技强国的关系,则在很大程度上受到所在时代的影响。总的来说,越是高等教育发展的早期,"高等教育强国"的出现与科技强国的出现相差的时间越长。但是从18世纪中叶开始,两者出现的时间相差越来越短,有时几乎重合,体现了近现代高等教育与科技发展关系的密切程度日益加深。比如,意大利的高等教育在16世纪后已经走向衰落,逐渐被英国等欧美国家所赶超,但是据汤浅光朝的统计,

---

① YUASA M. Centre of scientific activity: Its shift from the 16 th to the 20 th century[J]. Japanese Studies in the History of Science, 1962(1): 57 - 75.
② BEN-DAVID J. Centers of learning—Britain, France, Germany, United States[M]. New York: McGraw-Hill Book Company, 1977: 1.
③ 姜国钧.论教育中心转移与科技中心转移的关系[J].科学技术与辩证法,1999(1):43 - 46,54.
④ 邬大光.建设高等教育强国的战略意义[J].教育发展研究,2008(19):6 - 10.
⑤ 周光礼.走向高等教育强国:发达国家教育理念的传承与创新[J].高等工程教育研究,2010(3): 66 - 77.

意大利从 16 世纪中叶开始到 17 世纪初是世界科技中心,科技中心大约比高等教育中心晚了半个多世纪;再比如英国,17 世纪其高等教育实力已经超过欧洲各国,作为世界科技中心,则是从 17 世纪中叶开始,后者比前者也晚了 50 多年。从法国开始,其"高等教育强国"生成的时间和科技中心形成时间基本一致,法国、德国、美国都是在"高等教育强国"生成之时,在很短的时间里就取得了科技上的成就并成为世界科技中心。造成这一变化的主要原因是 18 世纪以来,大学开始越来越多地参与到科学研究中来,法国的"大学校"关注实用人才的培养和应用技术的研究,德国的柏林大学更是将科学研究作为大学的重要职能,而美国非常重视政府对大学科研的资助,因此高等教育的发展必定带动科学研究的发展。

党的二十大报告提出教育强国、科技强国、人才强国三位一体统筹发展的战略。从历史发展的视角看,这一战略符合高等教育的发展规律。"高等教育强国"的千年历史变迁表明,"高等教育强国"的生成一定伴随着科技强国和人才强国的出现。尤其是近年来随着科技在社会发展中重要作用的凸显,"高等教育强国"与科技强国、人才强国的共生性特征也更加凸显,如何以"高等教育强国"建设为龙头,推动科技强国和人才强国建设是需要深入研究的课题。

(三)早发型"高等教育强国"发展历程的相似性

如果从中世纪大学的源头算起,意大利、英国、法国、德国的高等教育系统可以称为早发型高等教育系统。美国虽然比较特殊,它的第一所大学——哈佛大学在 1636 年才成立,但是美国也是世界上除了欧洲以外拥有较长高等教育历史的国家。虽然这些国家的高等教育也都经历了强弱的发展变化过程,但是它们作为早发型的高等教育系统,具有天然的优势,那就是它们从萌芽到成为"高等教育强国",大多经历了比较长的发展过程。如果从大学初创开始算起,意大利、美国用了三四百年的时间成为"高等教育强国",英国、法国、德国则用了五六百年的时间成为"高等教育强国",可以说都经历了一个漫长的发展过程。反观一些后发型国家的高等教育,比如日本、新加坡、韩国等基本上都是在二战以后才开始发展起来的,而中国自改革开放以来高等教育持续发展的时间也不过四十多年,因此,与早发型高等教育系统相比,后发型高等教育系统的历史大多比较短。

早发型高等教育系统不仅具有发展时间长的特点,还具有文化和教育传统相近的特点。到目前为止,世界"高等教育强国"一直在具有相近文化和教育传统的欧美国家之间转移。欧洲是世界高等教育的发源地,欧洲高等教育有着共同的起源——中世纪大学,它们的高等教育有着悠久的历史积淀。正是这种历史沉淀形塑了欧洲各国的文化和教育传统。美国高等教育的发展历程虽然与欧洲不同,它不像其他欧洲国家那样拥有中世纪大学,但是在殖民地时期,美国最初的几所大学都是按照英国大学的模式建立起来的,因此美国高等教育受欧洲教育传统的影响也很深。

那么,作为后发型且与欧美国家的文化和教育传统有较大差异的我国,在建设"高等教育强国"中应如何借鉴别国的发展经验,是一个需要我们深入研究的问题。作为后发型高等教育系统,我国高等教育面临着追赶与超越的双重任务和使命,同时由于文化和教育传统的差异,欧美国家的一些高等教育发展经验无法直接照搬和模仿,这就决定我国"高等教育强国"建设必须探索适合中国国情的新路径、新模式。如何在借鉴世界经验的基础上,走出中国式"高等教育强国"的建设之路,是未来摆在中国高等教育面前的重大课题。

(四)"高等教育强国"在制度和模式上的创新性

"高等教育强国"转移的历史就是一部高等教育制度的创新史。意大利借鉴行会制创建了世界上第一所大学;英国赋予了古典自由教育以新的内涵,开创了现代自由教育新模式;法国创设了针对实际应用的精英人才培养新模式;德国构建了现代大学的经典模式;美国建立了以自治和竞争为基础的多样化高等教育系统。应该说,正是这些制度创新才使得这些高等教育系统焕发出生机和活力,并使其国家发展成为"高等教育强国"。

促进高等教育制度创新的源动力是社会的发展变化,只有通过制度创新使高等教育系统与社会发展相适应,高等教育才能重新焕发出生机和活力。例如:美国"高等教育强国"的生成,虽然受到了英国模式和德国模式的深刻影响,但是实际上这些模式从来没有成为左右美国高等教育发展的力量。美国从未囿于这些外来模式的限制,它在模仿的同时,总能从所处社会环境的实际情况出发,不断对这些模式进行改造和创新。美国高等教育的经验说明,当高等教育系统和所处环境存在不平衡时,根据环境对系统的制度进行改造和创新是必经之路。如果原有的模式是外来模式,那么这种改造和创新就是本土化的过程。相对于欧洲国家来说,美国高等教育的发展也是后发外生型的,它在发展过程中所要解决的核心问题也是模仿与本土化的问题。美国高等教育正是在主动应对环境变化和欧洲模式之间的不适应过程中,实现美国高等教育的本土化,并最终建成"高等教育强国"。

"高等教育强国"的实践建构

第七章 "高等教育强国"的评价指标体系

我们只有建立系统、科学的"高等教育强国"的评价指标体系,才能更好地分析和发现我国与世界"高等教育强国"的差距,更精准地找到未来高等教育发展的着力点和突破口。

一、"高等教育强国"评价指标体系建构的思路

"高等教育强国"评价指标体系建立的基础和依据主要包括四个方面。第一,深入理解"高等教育强国"内涵是建立"高等教育强国"评价指标体系的基础。只有深入理解什么是"高等教育强国","高等教育强国"的本质特征是什么等问题,才能准确建立评价"高等教育强国"的指标体系。第二,合理确定"高等教育强国"的建设目标是建立"高等教育强国"评价指标体系的保证。第三,归纳总结世界"高等教育强国"的共性特征是建立"高等教育强国"评价指标体系的重要途径。第四,慎思高等教育系统的独特个性是建立"高等教育强国"评价指标体系的必要条件。

"高等教育强国"评价指标体系涉及的内容涵盖高等教育的诸多方面,如何对这些内容进行系统性分析和研究,需要遵循以下原则。第一,系统性原则。既然是评价指标体系,就应具有自洽的系统性,应力图形成指标体系

闭环,涵盖高等教育系统的主要方面。第二,关键性原则。无论怎样的评价指标体系,都无法反映高等教育系统的全部内容,因此,抓住关键要素和关键维度是建立科学合理的指标体系的核心。第三,结构性原则。应建立起从内涵、目标到评价指标体系框架再到评价指标的层层具体化分解路径,以形成具有内在一致性的结构性体系,将内涵、目标、指标体系有机结合在一起。

我们建构"高等教育强国"评价指标体系的思路包括以下几个步骤:第一,"高等教育强国"主要有两方面内涵,即高等教育系统本身的"强大"以及高等教育在国家社会发展中的"促强"作用,这体现了"高等教育强国"的水平维度和能力维度两个大的方面;第二,从我国"高等教育强国"建设目标看,水平维度和能力维度的要求进一步凸显,即一方面要求提升高等教育自身水平,目的是使高等教育系统本身"强大",另一方面要求提升服务国家的能力,

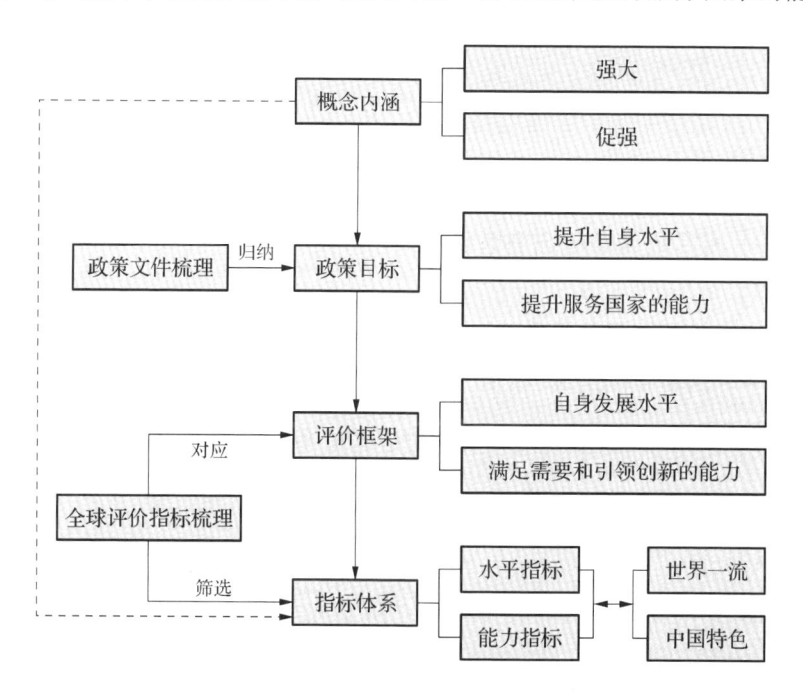

图 7-1 "高等教育强国"评价指标体系建构思路

目的是使国家变强,发挥"促强"作用;第三,从世界"高等教育强国"发展经验来看,在"强大"和"促强"方面,既体现了一些共性特征,也体现了一些本国独有的特点和发展经验。

基于以上三点,"高等教育强国"评价指标体系的基本框架可分为体现"强大"的水平维度和体现"促强"的能力维度。从这一基本框架出发,我们认为,"高等教育强国"评价指标体系主要包括两部分内容:反映高等教育自身发展水平的"水平指标"和反映高等教育满足需要与引领创新能力的"能力指标"。在此基础上,结合当前世界高等教育系统实力相关评价的指标,通过对应、筛选等方式,建立起能够体现世界一流水平和中国特色的"高等教育强国"评价指标体系。

二、"高等教育强国"评价指标体系框架的理论阐释

"高等教育强国"评价指标体系可分为自身发展水平、满足需要与引领创新能力两大部分。

(一) 高等教育系统自身发展水平

我们衡量高等教育系统的自身发展水平,应主要从整体水平、硬实力、软实力三个方面展开。第一,整体水平是指高等教育系统的整体质量和水平,包括规模结构和系统水平。规模结构是衡量高等教育系统自身发展水平的首要标准。一个能够保持规模持续增长、结构不断优化的高等教育系统,才是具有自身持续发展能力的系统,才能为"高等教育强国"建设奠定坚实基础。同时,作为强国的高等教育系统的质量和水平,应该在世界高等教育体系中位居前列。第二,高等教育系统的"硬实力"集中体现在资源保障方面,包括经费投入、师资队伍和基础设施。具有较高自身发展水平的高等教育系统,在经费投入方面,应具有投入充足、持续增长、来源多样、结构合理等特

征；在师资队伍方面，应具有数量充足、质量较高、结构合理等特征；在基础设施方面，包括教学设施、科研设备、图书资料、校园校舍等，评价基础设施最重要的一点是要满足人才培养和科学研究的需求，能够对学生学习形成有力支撑，同时还应与现代科学技术充分结合，提高教育数字化和数字教学资源的建设水平。第三，高等教育系统的"软实力"集中体现在制度文化方面，包括制度建设、理念文化、国际化等。在制度建设方面，应具有科学、合理、完善的人才培养质量保障、人才选用、教育评价、大学治理等制度，应该具有不断更新完善高等教育制度的能力；在理念文化方面，应以先进高等教育理念为引领，强调立德树人，应引导和培育积极向上的大学文化；在国际化方面，应具有较高的国际化水平，教师和学生的国际化程度应不断提高，国际交流合作应日益增多。

（二）高等教育系统满足需要与引领创新的能力

高等教育系统满足需要与引领创新的能力所反映的是高等教育系统对个体、国家和社会发展的作用。从能力的性质上看，主要分两种。一种是满足需要的能力。高等教育作为社会的一个子系统，需要为个体、社会的发展提供各种支持，这种支持越是强大，表明高等教育满足个人、国家和社会发展需要的能力越强。另一种是引领创新的能力。知识创新在当今社会发展中已经占据越来越重要的地位，甚至可以说，知识创新是当今社会发展的源动力。高等教育系统作为知识创新的引擎，需要担负起引领创新的社会使命，一个社会的创新发展越是能从高等教育中受益，说明高等教育的引领创新能力越强。

具体来看，满足需要的能力可分为满足个体发展需要和满足社会发展需要两个方面。具有较强满足个体发展需要的高等教育系统，应该能够为个体尽可能地提供均等的高等教育机会，消除性别、家庭背景、地域等因素对个体接受高等教育机会的影响。同时，社会应尽可能地为接受高等教育的人提供比较高的教育回报,为学生毕业、就业等提供支持。能较好地满足社会发展需要的高等教育系统,应该能够为社会的发展提供足够数量和合格质量的人才。高等教育应融入社会发展之中,不断提高对社会经济发展的贡献率,不断提升劳动力素质。同时,高等教育还应担负起保护和传承本国优秀传统文化的责任,应在提升公民文化素养、塑造和发展先进社会文化方面贡献力量。

高等教育系统引领创新的能力可分为促进创新发展和提升全球影响力两个方面。从促进创新发展来看,主要体现在促进人才高地建设,促进科技创新发展和促进产业创新发展三个方面。党的二十大报告提出教育强国、人才强国和科技强国三位一体统筹发展的战略,其依据正是教育、人才、科技之间的内在不可分割性;而在三者的内在联系中,高等教育处于关键和枢纽的地位,它既是教育强国建设的龙头,也是人才强国、科技强国建设的保证。因此,高等教育促进创新发展的能力也主要应从人才、科技、产业发展三个方面来考虑。首先,"高等教育强国"应该具有促进人才高地建设的能力,应该具有较强的自主培养各类拔尖创新人才的能力,应该具有良好的制度环境,能够不断培养出顶尖人才,并能吸引世界顶尖学者聚集。其次,"高等教育强国"应该具有促进科技创新发展的能力,应该引领科技前沿发展,具有促进知识和科技创新的制度措施,拥有较强的科技创新力量,产出原创性科研成果,具有开放创新的国际化科研环境。最后,"高等教育强国"应该具有促进产业创新发展的能力,应该在国家战略发展重点领域拥有自主知识产权,高等教育应该在突破国家关键核心技术难题、传统产业改造升级、高新技术产业发展中发挥引领作用。从提升全球影响力来看,"高等教育强国"应努力扩大本国高等教育影响力,并逐步提升所在国家的全球影响力。具体来看,"高等教育强国"应该拥有一批世界顶尖大学,应该具有比较强的全球影响力,应该服务于人类命运共同体建设,参与世界新秩序的制定,促进全球治理体系变革。同时,"高等教育强国"还应形成具有本国特色的高等教育发展模式和路径并被其他国家所效仿。

据此我们可形成"高等教育强国"评价指标体系框架表(见表7-1),对"高等教育强国"的内涵、维度、要素进行系统划分。

表7-1 "高等教育强国"评价指标体系框架

内涵	维度	要素	内涵	维度	要素
自身发展水平	整体水平	规模结构	满足需要与引领创新的能力	满足个体需要	教育机会均等
		系统水平			教育回报
	资源保障	经费投入		满足社会需要	政治经济发展
		师资队伍			社会文化传承
		基础设施		促进创新发展	人才高地建设
	制度文化	制度建设			科技创新发展
		理念文化			产业创新发展
		国际化		提升全球影响力	全球影响力

三、世界高等教育系统实力评价及指标分析

虽然"高等教育强国"是一个带有很强本土色彩的概念,但是它所关注的内容也是世界各国或地区所关注的重要问题。当今世界范围内有很多机构定期发布对高等教育系统整体实力的评价,我们系统梳理相关评价及其指标体系,为建立"高等教育强国"评价指标体系奠定基础。

(一) 综合竞争力评价中的高等教育系统评价及指标

由于高等教育在当今社会发展中扮演越来越重要的角色,因此,对一些国家或地区综合竞争力的评价常常包括高等教育的内容。同时,在一些人才竞争力评价和知识创新评价中,高等教育也占据非常重要的地位。我们通过

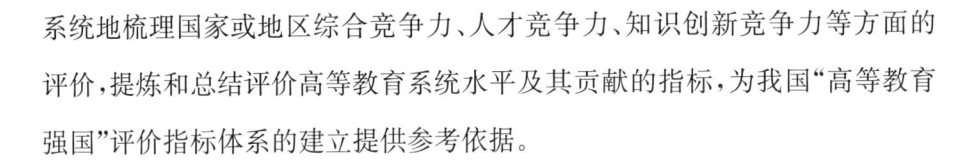

系统地梳理国家或地区综合竞争力、人才竞争力、知识创新竞争力等方面的评价，提炼和总结评价高等教育系统水平及其贡献的指标，为我国"高等教育强国"评价指标体系的建立提供参考依据。

1.《欧洲创新记分牌》

《欧洲创新记分牌（简称 EIS）》是欧盟委员会建立的创新评价体系，于 2001 年首次发布，主要对欧盟成员国、欧洲其他国家和区域邻国的创新绩效进行比较评价，帮助各国确定国家创新体系的相对优势和劣势，找到存在的问题以及未来的解决对策。2022 年，EIS 的评价框架包括框架条件、投资、创新活动和影响四个方面，涵盖 12 个维度，32 个具体指标，每个维度下有相同数量的指标，具有同等权重。其中，与高等教育相关的指标集中体现在框架条件中（见表 7-2）。

表 7-2 《欧洲创新记分牌》的相关评价指标[①]

一级指标	二级指标	三级指标
框架条件	人力资源	每 1 000 名 25—34 岁人口中获得 STEM 博士学位毕业生的比例
		25—34 岁中接受过高等教育的人口比例
	具有吸引力的研究系统	外国博士生数占博士生总数的比例

2. 全球人才竞争力指数

欧洲工商管理学院（INSEAD）于 2013 年首次发布全球人才竞争力指数（简称 GTCI），旨在衡量各国在吸引、培养和使用人才方面的能力和水平，为政府提供决策信息。《2022 年全球人才竞争力指数》报告显示，共有 133 个国

---

① European Commission.European Innovation Scoreboard 2022 Methodology Repor[EB/OL].(2022-09)[2023-04-07].https://research-and-innovation.ec.europa.eu/system/files/2022-09/ec_rtd_eis-2022-methodology-report.pdf.

家或地区参与评价。GTCI 是一个"输入—输出"模型,涵盖可能性实现、吸引、成长、留用、职业和技术技能、全球知识技能 6 个一级指标,14 个二级指标和 69 个三级指标。在吸引、成长、职业和技术技能、全球知识技能四个一级指标下,共有 9 个与高等教育相关的三级指标(见表 7-3)。

表 7-3　全球人才竞争力指数的相关评价指标①

一级指标	二级指标	三级指标
吸引	外部开放度	国际学生(高等教育入境流动率)
成长	正式的教育	高等教育入学率
		高等教育支出(每个学生的初始政府资金)
		大学排名(QS 世界大学排名)
	终身学习	商科硕士教育(QS 全球 MBA 和商科硕士排名得分)
		正式的和非正式的学习(过去 12 个月内青年和成人参加正规或非正规教育和培训的参与率)
职业和技术技能	受雇就业能力	接受过高等教育的人口失业率
全球知识技能	高级技能	接受过高等教育的劳动力比例
		接受过高等教育的人口比例

3. 世界人才排名

洛桑国际管理发展学院(IMD)发布的世界人才排名(简称 WTR),主要目的是评估国家或地区吸引、保留、培养、使用人才的能力,并在此基础上,比较各地优势和不足,确定改进方向,提高整体竞争力。《2022 年世界人才排名》报告显示,2018—2022 年,每年有 60 多个国家或地区参与人才竞争力评价。WTR 对人才竞争力的评价从投入与发展、吸引力和发展基础三个方面展开,并设计了 31 个指标。虽然每个一级指标下的指标数量不同,但三个一

---

① INSEAD.The Global Talent Competitiveness Index2022[EB/OL].(2022-11-03)[2023-04-07].https://www.insead.edu/sites/default/files/assets/dept/fr/gtci/GTCI-2022-report.pdf.

级指标所占权重是相同的。从高等教育评价来看,WTR 主要在投入与发展、发展基础两个方面评估了高等教育在人才竞争力方面的作用,所涉及的指标详见表 7-4。

表 7-4 世界人才排名的相关评价指标[①]

一级指标	二级指标
投入与发展	用于教育(包括高等教育)的公共支出总额(占 GDP 的比例)
	生均教育(包括高等教育)公共支出总额
发展基础	理科毕业生(ICT、工程、数学和自然科学专业毕业生比例)
	大学教育(大学教育满足竞争性经济的需要)
	管理教育(管理教育满足工商界需求)
	语言技能(语言技能满足企业需求)
	学生入境流动(每 1 000 名居民中的外国高等教育学生数)

4.《世界竞争力年鉴》

洛桑国际管理发展学院(IMD)于 1989 年首次出版《世界竞争力年鉴》(简称 WCY),这是一份具有重要参考价值的竞争力年度报告。《2022 年世界竞争年鉴》包括经济成就、政府效率、经营效率和基础建设 4 个一级指标以及 333 个三级指标,这些指标内容会随着全球经济发展定期修订和更新。WCY 通过这些指标对 63 个经济体的综合竞争力进行了排名。其中,跟高等教育有关的指标在基础建设中的教育二级指标之下(见表 7-5)。

---

① **IMD.IMD World Talent Ranking 2022**[EB/OL].(2022-11)[2023-04-07].https://imd.cld.bz/IMD-World-Talent-Ranking-2022/2/.

表 7-5　世界竞争力年鉴的相关评价指标①

一级指标	二级指标	三级指标
基础建设	教育	公共教育支出总额(国内生产总值百分比)
		生均教育公共支出总额
		学生人均受教育情况的公开统计
		高等教育成就(25—34 岁人群中接受过高等教育的人口百分比)
		获得学位的女性(在 25—65 岁的人口中,拥有学位的女性所占比例)
		入境学生流动人数(每 1 000 名居民中外国高等教育学生数)
		学生出国流动(每 1 000 名居民中本国高等教育出国留学生人数)
		大学教育(大学教育满足竞争经济的需要)
		管理教育(管理教育满足商业界的需要)
		大学教育指数(国家分数根据泰晤士高等教育大学排名计算)

5. 世界发展指标

世界发展指标(简称 WDI)是世界银行发布的关于世界国家或地区发展数据的研究报告,涵盖了自 1960 年以来的数据信息。WDI 采用官方认可的数据来源,主要由国家当局和包括世界银行在内的国际机构提供的数据汇编而成,有利于确保数据的稳健性、可靠性和及时性。WDI 围绕世界观、贫困与共享繁荣、人民、环境、经济、国家和市场、全球联系等七个方面,以近 1 600 个指标来评价各国家或地区的发展情况。其中,在"人民"这个大的方面之下,又包括教育、健康、工作、社会保护和性别五个主题指标,在教育主题之下,教育投入和教育参与两个指标与高等教育密切相关(见表 7-6)。

---

① IMD.World Competitiveness Ranking[EB/OL].(2022-06-15)[2023-04-10].https://www.imd.org/wp-content/uploads/2023/02/all_criteria_list_wcy_2022.pdf.

表 7-6　世界发展指标的相关评价指标[①]

一级指标	二级指标	三级指标
教育参与	毛入学率	高等教育毛入学率
教育投入		政府在教育方面(各级教育)的一般性支出(经常性的、资本性的和转移性的)占 GDP 的百分比
		政府在教育方面的一般性支出(经常性的、资本性的和转移性的)占所有部门(包括卫生、教育、社会服务等)的一般性支出总额的百分比

6. 全球知识指数

全球知识指数(简称 GKI)由穆罕默德-本-拉希德-阿勒马克图姆知识基金会(简称 MBRF)携手联合国开发计划署(简称 UNDP)共同开发,于 2017 年底发布,以综合指数分析衡量知识系统的绩效趋势,以便总结成功经验,寻找解决问题的办法。2021 年的 GKI 由七个指数组成,分别为大学预科教育(15%)、技术和职业教育与培训(15%)、高等教育(15%)、研究、开发和创新(15%)、信息和通信技术(15%)、经济(15%)以及有利环境(10%),共包括 155 个变量。高等教育子指数由投入、学习环境和产出构成(见表 7-7)。

表 7-7　全球知识指数的相关评价指标[②]

一级指标	二级指标	三级指标
投入	支出	政府对每个大学生的经费支出
		教学人员的报酬(占高等教育经费支出的百分比)
	入学	本科或同等学力的入学率
		硕士、博士或同等学力的入学率
	资源	高等教育中的师生比
		高等教育中的研究人员

---

① The World Bank. The World Development Indicators[EB/OL].[2023-04-09]. http://wdi.worldbank.org/tables.

② UNDP and MBRF. Global Knowledge Index [EB/OL]. [2023-04-10]. https://knowledge4all.com/admin/2022/Methodology/GKI2022_Methodology_EN.pdf.

续 表

一级指标	二级指标	三级指标
学习环境	多样性和学术自由	高等教育中教师性别均等
		入境流动率
		学术自由
	公平和包容	高等教育毛入学率性别均等
		高等教育毛入学率财富均等
		高等教育毛入学率区域均等
产出	成就	本科或同等学力的比率
		硕士或同等学力的比率
		博士或同等学力的比率
	雇用	接受过高等教育的劳动力参与率
		接受过高等教育的失业率
	影响力	大学与产业界的研发合作
		高等教育中每个研发人员的可引用文献

7. 全球竞争力指数

世界经济论坛以全球竞争力指数(简称GCI)为基础,从1979年开始对国家或地区的竞争力进行综合考评,并发布年度《全球竞争力报告》。从2017年开始,GCI的指标体系变动比较大,而且受新冠疫情影响,2020年暂停排名。2017年的GCI指标体系共包括12个竞争力指标,其中,第5个指标"高等教育和培训"重点关注一个国家或地区的高等教育竞争力。2019年,GCI指标体系有所调整,"高等教育和培训"这一指标变为"技能"指标(见表7-8)。

表 7-8 2017 年和 2019 年全球竞争力指数的相关评价指标

时间	一级指标	二级指标	三级指标
2017 年①	高等教育和培训	教育数量	高等教育入学率
		教育质量	教育体系的质量
			数学和科学教育的质量
			管理学院的质量
			学校互联网接入
2019 年②	技能	平均受教育年限	一个国家 25 岁及以上人口完成教育的平均年限
		毕业生技能	大学毕业生在多大程度上拥有企业所需要的技能

综上,目前世界范围内的许多竞争力评价、人才评价、创新评价等都把高等教育放在比较重要的位置,这说明高等教育在人才、科技、创新发展中具有重要的作用。这些指标的关注内容、设计思路、评价方法等为我们构建高等教育外部贡献评价指标提供启示和借鉴。

(二) 教育与高等教育系统评价及指标体系分析

除了一些综合评价和竞争力评价,还有一些组织和机构会对教育以及高等教育进行专门的评价。由于其评价对象就是教育或高等教育,因此这部分评价的指标体系更具有系统性和完整性,对于教育和高等教育的针对性更强。

1.《教育概览》

经济合作与发展组织出版的《教育概览》从投入和产出的角度对世界教育进行评价。从 1998 年开始,OECD 每年都会发布一份《教育概览》报告,采

---

① World Economic Forum.The Global Competitiveness Report 2017 - 2018[EB/OL].(2017 - 09 - 26)[2023 - 04 - 10]. https://www3.weforum.org/docs/GCR2017 - 2018/05FullReport/TheGlobalCompetitivenessReport2017%E2%80%932018.pdf.

② World Economic Forum.The Global Competitiveness Report 2019[EB/OL].(2019 - 10 - 08)[2023 - 04 - 10].https://www3.weforum.org/docs/WEF_TheGlobalCompetitivenessReport2019.pdf.

取"背景与管理—教育投入—教育过程—教育产出"的 CIPP 评价模式,衡量各个国家或地区教育系统的整体表现。《教育概览》中的评价指标会随着不同时期成员国教育关注点的变化而不断更新,高等教育是《教育概览 2022》侧重的主题。在 2022 年报告中,对于高等教育的评价主要集中在学生高等教育的参与情况,高等教育的产出情况,高等教育经费投入和支出,高等教育师资等方面(见表 7-9)。

表 7-9 《教育概览》的相关评价指标①

一级指标	二级指标
教育机构的产出和学习的影响	成年人学习到了什么程度
	教育程度如何影响劳动力市场的参与
	教育带来的收入优势是什么
	社会成果与教育有什么关系
	成年人在多大程度上平等参与教育和学习
获得教育、参与和进步的机会	谁参与教育
	谁有望进入高等教育
	有多少学生完成了高等教育
	国际流动学生的情况如何
投资于教育的财政资源	教育机构每名学生的经费支出是多少
	国民财富中有多大比例用于教育机构
	教育机构有多少公共和私人投资
	公共教育支出总额是多少
	高等教育学生的学费是多少,他们得到了什么样的公众支持
	教育经费用于哪些资源和服务
教师、学习环境和学校组织	成为一名教师和校长的途径是什么
	教师和校长的专业发展活动有多广泛

① OECD.Education at a Glance 2022[EB/OL].(2022-10-03)[2023-03-29].https://www.oecd-ilibrary.org/docserver/3197152b-en.pdf?expires=1680957578&id=id&accname=id14772&checksum=DC86905009EE21E26616819CCDD776B8.

2.《全球教育监测报告》

2015年,联合国教科文组织(UNESCO)开始着手促进各国的可持续发展,并制定了一个评价教育可持续发展的指标体系。在17个目标中,有一个目标就是教育的可持续发展(简称SDG4)。UNESCO通过每年发表《全球教育监测报告》对各国进行评价,评价将持续到2030年,重点考察各国为达到SDG4目标所做的努力,遇到的挑战和问题以及应对举措。[①] SDG4一共包括7个具体目标,其中"职业技术教育、高等教育和成人教育"和"工作技能"与高等教育关系比较密切,通过高等教育毛入学率评估高等教育机会获得的均等程度,通过青年和成人的受教育程度比例对工作技能进行评价等(见表7-10)。

表7-10 教育可持续发展目标的相关评价指标[②]

一级指标	二级指标
职业技术教育、高等教育和成人教育	高等教育毛入学率(按性别统计)
工作技能	青年和成人受教育程度比例(按年龄组和教育等级统计)

3. QS高等教育系统实力排名

2004年,英国一家国际教育咨询公司(简称QS)首次发布了QS世界大学排名,这一排名一经发布便产生了广泛的影响,目前已经成为世界四大大学排行榜之一。随后,QS在世界大学排行榜数据的基础上,又发布了QS高等教育系统实力排名(简称QS系统排名),用于衡量一个国家高等教育系统的综合实力和水平。QS系统排名目前发布了2016年和2018年两期,每期发

---

① 顾明远,唐虔,秦亚青,等. 全球教育治理[J].清华大学教育研究,2021,42(4):1-17.
② UNESCO.Global Education Monitoring Report 2021/2[EB/OL].[2023-04-10].https://unesdoc.unesco.org/ark:/48223/pf0000379875/PDF/379875eng.pdf.multi.page=226.

布50个国家或地区的排名情况,其评价指标包括系统实力、可得性、旗舰机构、经济影响。我们根据QS网站提供的材料①,将评价指标体系及内涵整理如下。

第一,系统实力指标(权重25%)主要是根据一个国家或地区的高等教育机构在QS世界大学排名中的表现来评估高等教育系统的整体实力。指标计算方法:统计在QS世界大学排名中位于700名及以内的高等教育机构情况,并计算出所统计机构的平均排名,平均排名数即代表这一国家或地区在QS系统排名中的位置。第二,可得性指标(权重25%)主要是通过考察该国家或地区居民获得世界级大学入学名额的机会,来评估这一国家或地区在世界一流大学入学机会方面的可获得性。具体计算方法:用QS世界大学排名前500名的大学全日制同等学力学生总数除以人口平方根。第三,旗舰机构指标(权重25%)力图通过一个国家顶尖大学的表现来评价整个高等教育系统,该指标的具体计算方法如下:以每个国家在QS世界大学排行中排名最高大学的得分与排名数据为基础,通过标准分数计算,为不同国家的大学赋分,所得分数即为这个国家在旗舰机构指标上的得分。第四,经济影响指标(权重25%)旨在通过对比各国的财政状况及这一国家高等教育系统的表现来评估国家高等教育投入与产出的情况。具体计算方法:先为QS世界大学排名中的每所大学赋一个索引分数,然后将这些索引分数汇总并除以这个国家的人均GDP,得分进行标准分数转换,最后根据标准分进行排名。

4. U21全球高等教育系统排名

U21成立于1997年,最初是由21所世界一流研究型大学组成的大学联盟,目前该大学联盟成员已经增加至27所高校。U21发布的全球高等教育

---

① QS.QS Higher Edueation system strength Rankings[EB/OL]. (2021-02)[2023-04-10]. https://www.qschina.cn/en/system-strength-rankings/methodology.

系统排名(简称U21排名)目的是通过比较高等教育系统的整体水平,找到各国的差距和问题,明确未来发展方向,不断提高各国高等教育系统的整体水平。2020年,U21发布了第九次《U21全球高等教育系统排名报告》,报告对50个国家高等教育系统进行了评价。U21排名的评价指标共分为4个模块,25个指标,这4个模块是资源、环境、联结、产出。我们根据U21网站提供的材料[①],将评价指标体系及内涵整理如下。

第一,资源模块(权重20%)主要从经费投入的角度考察高等教育系统发展所获得的经济支持情况,由5个指标组成:政府对第三级教育机构的支出占GDP的百分比;第三级教育机构总支出占GDP的百分比;第三级教育机构生均年支出;第三级教育机构的研发支出占GDP的百分比;第三级教育机构研发支出国内人均数。第二,环境模块(权重20%)主要通过考察高等教育机构的公平性、多样性、适应性、自主权等特点,来反映高等教育发展在制度环境、社会环境等方面所获得的支持情况。这个模块由5个指标组成:第三级教育中女性学生占比;第三级教育机构学术人员中的女性占比;数据质量的评级;政策环境的定性比较,包括体系的多样性得分、政策和监管环境的调查结果、公立大学财务自主权的调查结果;对世界经济论坛(WEF)调查问题"国家教育系统在多大程度上满足了竞争性经济的需求"的回答。第三,联结模块(权重20%)主要考察一个国家或地区高等教育的开放程度,这种开放不仅体现在国际开放方面,也体现在对高等教育系统外的社会各界的开放方面,这一模块由5个指标组成:第三级教育中国际学生的比例;与国际合作者共同撰写论文的比例;国家人均高校网站域名的外部链接数;对洛桑国际管理发展学院调查问题"公司与大学之间的知识转移非常发达"的回答;企业研究者与高校研究者共同撰写的研究出版物所占比例。第四,输出模块(权重40%)主要

---

① University 21.U21 Ranking of National Higher Education Systems 2020[EB/OL].(2020-03)[2023-03-30].https://universitas21.com/sites/default/files/2020-04/U21_Rankings%20Report_0320_Final_LR%20Single.pdf.

考察一个国家或地区第三级教育的产出和结果,由9个指标组成:高等教育机构产出的研究文献总量;国家人均高等教育机构产出的研究文献数;论文的平均影响力;人均世界一流大学得分;最优秀大学的卓越程度;高等教育毛入学率;25—64岁中接受过第三级教育的人口比例;科研人员(全职当量数)在国家每100万人口中的数量;高等教育失业率。

5. 欧洲多维大学排名和QS世界大学排名

欧洲多维大学排名(U-Multirank)是由欧盟委员会资助、德国高等教育发展中心和荷兰特文特大学高等教育政策研究中心共同领导的全球性大学排名项目。该项目自2014年发布第一次排名结果以来,所覆盖的高等教育机构不断增多,2022年,共有96个国家参与欧洲多维大学排名之中,高等教育机构数量从2014年的850所增加到2 202所。目前,这一排名的评价指标体系包括5个一级指标和117个二级指标,从教学、科研、知识转移、国际导向和区域参与五个维度评估大学整体水平。① QS世界大学排名是与泰晤士高等教育世界大学排名、《美国新闻与世界报道》全球最佳大学排名和软科世界大学学术排名齐名的世界四大权威大学排名之一。2023年,世界各地共有1 500多所高校参与此次排名。QS世界大学排名包括学术声誉(40%)、雇主声誉(10%)、师生比例(20%)、师均引用率(20%)、国际教师比例(5%)和国际学生比例(5%)六个一级指标。②

应该说,欧洲多维大学排名和QS世界大学排名的指标体系主要是针对一所大学的评价设计的,所以如果借鉴到"高等教育强国"评价中来,还要考虑到评价对象的转换问题,因为对一所大学的评价往往更为具体,而对一个高等教育系统的评价则更为宏观。因为我们在研究中发现,这两个大学

---

① U-Multirank.Catalogue of Indicators [EB/OL].[2023-03-29].https://www.umultirank.org/about/methodology/indicators/.

② QS.QS World University Rankings [EB/OL].[2023-03-29].https://www.topuniversities.com/university-rankings/world-university-rankings/2023? qs_qp=topnav.

排行的某些指标对我们构建"高等教育强国"指标体系具有较大的启发和借鉴意义,所以我们要分析这两个大学排行并把这些指标都纳入所对应表格中。

综上,针对教育或者高等教育的评价所反映的内容与"高等教育强国"评价指标体系具有更强的内在关联性,同时,这部分内容的侧重点更多体现在高等教育系统本身的实力和水平,与前一部分内容正好形成互补关系,分别反映"高等教育强国"建设的两个方面。

四、"高等教育强国"评价指标体系分析

我们建立"高等教育强国"评价指标体系,其核心目的是通过评价我国"高等教育强国"建设水平,准确把握自身的优势和不足,为进一步推进"高等教育强国"建设找到发力点和突破点,切实将"高等教育强国"建设落到实处。

(一) 评价指标体系建立的过程及原则

"高等教育强国"指标体系建立的具体过程分为两个步骤:第一,在全面梳理世界高等教育系统实力评价指标的基础上,将这些指标对应到我们所构建的"高等教育强国"评价指标体系框架之中,形成一个"高等教育强国"评价指标体系框架与世界高等教育系统实力评价指标的对应表(见表7-11);第二,在对应表的基础上,通过指标筛选、修改、补充,最后形成"高等教育强国"评价指标体系(见表7-12)。

表7-11 世界高等教育系统实力相关评价指标与"高等教育强国"评价指标体系框架的对应表

分类	一级指标	二级指标	三级指标	指标说明	指标来源
水平指标	整体水平	规模结构	高等教育毛入学率	高等教育在学总规模占适龄人口总数的百分比(%),该指标数据有可能大于100%,因为存在提早或延迟入学,或者延长学业的情况	《全球教育监测报告》;全球竞争力指数;U21全球高等教育系统排名;全球人才竞争力指数
			高等教育学生总人数	高等教育机构在校学生的总人数(单位:人)	《全球教育监测报告》
		系统水平	全球系统中高等教育的整体实力	根据在国际排名中的表现评估国家体系实力,通过用每个国家在QS世界大学排名中排名700或以上院校数量除以此类院校的平均排名得出每个国家的分数	QS高等教育系统实力排名
	资源保障	经费投入	高等教育总经费占国内生产总值的比例	高等教育的全部经费投入占国内生产总值的百分比(%)	U21全球高等教育系统排名
			高等教育财政性经费占国内生产总值的比例	政府投入高等教育的经费占国内生产总值的百分比(%)	U21全球高等教育系统排名
			高等教育生均教育经费	按美元购买力平价计算,高等教育机构每名学生的年度经费支出(单位:美元)	U21全球高等教育系统排名
			用于高等教育机构的公共投资和私人投资	高等教育的公共投资和私人投资占总投资的比例(百分比:%)	《教育概览》
			高等教育学生的学费	学费金额是指院校在申请助学金、奖学金及学费减免前收取的学费金额(单位:美元)	《教育概览》

续 表

分类	一级指标	二级指标	三级指标	指标说明	指标来源
水平指标	资源保障	经费投入	除政府拨款以外的外部研究收入	包括来自国家和国际资助机构、研究委员会、慈基金会和其他非营利组织的研究赠款，购买力平价以1 000欧元为单位，按每名全职学术人员统计(单位：欧元)	欧洲多维大学排名
			高等教育研发经费占国内生产总值的比例	高等教育机构用于研发的经费占国内生产总值的百分比(%)	U21全球高等教育系统排名
			高等教育人均研发经费	按美元购买力平价计算，高等教育机构中人均研发经费(单位：美元)	U21全球高等教育系统排名
		师资队伍	生师比	聘用的教师人数与学生人数的比例(百分比：%)	QS世界大学排名；欧洲多维大学排名
			教师薪酬占高等教育支出的比例	高校教师薪酬总额占高等教育支出的比例，薪酬包括工资、退休保障金以及其他的津贴和福利(百分比：%)	全球知识指数
			高等教育中女性教师所占比例	女性教师人数占高等教育教师总人数的比例(百分比：%)	《全球教育监测报告》；U21全球高等教育系统排名；欧洲多维大学排名；QS世界大学排名；全球知识指数
			拥有博士学位占比	拥有博士学位的学术人员占高等教育全部学术人员的比例(百分比：%)	QS世界大学排名；欧洲多维大学排名

续 表

分类	一级指标	二级指标	三级指标	指标说明	指标来源
水平指标	资源保障	基础设施	数字高等教育投资占比	数字高等教育投资占高等教育机构总预算的百分比(%)	欧洲多维大学排名
			数字化教学质量学生满意度	基于学生满意度调查的数字化教学质量情况	欧洲多维大学排名
			图书馆设施	基于学生满意度调查的图书馆设施情况	欧洲多维大学排名
			实验室设施	基于学生满意度调查的实验室设施情况	欧洲多维大学排名
			学生学习经验调查	根据满意度调查，对学生整体学习体验的质量进行评估	欧洲多维大学指标
水平指标	制度文化	制度建设	高等教育的录取制度	基于对国家标准和学生申请进入第一学位高等教育的录取制度的调查，包括申请程序、高中课程度的录取考试、其他标准化考试、高等教育院校的入学考试、招生制度等	《教育概览》
			学术自由指数	基于民主多样性研究项目，对研究和教学自由、学术交流和传播自由、大学自治、校园诚信以及学术和文化表达自由五个方面进行综合测量，并拟合成学术自由指数	全球知识指数
		理念文化			

续 表

分类	一级指标	二级指标	三级指标	指标说明	指标来源
水平指标	制度文化	国际化	入境流动学生数	每1 000名居民中外国高等教育学生人数(单位:人)	《世界竞争力年鉴》;《教育概览》;欧洲多维大学排名
			出境流动学生数	每1 000名居民中高等教育出国留学生人数(单位:人)	世界竞争力年鉴》;《教育概览》;欧洲多维大学排名;《全球教育监测报告》
			高等教育中国际学生的比例	国际学生占高等教育学生人数的比例(百分比:%)	U21全球高等教育系统排名;欧洲多维大学排名
			高等教育中国际师资的比例	国际教师占高等教育教师人数的比例(百分比:%)	欧洲多维大学排名;QS世界大学排名
			国际合作论文比例	与国际合作者合作撰写的论文所占比例(百分比:%)	U21全球高等教育系统排名;欧洲多维大学排名
能力指标	满足个体需要	教育机会均等	高等教育入学机会的性别均等指数	高等教育中女性学生与男性学生的比值	全球知识指数;QS世界大学排名
			高等教育中女性学生的占比	女性学生占高等教育学生总数的比例(百分比:%)	U21全球高等教育系统排名
			女性获得学士和硕士学位的比例	在25—65岁的人口中,拥有学士和硕士学位的女性所占比例(百分比:%)	《世界竞争力年鉴》
			家庭背景对学生高等教育机会获得的影响	父亲接受过高等教育的学生占高等教育学生总数的比例;父亲是白领或蓝领的学生占高等教育学生总数的比例(百分比:%)	《教育概览》;全球知识指数

第七章 "高等教育强国"的评价指标体系

续 表

分类	一级指标	二级指标	三级指标	指标说明	指标来源
能力指标	满足个体需要	教育回报率	高等教育毛毕业率	获得学士和硕士学位的学生数占正常学习年限下毕业年龄组人口总数的百分比(%)	《全球教育监测报告》；欧洲多维大学排名
			本科毕业率	正常学制内完成学业的本科学生占本科学生总数的比例(百分比:%)	《教育概览》
			毕业生就业率	获得工作机会的毕业生占毕业生总数的比例(百分比:%)	QS世界大学排名
			高等教育失业率	25—64岁人口中接受过高等教育的失业人口占这一年龄段人口总数的比例(百分比:%)	U21全球高等教育系统排名；全球人才竞争力指数
			毕业生技能	基于调查评估毕业生接受过高等教育在多大程度上拥有企业所需要的技能	《全球竞争力报告》
			高等教育收益率	接受过高等教育的成年人的收入与接受过高中教育但未接受过高等教育的成年人的收入之比(百分比:%)	《教育概览》
	满足社会需要	政治经济发展	大学教育系统质量	基于调查的大学教育满足经济发展需求情况	《世界竞争力年鉴》
			接受过高等教育的人口比例	接受过高等教育的人口占人口总数的比例(百分比:%)	全球人才竞争力指数
			25岁以上成年人接受过高等教育的百分比	25—64岁成年人口总数中接受过短期高等教育、学士学位、硕士学位和博士学位的人数占比(ISCED 5—8级)的人数占比(百分比:%)	U21全球高等教育系统排名
			青年接受过高等教育的比例	25—34岁人口中接受过高等教育的人口占比(百分比:%)	《世界竞争力年鉴》；欧洲创新记分牌
			接受过高等教育的劳动力比例	接受过高等教育的劳动力占劳动力总数的比例(百分比:%)	全球人才竞争力指数

· 199 ·

续 表

分类	一级指标	二级指标	三级指标	指标说明	指标来源
能力指标	满足社会需要	社会文化传承			
		人才高地建设	青年人口中获得STEM博士学位比例	每1 000名25—34岁人口中获得STEM博士学位毕业生的比例(百分比:%)	《欧洲创新记分牌》
			一流大学培养能力	QS世界大学排名前500名的大学中全日制同等学力学生总数除以人口平方根(百分比:%)	QS高等教育系统实力排名
	促进创新发展	科技创新发展	ESI中前百分之一学科数	在ESI所有学科中前百分之一的学科数量(单位:个)	基本科学指标数据库(ESI)
			ESI中前千分之一学科数	在ESI所有学科中前千分之一的学科数量(单位:个)	基本科学指标数据库(ESI)
			高校发表的科研论文总数	高校学术人员发表的科研论文总数(单位:篇)	U21全球高等教育系统排名
			高校人均发表科研论文数	高校学术人员人均发表的科研论文数(单位:篇)	U21全球高等教育系统排名
			论文平均被引用次数	根据一定年度出版文献的学科规范化引文影响力来衡量论文的平均影响(单位:次)	U21全球高等教育系统排名
			ESI中高被引论文数	ESI中高被引论文总数(单位:篇)	基本科学指标数据库(ESI)
			ESI中高被引作者数	ESI中高被引作者总人数(单位:人)	基本科学指标数据库(ESI)
			高等教育中研究人员的全职当量	高等教育机构中的研发人员每年用于研发工作时间以常规工作的总时数的比率(百分比:%)	欧洲多维大学排名;U21全球高等教育系统排名

第七章 "高等教育强国"的评价指标体系

续 表

分类	一级指标	二级指标	三级指标	指标说明	指标来源
能力指标	促进创新发展	产业创新发展	一流大学对经济发展的贡献	根据 QS 世界大学排名中每所大学的分数（排名前 100 的大学得 7 分，排名前 101—200 的大学得 6 分，排名前 201—300 分的大学得 5 分，排名前 301—400 的大学得 4 分，排名前 401—500 的大学得 3 分，排名前 501—600 的大学得 2 分，排名前 601—700 的大学得 1 分），将其得分加总，并与该国的人均国内生产总值进行比较（百分比：%）	QS 高等教育系统实力排名
			高校教师与企业人员合作发表论文的比例	高校学术人员与企业研究人员共同撰写的科研出版物占出版物总数的百分比(%)	U21 全球高等教育系统排名
			大学与产业界的研发合作	基于世界经济论坛调查对企业和大学在研发方面的合作程度进行评估	全球知识指数
			理工科毕业生占比	信息通信技术、工程、数学和自然科学专业毕业生占学生总数的比例（百分比:%）	世界人才排名
	提升全球影响力	全球影响力	世界一流大学影响力	软科排名前 1 000 所高校的全国总得分以人口数的百分比(%)	U21 全球高等教育系统排名
			世界顶尖大学影响力	这是一个标准化分数，基于每个国家顶尖大学在 QS 世界大学排名中的位置计算得出	QS 高等教育系统实力排名

· 201 ·

表 7-12 "高等教育强国"评价指标体系

类型	指标维度	国际可比(53 个)			中国特色(17 个)	
		定量指标(39 个)		定性指标(14 个)	定性指标(17 个)	
水平指标(29 个)	整体水平(7 个)	规模结构	高等教育毛入学率 高等学校在校生总人数 高等学校数	规模结构	规模结构	区域高等教育发展平衡 高等教育层次结构合理 具有优化高等教育结构的制度和举措
		系统水平	高等教育系统的整体质量和水平排名	系统水平	系统水平	
	资源保障(12 个)	经费投入	政府高等教育公共经费占 GDP 比例 政府高等教育支出占政府教育总支出的比例 生均高等教育支出 高等教育研发经费支出占 GDP 的比例 高等教育教师人均研发经费支出	经费投入	经费投入	
		师资队伍	高等教育教师总数 高等教育中女性教师占比 高等教育中拥有博士学位教师占比 生师比 教师薪酬占高等教育总支出的比例	师资队伍	师资队伍	

续 表

类型	指标维度	国际可比(53个) 定量指标(39个)	国际可比(53个) 定性指标(14个)	中国特色(17个) 定性指标(17个)
水平指标(29个)	资源保障(12个)	基础设施：高等教育基础设施建设经费支出占高等教育总支出的比例；数字高等教育建设经费支出占高等教育总支出的比例	基础设施	基础设施
		制度建设	制度建设：高等教育质量保障制度日益完善；高等教育治理体系不断完善，各利益相关者有效参与	制度建设：不断改进高校教师人事制度，激发教师积极性；不断改进高等教育评价制度，导向更为科学合理
	制度文化(10个)	理念文化	理念文化：高等教育理念先进	理念文化：立德树人理念不断深化
		国际化：高等教育入境学生数占当年在校生数的比例；高等教育出境学生数占当年在校生数的比例；高等教育国际师资数占教师总数的比例；与国际同行合作发表论文数占论文总数的比例	国际化	国际化

续　表

类型	指标维度	国际可比(53 个)		中国特色(17 个)
		定量指标(39 个)	定性指标(14 个)	定性指标(17 个)
能力指标(41 个)	满足个体需要(8 个)	教育机会均等	教育机会均等	教育机会均等
		女性学生占高等教育在校生总数的比例	家庭背景对高等教育入学机会的影响小 地区对高等教育入学机会的影响小	
		教育回报	教育回报	教育回报
		高等教育毕业率 高等教育毕业生就业率 接受过高等教育人口的失业率 高等教育收益率	学生对高等教育质量的满意度高	
	满足社会需要(7 个)	政治经济发展	政治经济发展	政治经济发展
		接受过高等教育人口的占比 接受过高等教育的劳动力占比	高等教育满足经济发展需求的程度高	所培养的人才成为合格的建设者和接班人
		传承社会文化	传承社会文化	传承社会文化
			不断提升公民的文化素养	在保护和传承本国优秀传统文化中发挥重要作用 在塑造和发展先进社会文化中发挥重要作用

续　表

类型	指标维度	国际可比(53个) 定量指标(39个)	定性指标(14个)	中国特色(17个) 定性指标(17个)
能力指标(41个)	促进创新发展(22个)	**人才高地建设** 青年人口中获得博士学位占比 本国公民进入一流大学学习的人数占比 **科技创新发展** 高校人均发表科研论文数 科研论文平均被引用次数 高等教育中研究人员的全职当量数 世界顶尖科技大奖(NTF)获奖数 **产业创新发展** 一流大学对创新经济发展的贡献率 高校教师与企业人员合作发表论文数占比 理工科毕业生占比 高校科技成果转化率	**人才高地建设** 具有有利于人才培养和发展的制度环境 对世界顶尖学者具有吸引力 **科技创新发展** 促进知识和科技创新的制度措施日益完善 促进学科交叉融合的制度日益完善 **产业创新发展** 大学与企业合作研发的密切程度高	**人才高地建设** 自主培养拔尖创新人才的能力不断提升 **科技创新发展** 不断提升国际化科研环境建设能力 建立以贡献为导向的高校科技创新评价制度 **产业创新发展** 在国家战略发展重点领域拥有自主知识产权 在突破国家关键核心技术难题方面发挥作用 在传统产业改造升级中发挥引领作用 在高新技术产业发展中发挥引领作用
	提升全球影响力(4个)	**全球影响力** 世界一流大学影响力排名 世界顶尖大学影响力排名	**全球影响力** 形成具有本国特色的高等教育发展模式,并被其他国家所效仿	**全球影响力** 参与世界新秩序的构建,促进全球治理变革

我们对于指标的筛选和修改遵循以下原则和依据。第一，综合反映国际可比和中国特色两个方面。"高等教育强国"在评价指标筛选和修改方面，首先要考虑国际可比性，在国家比较的框架中凸显高等教育的实力和水平，其次也要能够突出中国特色，充分反映中国高等教育的独特性。第二，充分考虑现代高等教育发展的趋势和特点。高等教育的发展受到时代的深刻影响，"高等教育强国"评价更应充分考虑时代的特点和高等教育的发展趋势，因此，在指标的选取中，既应立足现实，更应体现前瞻性、引导性，以使"高等教育强国"评价指标体系更加科学、合理。第三，充分考虑指标的代表性和关键性。从对全球高等教育系统实力评价指标的梳理中可以看出，能够反映高等教育发展水平及其在人才、创新、社会发展中作用的指标有很多，因此，在指标筛选的过程中，应选择那些最能反映"高等教育强国"特征的指标构成评价指标体系，这样才能保证指标体系的简练性和精准性。第四，适当考虑数据的可获得性。在选择指标时，也应适当考虑相关指标数据的可获得性。如在同一内容上，若有多个指标符合要求，则应尽量选择那些可获得数据的指标，这样更有助于实现国家间的对比分析。

（二）评价指标体系的构成及分析

我们建立的"高等教育强国"评价指标体系共有 70 个指标（见表 7-12）。从类型上看，可分为水平指标和能力指标；从性质上看，可分为国际可比指标和中国特色指标；从呈现方式上看，可分为定量指标和定性指标。其中，水平指标为 29 个，占比 41%，能力指标为 41 个，占比 59%；国际可比指标为 53 个，占比 76%，中国特色指标为 17 个，占比 24%；定量指标为 39 个，占比 56%，定性指标为 31 个，占比 44%。

具体来看，水平指标由三个维度构成。第一，"整体水平"维度由 6 个"规模结构"指标和 1 个"系统水平"指标构成。4 个国际可比指标均为定量指标，且都是当前各种评价和排名中比较常用的指标；3 个中国特色指标均为定性指标,主要跟高等教育结构紧密相关。由于中国是中央政府统一管理高等教育的体制,因此高等教育结构的调整优化是中国高等教育面临的独特问题。可以看出,这部分力图从"质"和"量"两个方面对高等教育系统整体情况进行评价。第二,"资源保障"维度由5个"经费投入"指标,5个"师资队伍"指标和2个"基础设施"指标构成,指标均为国际可比指标和定量指标,力图从资源保障的三个重要方面考察一个国家对高等教育发展的支持程度。第三,"制度文化"维度由4个"制度建设"指标,2个"理念文化"指标和4个"国际化"指标构成。其中,关于"制度建设"和"理念文化"的指标均为定性指标,关于"国际化"的指标均为定量指标。在中国特色方面,除了立德树人理念,还特别强调了高校教师人事制度和高等教育评价制度。虽然这两种制度并非中国所独有,但它们却是制约中国高等教育发展的关键要素,应给予充分重视。

能力指标由四个维度构成。第一,"满足个体需要"维度由3个"教育机会均等"指标和5个"教育回报"指标构成,8个指标均为国际可比指标。这部分内容是国际上相关评价比较关注的内容,指标很多,我们在"教育机会均等"方面,选取了性别机会均等、家庭背景机会均等、地区机会均等三个指标来反映;在"教育回报"方面,选择了毕业率、就业率、失业率、收益率、满意度等指标,期望全方位体现个体在接受高等教育之中、之后的回报情况。第二,"满足社会需要"维度由4个"政治经济发展"指标和3个"社会文化传承"指标构成。4个国际可比指标反映了一个国家的人口和劳动力受高等教育的程度、社会公民文化素养、高等教育促进经济发展等情况,3个中国特色指标则特别强调了我国高等教育在培养社会主义建设者和传统文化传承、先进社会文化塑造中的作用。第三,"促进创新发展"维度由5个"人才高地建设"指标,8个"科技创新发展"指标,9个"产业创新发展"指标构成,本维度共22个指标,是本指标体系中指标最多的一个维度。"人才高地建设"的4个国际可比指标围绕人才培养的制度、能力以及吸引力展开,1个中国特色指标重点强调拔尖创新人才的自主培养能力;"科技创新发展"的6个国际可比指标围绕高校科技成果产出的数量、质量以及高校科技创新制度建设展开，2个中国特色指标主要围绕国家科技创新环境和评价制度建设展开；"产业创新发展"的5个国际可比指标围绕大学与企业的合作，高校科技成果转化等方面展开，4个中国特色指标重点强调高等教育在国家战略发展和产业创新中的作用。从前面对各种国际相关评价的梳理中可以看出，这部分内容越来越受到关注，本指标体系中的定量指标大多来源于国际相关评价，定性指标则重点关注制度建设和作用效果。第四，"提升全球影响力"维度由4个指标构成，3个国际可比指标主要从一流大学影响力和高等教育发展模式影响力两个角度展开，1个中国特色指标则重点强调中国高等教育在全球治理体系变革中的作用。

"高等教育强国"指标体系的建立具有非常重要的意义，我们还需要在深度分析世界"高等教育强国"特征和我国"高等教育强国"特色的基础上，进一步优化完善，以期全面、客观地反映"高等教育强国"的关键特征，为推进"高等教育强国"建设提供借鉴。

第八章 我国与世界"高等教育强国"的指标对比分析

我们建立"高等教育强国"评价指标体系的主要目的,是运用这一指标体系来分析我国高等教育发展的现实状况,在与世界"高等教育强国"的对比分析中,认识我国高等教育发展的优势和不足。只有这样,才能明确未来我国高等教育发展的方向,加快推进教育强国建设。我们力图以美国、英国、法国、德国、日本为主要对标国家,对中国高等教育系统的实力和水平进行国际比较分析,以期在当今世界高等教育整体格局体系中,把握我国高等教育发展现状,找到教育强国建设的发力点和突破点。

一、世界高等教育系统实力排名的数据对比分析

当前,涉及一个国家或地区高等教育系统实力的评价有很多,大多以排行榜、指数、研究报告等形式发布。从评价类型来看,一类是专门针对高等教育系统实力和水平的评价;另一类则是针对国家竞争力、人才竞争力、创新指数等的综合评价,对高等教育实力的评价只是其中的一部分。为全面反映世界高等教育体系格局以及我国高等教育系统实力的状况,我们从对高等教育系统的专门评价中,选取指标和数据都是比较完整可靠的评价,依据其公布的公开数据对各国高等教育系统整体实力进行对比分析,以便能够在全球高等教育宏观体系

中把握我国高等教育的发展状况,精准聚焦我国高等教育的优势和不足。

(一) 基于 U21 全球高等教育系统排名的数据分析

U21 成立于 1997 年,最初是由 21 所世界一流研究型大学组成的大学联盟,目前该大学联盟成员已经增加至 27 所高校。U21 发布的全球高等教育系统排名(简称 U21 排名)是一个以国家或地区高等教育系统整体水平为评价对象的排名。最新排名更新到 2020 年,当年共覆盖了全球 50 个国家或地区的高等教育系统整体情况。U21 排名的指标体系比较全面,由四个模块——资源、环境、联结、输出,共 25 个指标组成。由于其中 1 个指标并没有赋予权重,因此我们仅考察其余 24 个指标。

1. 资源模块

资源模块主要从经费投入的角度考察高等教育系统发展所获得的经济支持情况,由 5 个指标组成:政府对第三级教育机构的支出占国内生产总值(简称 GDP)的百分比(权重 5%);第三级教育机构总支出占 GDP 的百分比(权重 5%);以美元购买力平价计算的第三级教育机构生均年支出(权重 5%);第三级教育机构的研发支出占 GDP 的百分比(权重 2.5%);以美元购买力平价计算的第三级教育机构人均研发支出(权重 2.5%)。表 8-1 显示了部分国家的得分情况。

表 8-1 2020 年 U21 排名中资源模块各主要国家得分情况[①]

排　名	国　家	得　分
1	挪威	100
2	新加坡	98.2
3	瑞士	97.9

---

① https://universitas21.com/what-we-do/resources-and-publications/u21-rankings/u21-ranking-national-higher-education-systems-0.

续　表

排　名	国　家	得　分
4	丹麦	97.6
5	瑞典	94.2
6	加拿大	93.0
7	奥地利	89.9
8	沙特阿拉伯	88.9
9	芬兰	86.3
10	美国	86.2
16	法国	66.5
18	德国	65.7
19	英国	65.5
24	日本	53.9
40	中国	42.2

中国在参加排名的 50 个国家或地区中处于第 40 位，得分仅为 42.2 分，排名比较靠后，这说明中国在高等教育投入方面与一些发达国家相比存在较大差距。从表 8-1 中可以看出，排名前十的国家有两个特点：一是经济发展水平较高，能够为高等教育系统投入更多的经费，如挪威、新加坡、瑞士等都是福利型国家，不仅经济发展水平较高，而且国家体量小，人均 GDP 均较高；二是高等教育规模都较小，在排名前十的国家中，除了美国，其他国家的高等教育规模都较小，因此在生均数、人均数等指标上占有一定优势。中国与这些国家相比，无论是国家整体的体量还是高等教育规模，都是其几倍甚至几十倍，因此，在高等教育总体投入以及各项人均指标方面，得分都比较低。

图 8-1 显示了从 2012 年到 2020 年 U21 排名中中国与五个对标国家在这一模块得分的变化情况。

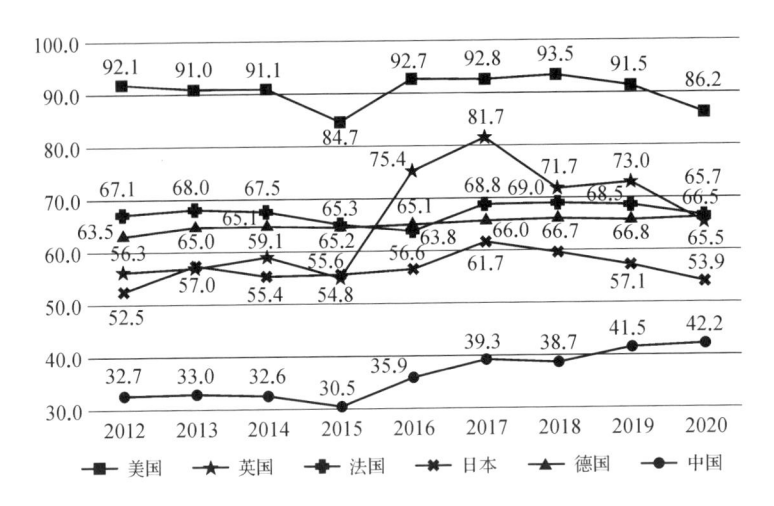

图 8-1 2012 年到 2020 年 U21 排名中六个国家在资源模块得分的变化情况①

从绝对值上看，中国与五个对标国家相比差距较大。但若从变化趋势看，中国与五个国家的差距正在逐渐减小。美国、英国、日本近年来的得分情况都呈显著下降趋势；德国、法国虽相对比较平稳，但 2020 年比前一年也均有小幅下降；只有中国在 2012—2020 年间的得分呈持续增长趋势。近年来，西方国家普遍面临着高等教育经费短缺的问题，这一问题正在对各国高等教育产生越来越大的影响，未来中国将如何制定高等教育投入政策、如何通过发挥国家的体制优势创新高等教育投入模式，是需要我们关注的问题。

2. 环境模块

环境模块主要通过考察高等教育机构的公平性、多样性、适应性、自主权等特点，来反映高等教育发展在制度环境、社会环境等方面所获得的支持情况。这个模块由 5 个指标组成：第三级教育中女性学生占比（权重 1%）；第三

---

① https://universitas21.com/what-we-do/u21-rankings/u21-ranking-national-higher-education-systems-2020/comparison-table.

级教育机构学术人员中的女性占比(权重2%);数据质量的评级①(权重2%);政策环境的定性比较,包括体系的多样性得分(权重2%),政策和监管环境的调查结果(权重4%),公立大学财务自主权的调查结果(权重4%);对世界经济论坛(WEF)调查问题"国家教育系统在多大程度上满足了竞争性经济的需求"的回答(权重5%)。表8-2显示了部分国家或地区的得分情况。

表8-2 2020年U21排名中环境模块各主要国家或地区得分情况②

排 名	国 家	得 分
1	美国	100
2	澳大利亚	96.0
3	新西兰	93.8
4	中国香港	93.0
5	芬兰	91.5
6	英国	89.8
7	新加坡	88.6
8	荷兰	88.0
9	马来西亚	86.9
10	比利时	85.3
16	日本	81.8
18	中国	81.3
22	法国	79.7
28	德国	77.1

数据显示,中国在参与排名的50个国家或地区中位列第18,得分81.3,在U21排名的四个模块中,中国在这一模块的排名较高,超过传统高等教育强国——法国与德国,与日本仅相差0.5分。这说明中国高等教育在发展环

---

① 这个指标用来评价在环境模块中的定量数据的质量。当某些定量指标因数据缺失等原因,无法准确地按照指标要求进行测算时,排行榜采用相似指标进行替换。数据质量的评级方法是:完全与指标要求一致的数据,得2分;用相似指标的数据,得1分;数据缺失则不给分。

② https://universitas21.com/what-we-do/resources-and-publications/u21-rankings/u21-ranking-national-higher-education-systems-0.

境方面得到较高认可。但是也应该看到,中国与美国、澳大利亚、新西兰、芬兰、英国等高等教育发达国家仍存在较大差距,在高等教育机构的多样性、适应性、自主权等方面仍有较大的提升空间。值得注意的是,中国香港在这一模块中排名第四,其发展经验值得我们深入研究。

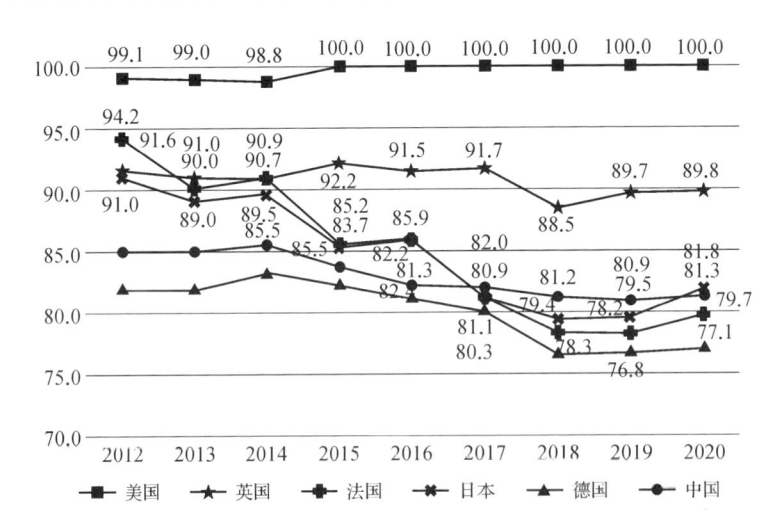

图 8-2　2012 年到 2020 年 U21 排名中六个国家在环境模块得分的变化情况[①]

图 8-2 显示,在 2012—2020 年间,除了美国之外,其他五个国家在环境模块的得分都变化较大。其中,英国得分有一定波动,但基本保持在 90 分左右;法国、日本、德国得分则有较大幅度的下降;中国得分由 2012 年的 85.0 下降至 2020 年的 81.3,存在小幅度下滑。因 U21 排名得分采用的是赋分制,因此,某一国家得分下降可能是其他国家得分上升带来的。从中国高等教育的发展情况看,我国高等教育在这一模块上仍有较大提升空间。

3. 联结模块

联结模块主要考察一个国家或地区高等教育的开放程度,这种开放不仅体现在国际开放方面,也体现在对高等教育系统外的社会各界的开放方面。

---

① https://universitas21.com/what-we-do/u21-rankings/u21-ranking-national-higher-education-systems-2020/comparison-table.

联结模块由 5 个指标组成:第三级教育中国际学生的比例(权重 4%);与国际合作者共同撰写论文的比例(权重 4%);国家人均高校网站域名的外部链接数(权重 4%);对洛桑国际管理发展学院(IMD)调查问题"公司与大学之间的知识转移非常发达"的回答(权重 4%);企业研究者与高校研究者共同撰写的研究出版物所占比例(权重 4%)。表 8-3 显示了 2020 年一些国家在这一模块中的基本情况。

表 8-3 2020 年 U21 排名中联结模块各主要国家得分情况[①]

排 名	国 家	得 分
1	瑞士	100
2	奥地利	94.1
3	新加坡	85.9
4	英国	85.4
5	荷兰	85.3
6	丹麦	84.0
7	芬兰	83.3
8	瑞典	82.4
9	加拿大	80.1
10	新西兰	79.3
13	美国	76.2
15	德国	72.9
17	法国	67.3
28	日本	50.5
43	中国	34.3

可以看出,中国在参与排名的 50 个国家或地区中位列第 43,得分 34.3,总体上排名比较靠后,这也是中国在 U21 排名中表现最差的一个模块。进一步分析会发现,排名前十的国家大多是国际化程度较高,经济发展水平较高,

---

[①] https://universitas21.com/what-we-do/resources-and-publications/u21-rankings/u21-ranking-national-higher-education-systems-0.

文化多样性较强的国家,这些国家的高等教育具有更强的开放性特点,国际交流合作紧密。在对标的五个国家中,仅英国进入了前十,排名第四,这主要得益于英国近年来高等教育国际化水平的不断提升,尤其是国际学生在高等教育中的占比大幅提升。

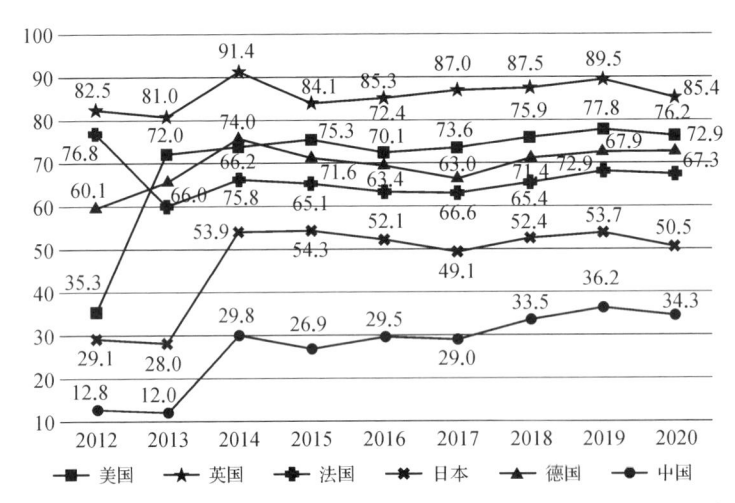

图 8-3　2012 年到 2020 年 U21 排名中六个国家在联结模块得分的变化情况[①]

从图 8-3 可以看出,在 2012—2020 年 U21 排名的联结模块中,中国、日本、德国在 2014 年都有较大幅度的增长,之后中国略有上升,日本和德国略有下降;美国在 2013 年有较大幅度的增长,之后基本保持不变;英国得分一直保持高位,2020 年有所下降;法国在 2013 年下降明显,之后略有上升并保持稳定。总体上看,中国与其他五国的差距比较明显,在留学生、国际合作、校企合作、产教融合等方面都有较大提升空间。

4. 输出模块

输出模块主要考察一个国家或地区第三级教育的产出和结果,该模块由 9 个指标组成:高等教育机构产出的研究文献总量(权重 10%);国家人均高等教育机构产出研究文献数(权重 3%);论文的平均影响力(权重 5%);人均世界一

[①] https://universitas21.com/what-we-do/u21-rankings/u21-ranking-national-higher-education-systems-2020/comparison-table.

流大学得分(权重3%);最优秀大学的卓越程度(权重7%);高等教育毛入学率(权重3%);25—64岁中接受过第三级教育的人口比例(权重3%);科研人员(全职当量数)在国家每100万人口中的数量(权重3%);高等教育失业率(权重3%)。表8-4显示了2020年一些主要国家在这一模块上的得分情况。

表8-4 2020年U21排名中输出模块各主要国家得分情况①

排名	国家	得分
1	美国	100
2	英国	72.9
3	澳大利亚	67.8
3	丹麦	67.8
5	瑞士	67.5
6	瑞典	65.1
7	加拿大	64.1
8	荷兰	62.4
9	芬兰	60.9
10	挪威	59.9
14	德国	55.1
16	中国	52.3
18	法国	51.9
22	日本	50.1

可以看出,中国在这一模块中的排名是第16,得分为52.3,在四个模块中,这一模块中国的排名最靠前。在所对标的五个国家中,美国、英国分别位居第一和第二;德国位居第14,得分比中国略高;法国位居第18,日本位居第22,得分均低于中国。在这一模块中,中国在研究论文总量、高等教育毛入学率等指标上表现较好,但在论文影响力,世界一流大学得分,各种人均指标方面仍有很大提升空间。

① https://universitas21.com/what-we-do/resources-and-publications/u21-rankings/u21-ranking-national-higher-education-systems-0.

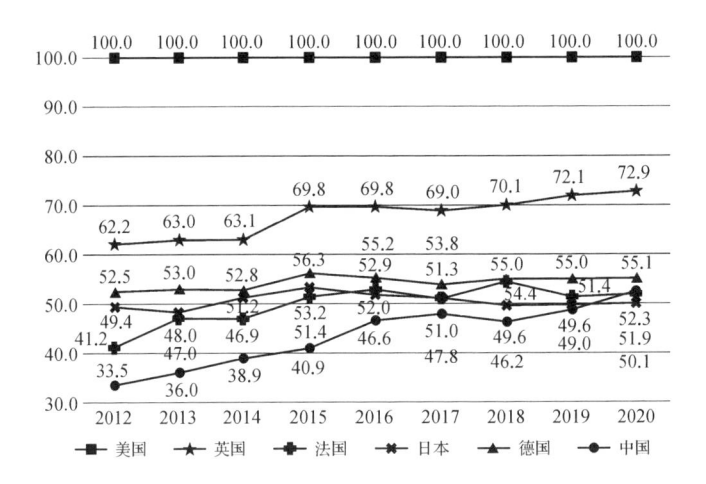

图 8-4　2012 年到 2020 年 U21 排名中六个国家在输出模块得分的变化情况①

图 8-4 显示了 2012—2020 年六个国家在这一模块得分的变化情况。可以看出,在对标的五个国家中,美国、英国始终处于第一位和第二位,且英国的得分呈缓慢增长趋势;德国、日本虽有小幅波动,但基本保持不变;法国在 2012—2014 年间呈现较明显的增长,之后缓慢回落;中国基本上呈持续增长态势,且增长幅度较大,由 2012 年的 34.0 分增长至 2020 年的 52.3 分,且在 2020 年,中国得分已经超越了法国和日本。中国在这一模块得分增长较快,主要得益于近年来中国学者在国际出版物上的研究产出大幅度增长,中国大学在各种世界大学排行榜中的表现明显提升,中国高等教育规模增长迅速等。但也应该看到,中国在科研成果的影响力、世界一流大学的数量及卓越程度、科研人员占比等方面,与高等教育发达国家仍存在较大差距。

(二) QS 高等教育系统实力排名

2004 年 QS 首次发布了 QS 世界大学排名。之后,QS 在世界大学排行榜数据的基础上,又发布了 QS 高等教育系统实力排名(简称 QS 系统排名),用

---

① https://universitas21.com/what-we-do/u21-rankings/u21-ranking-national-higher-education-systems-2020/comparison-table.

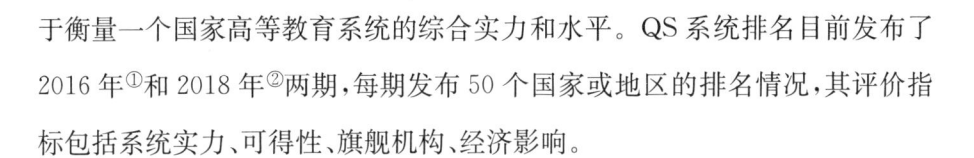

于衡量一个国家高等教育系统的综合实力和水平。QS 系统排名目前发布了 2016 年[①]和 2018 年[②]两期,每期发布 50 个国家或地区的排名情况,其评价指标包括系统实力、可得性、旗舰机构、经济影响。

1. 系统实力

系统实力(权重 25%)指标主要是根据在一个国家或地区的高等教育机构在 QS 世界大学排名中的表现来评估国家高等教育系统的整体实力。该指标计算方法是统计在 QS 世界大学排名中位于 700 名及以内的高等教育机构数量,并计算出所统计机构的平均排名,平均排名数即代表这一国家在 QS 系统排名中的位置。

表 8-5 2018 年 QS 系统排名中各主要国家系统实力指标的得分情况

排　名	国　家	得　分
1	美国	100
2	英国	98.7
3	德国	94.3
4	澳大利亚	91.6
5	荷兰	89.3
6	中国	88.9
7	加拿大	86.8
8	法国	86.8
9	日本	86.7
10	韩国	82.6

从表 8-5 中可以看出,中国系统实力指标得分为 88.9,排在世界第六位,总体上表现良好,超过了加拿大、法国、日本等国,但与美国、英国和德国依旧存在一定的差距;尤其在人均指标上,与英国和德国等国差距明显。

[①] 2016 年 QS 系统排名的数据均来源于 https://www.topuniversities.com/system-strength-rankings/2016。

[②] 2018 年 QS 系统排名的数据均来源于 https://www.topuniversities.com/system-strength-rankings/2018。

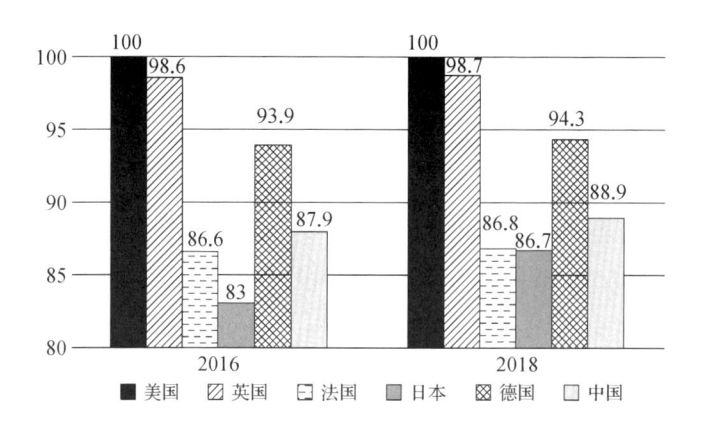

图 8-5 2016 年与 2018 年 QS 系统排名中六个国家系统实力指标得分变化情况

由图 8-5 可知,除了日本,其他国家在 2016 年和 2018 年系统实力指标得分并未有太大的变化,中国从 2016 年的 87.9 分增长至 2018 年的 88.9 分。这是因为该指标是通过对 QS 大学排名在 700 名及以内的大学进行赋分来计算该模块的最终得分,两年的时间对于高等学校发展建设来说相对较短,所以排名并未出现显著变化。

2. 可得性

可得性(权重 25%)指标主要是通过考察该国家或地区居民获得世界级大学入学名额的机会,来评估这一国家或地区在世界一流大学入学机会方面的可获得性。其具体计算方法是用 QS 世界大学排名前 500 名的大学全日制同等学力学生总数除以人口平方根。

表 8-6 2018 年 QS 系统排名中各主要国家可得性指标的得分情况

排　名	国　家	得　分
1	美国	100
2	澳大利亚	99.3
3	英国	97.6
3	德国	97.1

第八章 我国与世界"高等教育强国"的指标对比分析

续 表

排 名	国 家	得 分
5	加拿大	96.7
6	意大利	93.3
7	荷兰	87.7
8	新西兰	86.0
9	比利时	83.5
10	瑞典	83.4
11	法国	82.5
24	日本	61.2
29	中国	52.7

由表 8-6 可知，中国在可得性指标上的得分较低，在 2018 年 50 个国家或地区中排名第 29，得分仅 52.7。数据显示，在这一指标上得分较高的国家，一方面是那些拥有较悠久的高等教育发展历史，较多的世界一流大学的国家或地区；另一方面是那些人口较少的国家或地区。进一步分析会发现，日本与中国在该指标上的表现相近，且得分均比较低，这和两国世界一流大学数量少，人口密度高紧密相关。

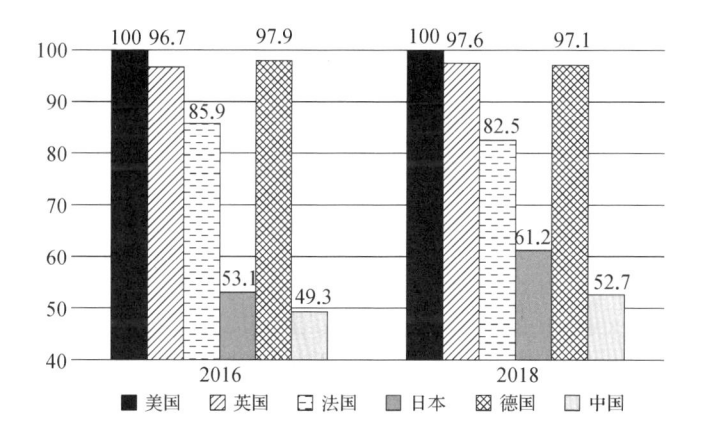

图 8-6 2016 年与 2018 年 QS 系统排名中六个国家可得性指标得分变化情况

由图 8-6 可知,中国在可得性指标上的得分由 2016 年的 49.3 增长至 2018 年的 52.7,表现出小幅度增长趋势,这与中国近年来一流大学建设取得明显成效紧密相关,说明随着一流大学建设的推进,越来越多的中国大学进入世界著名大学前列,中国公民入学世界一流大学的可获得机会在增加。但是应该看到,中国与美国、英国、德国、法国等传统"高等教育强国"的差距依然很大。一方面是因为中国的世界一流大学数量还不够多,更重要的是中国人口基数大,即便是中国的世界一流大学绝对数量和欧美国家一样多,从人口角度计算的可获得性也会很低。因此,若从可得性角度考虑,中国世界一流大学建设的任务仍很艰巨。

3. 旗舰机构

旗舰机构(权重 25%)指标力图通过一个国家顶尖大学的表现来评价整个高等教育系统,其背后所隐含的判断是一个国家对顶尖大学的支持将引领整个国家高等教育系统的发展。该指标的具体计算方法:以每个国家在 QS 世界大学排行中排名最高大学的得分与排名数据为基础,通过标准分数计算,为不同国家的大学赋分,所得分数即为这个国家在旗舰机构指标上的得分。

表 8-7 2018 年 QS 系统排名中各主要国家或地区旗舰机构指标的得分情况

排　名	国　家	得　分
1	美国	100
2	英国	99.5
3	瑞士	98.9
3	新加坡	98.8
5	澳大利亚	97.6
6	中国	96.9
7	中国香港	96.8

续 表

排　名	国　家	得　分
8	日本	96.5
9	加拿大	96.1
10	韩国	95.4
11	法国	94.4
13	德国	91.1

由表 8-7 可知,中国在 QS 系统排名中旗舰机构指标的得分为 96.9,排名第 6。值得注意的是,中国香港与内地的得分较为接近,为 96.8,排名第 7。中国在该指标的得分属于较高水平,超过日本,也超过法国与德国等传统"高等教育强国",且与第一名的美国、第二名的英国得分差距不大,分别相差 3.1 分和 2.6 分。这说明中国的顶尖大学在国际上已经具备较强的竞争力,达到了世界一流水平。但同时也应该看到,中国在这一指标上的得分与其他国家的差距也不显著,仅高出第 13 名的德国 5.8 分,高出第 8 名的日本 0.4 分。

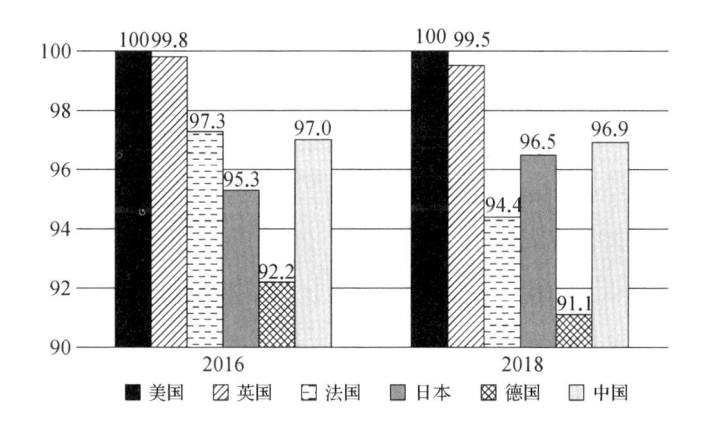

图 8-7　2016 年与 2018 年 QS 系统排名中六个国家旗舰机构指标得分的变化情况

由图 8-7 可知,中国的这一指标在 2016—2018 年期间较为稳定,由 97

分变为96.9分,变动幅度可以忽略不计。德国和法国在该指标上得分出现了小幅度的下降,德国从2016年的92.2分下降至2018年的91.1分,法国则从2016年的97.3分下降至2018年的94.4分。日本增长了1.2分。总体来说,各国的变化幅度都相对较小。

4. 经济影响

经济影响(权重25%)旨在通过对比各国的财政状况及这一国家高等教育系统的表现来评估国家高等教育投入与产出的情况。其具体的计算方法:先为QS世界大学排名中的每所大学赋一个索引分数(排名前100的大学得7分,排名前101—200的大学得6分,排名前201—300的大学得5分,排名前301—400的大学得4分,排名前401—500的大学得3分,排名前501—600的大学得2分,排名前601—700的大学得1分);然后将这些索引分数加总并除以这个国家的人均GDP,将得分进行标准分数转换;最后根据标准分进行排名。

表8-8 2018年QS系统排名中各主要国家经济影响指标的得分情况

排 名	国 家	得 分
1	美国	100
2	中国	99.4
3	印度	98.4
3	英国	98.3
5	德国	91.0
6	澳大利亚	86.7
7	俄罗斯	85.8
8	日本	84.0
9	韩国	83.9
10	法国	83.7

由表8-8可知,中国在2018年QS系统排名的经济影响指标上位列世

界第二,得分99.4,仅落后于美国0.6分。值得注意的是,印度在这一指标中的得分也较高,仅比中国低1分。这说明,中国和印度都是在有限的投入下尽可能多地建设世界一流大学的国家,力图用有限的资金产生最大的效益。中国在这一指标上处于世界领先水平,远超德国、法国、日本等国家,与德国相差8分左右,与日本和法国相差15分左右。

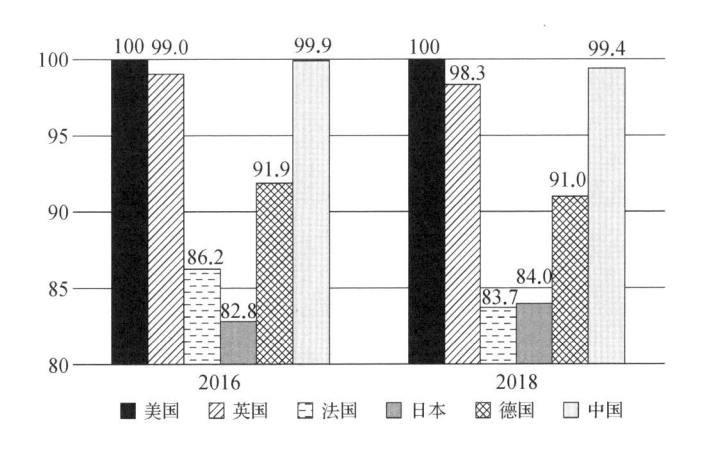

图8-8　2016年与2018年QS系统排名中六个国家经济影响指标得分的变化情况

由图8-8可知,中国在2016年和2018年这一指标相对稳定,在六国中均保持第二。除美国、日本以外,其他国家得分均出现了小幅度的下滑,这意味着美国与其他国家在这一指标上的得分差距正在缓慢扩大。

(三) 小结

总体来看,中国高等教育系统实力在U21排名和QS系统排名中呈逐年上升趋势,与世界一些"高等教育强国"相比,差距在逐渐缩小,这主要体现在以下三个方面。第一,我国世界一流大学建设成效显著,已有一批研究型大学走入世界一流大学行列,彰显出中国高等教育的实力和水平。从对两个排名的数据分析中可以看出,与世界一流大学绝对数相关的指标,中国整体表现均较好,且呈逐年上升趋势。第二,在高等教育各种输出性指标上表现明显提升。尽管不同排名中输出指标不同,但是从对两个排名的数据分析中可以看出,中国在毛入学率,接受高等教育人口占比,接受高等教育人口的就业率,发表论文数量,论文影响力等指标上的得分都呈上升趋势。第三,在高等教育发展整体环境方面的表现有较大提升。中国高等教育系统在U21排名的环境模块中表现较好,尤其在高等教育机会获得,国家政策支持等方面获得了越来越多的认可。同时,在QS系统排名中,经济影响指标得分全球排名第二,表明中国政府非常重视高等教育投入,高等教育产出也较高。应该说,这些成绩与近年来国家对高等教育的持续推进政策密不可分。

我们也应该看到,中国高等教育的发展与一些"高等教育强国",尤其是美国尚有不小的差距。主要体现在以下三个方面。第一,人均指标得分落后。由于中国是人口大国,因此在各种指标和排名中,一旦涉及人均指标,中国的得分均较低。第二,对高等教育的资源投入与世界"高等教育强国"相比差距较大。U21排名中的资源模块从政府对高等教育的总投入、生均投入以及高等教育研发经费的投入等方面,考察了世界主要国家高等教育系统的资源获取情况,中国在这一方面的表现较差。这一方面是由于这一模块的很多指标都是人均指标,因此拉低了中国的得分;另一方面也是由于跟很多国家相比,我国对高等教育的整体投入仍较低。第三,中国高等教育系统的开放性还有待提升。这里的开放性体现在两个方面。一是对外开放。可通过留学生人数、外籍教师人数、国际合作研究等指标体现,中国在这些方面还有很大提升空间。二是对社会开放。可通过与企业合作、知识转移、成果转化等指标体现,中国在这些方面也存在着不少问题,校企合作、产教融合等办学开放机制尚需推进。

二、水平指标维度中的关键指标数据分析

我们所作的分析主要是依据现有世界高等教育系统实力排名数据,这一

分析有助于我们从整体上把握我国高等教育系统在世界高等教育体系中的位置,并在与其他国家的对比分析中,把握我国高等教育系统的优势和不足。但是,由于这一分析比较受制于排名本身的指标体系和数据,因此,我们在这一分析的基础上,结合前面所构建的"高等教育强国"评价指标体系,运用世界银行、联合国教科文组织、经济合作与发展组织等国际组织公开的高等教育数据,选取一些关键指标进行进一步的分析,以此来揭示问题,为未来"高等教育强国"建设提供借鉴和依据。

我们需要说明的是,由于各国高等教育制度的差异,国际组织一般采用"第三级教育"而不是"高等教育"这一概念进行数据统计。目前国际组织大多采用联合国教科文组织的国际教育分类标准(简称 ISCED)。其中,第三级教育指 ISCED 5-8,ISCED 5 为短期高等教育,包括短期大学或类似水平的教育。我国一般采用"高等教育"这一概念,指专科及以上层次的教育。我们为了论述方便,不对"第三级教育"和"高等教育"这两个概念进行区分,而统称为"高等教育"。由于概念内涵不同,国际组织在统计"第三级教育"时,其口径与国内的"高等教育"存在一定差异,这导致了很多时候国际组织公布的一些数据与中国官方数据并不相同。但是,由于我们的目的主要是进行国家间的对比分析,因此尽量采用同一数据来源,以保证数据的一致性和可比性,除非数据缺失,否则均采用国际组织数据。在国际组织数据缺失的情况下,适当采用其他来源数据进行分析。各指标数据的分析年份以国际组织数据库中中国最新数据年份为标准,如中国最新数据为 2021 年,则分析 2021 年各国情况;如当年其他五国有数据缺失,会根据数据情况适当向前延伸。对于高等教育的历时性分析,若数据允许,首选近十年变化情况,即 2013 年至今。

我们主要从"高等教育强国"评价指标体系中的水平指标维度,选取了规模结构、经费投入、师资队伍、国际化四个指标进行分析。

(一) 规模结构

高等教育在校生人数是衡量一个国家高等教育规模的重要指标。表 8-9 中显示了联合国教科文组织数据库中 2013 年到 2022 年六国高等教育注册人数的变化情况。

表 8-9　六国 2013—2022 年高等教育注册人数[①]　　　　单位：万人

年份	中国	美国	日本	德国	英国	法国
2013	3 409	—	386	278	239	234
2014	4 192	1 970	386	291	235	239
2015	4 337	1 953	385	298	233	242
2016	4 389	1 929	385	304	239	248
2017	4 413	1 901	385	309	243	253
2018	4 494	1 894	386	313	247	262
2019	4 699	1 883	387	330	262	269
2020	5 024	1 876	389	328	273	275
2021	5 382	1 816	—	335	206	281
2022	5 714	—	—	—	—	—

可以看出，中国是高等教育注册人数增长最快且规模最大的国家，2020 年总人数已经超过 5 000 万，约为当年排在第二位的美国的 2.7 倍，日本和德国的 13—15 倍，法国和英国的 18 倍左右。从变化趋势来看，美国一直呈下降趋势；英国在 2020 年以前呈增长趋势，2021 年比 2020 年有明显下降；日本保持稳定，并有小幅增长；法国、德国呈增长趋势，德国在 2020 年有小幅下降；中国的增速远超其他国家，2013—2022 年的年均增长率为 5.30%。高等教育注册人数的巨大差异体现了六国高等教育体量上的差别，中国高等教育作为世

[①]　根据联合国教科文组织数据整理而成。http://data.uis.unesco.org/Index.aspx.

界规模最大、增长最快的高等教育系统,在世界高等教育体系中占据越来越重要的地位。同时,一个超大规模的高等教育系统所面临的发展问题也是独特的,随着中国高等教育规模的扩大,其他国家的发展经验将越来越不适用于中国高等教育,这方面也值得我们深入探讨和研究。

如果说注册人数是从绝对数量上衡量高等教育规模,那么毛入学率则是从相对数量上衡量高等教育规模。高等教育毛入学率是指高等教育在学总人数占适龄人口(18—22岁)总数的比例,因此这一指标所反映的是高等教育规模和人口之间的关系。美国学者马丁·特罗以毛入学率为依据,把高等教育发展划分为精英阶段(毛入学率低于15%)、大众化阶段(毛入学率在15%—50%之间)、普及化阶段(毛入学率高于50%)。根据联合国教科文组织的数据,美国、英国、法国、德国、日本和中国在2013年至2020年间的高等教育毛入学率变化情况如表8-10所示。

表8-10 2013—2022年六国高等教育毛入学率变化情况[①] 百分比:%

年份	中国	美国	日本	德国	法国	英国
2013	32.76	88.73	62.84	60.90	59.85	57.08
2014	43.88	88.63	62.73	65.18	61.51	56.99
2015	47.44	88.89	62.47	68.23	62.79	56.93
2016	49.71	88.84	63.19	67.95	64.73	58.60
2017	51.58	88.17	62.46	68.47	65.80	60.15
2018	54.01	88.30	62.21	69.16	67.54	61.67
2019	57.28	87.89	62.12	72.71	67.73	65.96
2020	62.24	87.57	62.14	72.39	68.41	69.99
2021	67.39	84.86	—	75.67	68.97	77.01
2022	71.98	—	—	—	—	—

---

① 根据联合国教科文组织网站数据整理而成。https://apiportal.uis.unesco.org/bdds.

可以看出，在 2013 年到 2022 年间，高等教育除了中国经历了从大众化阶段到普及化阶段的发展，其他国家都已进入到普及化阶段，且毛入学率大多超过 60％。美国毛入学率在研究区间内均保持在 85％左右，但总体呈下降趋势；日本毛入学率比较稳定，处于 62％到 64％之间；德国毛入学率呈增长态势，从 2013 年的 60.90％增长到 2021 年的 75.67％，年均增长率为 2.75％；法国毛入学率呈增长态势，从 2013 年的近 60％增长到 2021 年的近 70％，年均增长率为 1.79％；英国毛入学率在 2013—2018 年间增长缓慢，但在 2018—2021 年间则快速增长，由 2018 年的近 62％增长至 2021 年的 77％，3 年间的年均增长率为 7.69％；中国毛入学率增长速度最快，从 2013 年的 32.76％增至 2022 年的 71.98％，年均增长率为 9.14％。应该说，作为人口大国，中国高等教育规模的绝对数虽然很大，但毛入学率与世界高等教育发达国家相比仍存在一定差距。同时，中国高等教育毛入学率增长速度很快，远超世界其他国家。毛入学率的快速增长一方面迅速扩大了我国高等教育规模，但另一方面也会引发一系列问题，值得进一步深入探讨。

高等教育结构也是衡量高等教育系统发展水平的重要指标，但是由于数据限制，我们仅分析高等教育结构中的布局结构问题。中国和美国的国土面积都比较大，因此我们选取中美进行高等教育布局结构的对比分析，采用自然断点法，把中国和美国所有高校的坐标点提取到 ArcGIS10.8 软件中以确定其地理位置，再用某省（州）级行政区内高校数量除以所在省（州）级行政区的面积，得到这一省（州）级行政区的高校密度，以此类推，统计整个国家的高校密度空间分布（如表 8 - 11 所示）。

可以看出，中美两国高校密度均呈东高西低分布态势。中国高校的高密度区主要集中在东部省份，美国则主要集中在东部地区与西海岸地区。中国高校密度自东向西阶梯式递减，美国高校密度自东向西呈两头高、中间低的现象。虽然中美两国均存在一定程度的区域发展不平衡现象，但是中国高校的整体分布要比美国更为集中，主要集中在东南沿海地区，美国仅中部地区与东部地区存在较大的差距。中国虽然高等教育规模较大,但分布不均衡问题比较突出。

表8-11 中美两国高校密度空间分布表①

区间	中国				美国			
	占比/%	省			占比/%	州		
		东部	中部	西部		东部	中部	西部
0—0.22	25.8	黑龙江		内蒙古、甘肃、新疆、青海、西藏、四川、云南	16.7	北达科他、南达科他、怀俄明、内布拉斯加、新墨西哥		内华达、爱达荷、蒙大拿
0.22—0.60	29.0	吉林、海南	山西、湖南、江西	宁夏、陕西、贵州、广西	25.0	缅因	堪萨斯、俄克拉荷马、得克萨斯、明尼苏达、艾奥瓦、科罗拉多、密西西比	华盛顿、俄勒冈、犹他、亚利桑那
0.60—1.01	32.3	浙江、福建、广东、山东、河北、辽宁	湖北、河南、安徽	重庆	16.7	肯塔基、亚拉巴马、佐治亚、佛蒙特	威斯康星、密苏里、阿肯色、路易斯安那	

---

① 中国的数据来源于 https://blog.csdn.net/yeyuanxiaoxin/article/details/104599464/. 美国的数据来源于 https://data.opendatasoft.com/explore/dataset/us-colleges-and-universities%40public/information/. 中国采用的是2020年高校坐标点数据,美国采用的是2023年实时更新的高校坐标点数据。

续　表

区间	中国 占比/%	省 东部	中部	西部	美国 占比/%	州 东部	中部	西部
1.01—1.63	3.2	江苏			18.7	田纳西、南卡罗来纳、北卡罗来纳、弗吉尼亚、西弗吉尼亚、新罕布什尔	密歇根、印第安那	加利福尼亚
1.63—137	9.7	北京、天津、上海			22.9	俄亥俄、宾夕法尼亚、纽约、马萨诸塞、罗得岛、康涅狄格、新泽西、特拉华、马里兰、华盛顿、佛罗里达	伊利诺伊	

(二) 经费投入

在 U21 排名中,中国在资源模块方面得分较低,而资源模块主要是由高等教育经费投入指标构成的。我们将从政府高等教育支出占 GDP 的比例,政府高等教育支出占政府教育支出的比例,生均高等教育支出,研究与发展总支出占 GDP 的比例四个指标来进行分析。

政府高等教育支出占 GDP 的比例是衡量一国高等教育经费投入的重要指标,该指标是由政府高等教育支出总量除以当年 GDP 总量。图 8-9 显示了 2020 年六国政府高等教育支出占 GDP 比例的情况。

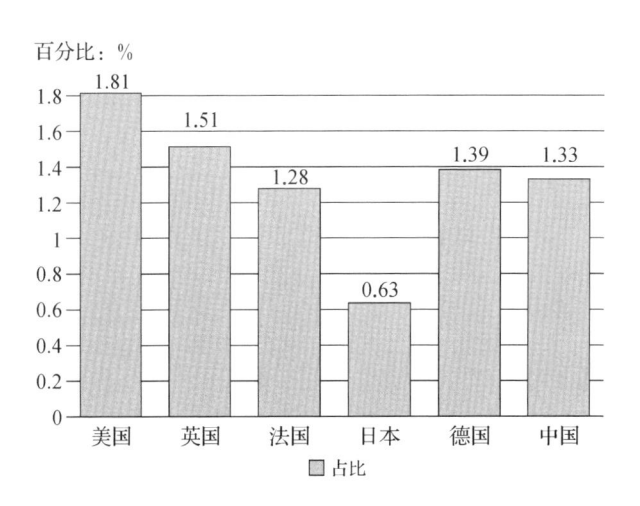

第八章 我国与世界"高等教育强国"的指标对比分析

图 8-9　2020 年六国政府高等教育支出占 GDP 的比例①

可以看出,美国政府高等教育支出占 GDP 的比例最高,为 1.81%;英国第二,为 1.51%;日本最低,仅 0.63%。中国政府高等教育支出占 GDP 的比例为 1.33%,与德国、法国相近。应该说,中国政府高等教育支出占 GDP 的比例与大部分"高等教育强国"相比,差距已经越来越小。由于这一指标是一个占比数值,它所表明的是一个国家对高等教育的重视程度,可以说中国政府对高等教育的重视程度较高。但是也应该看到:第一,若仅从占比看,中国与老牌"高等教育强国"——美国和英国的差距仍比较大;第二,从经费投入的绝对值看,中国与美国的 GDP 总量存在较大差距,因此中国与美国的政府高等教育支出总量差距更大;第三,对于超大体量以及以公办高校为主的中国高等教育来说,经费投入不足的问题仍比较严重。

政府高等教育支出占政府教育支出的比例是从经费投入的角度,衡量在教育系统内一个国家对高等教育重视程度的指标,其计算方法是以政府高等

---

① 美国、英国、法国、德国、日本政府高等教育经费支出占 GDP 比例的数据来源于 http://data.uis.unesco.org/Index.aspx.中国政府高等教育经费支出数据来源于教育部财务司.中国教育经费统计年鉴[M].北京:中国统计出版社,2022:26.中国 GDP 数据来源于 https://www.gov.cn/xinwen/2021-12/17/content_5661661.htm.

教育支出总量除以政府教育支出总量。

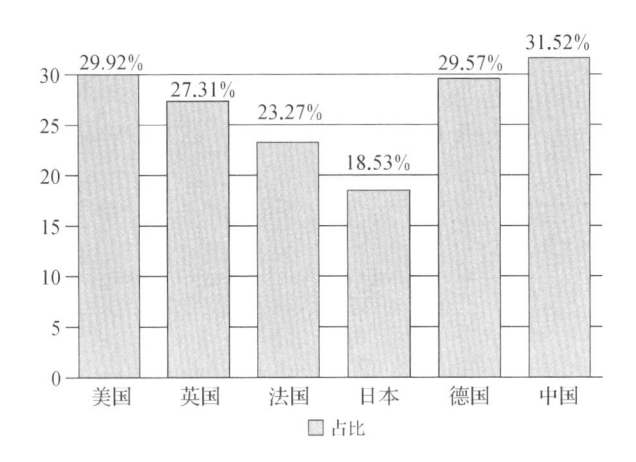

图 8-10　2020 年六国政府高等教育支出占政府教育支出的比例[①]

从图 8-10 中可以看出，2020 年，中国政府高等教育支出占政府教育支出的比例为 31.52%，在六国中处于最高水平；美国、德国位列第二、三位，英国、法国居第四、五位，日本在六国中最低。说明与这些国家相比，中国政府高等教育支出在教育经费支出中的占比更高，中国对高等教育投入有一定程度的倾斜。

生均高等教育支出是衡量高等教育相对投入程度的重要指标，它反映的是高等教育经费投入和高等教育规模之间的关系。图 8-11 显示了经济合作与发展组织（OECD）部分国家生均高等教育支出情况。可以看出，OECD 国家生均高等教育支出的平均值是 18 105 美元。其中，美国生均高等教育支出最高，大约是 OECD 平均值的两倍；其次是英国，是 OECD 平均值的 1.6 倍；然后是德国、日本、法国，均高于 OECD 平均值。由于 OECD 数据中没有中国数据，所以这里使用中国教育部发布的数据进行对比分析。

---

① http://data.uis.unesco.org/Index.aspx.

2020年我国高等学校生均经费为37 241元[①],如果按照2020年美元对人民币的平均汇率1∶6.9计算,我国2020年生均高等教育经费为5 397美元,美国是我国的6.7倍,OECD平均值是我国的3.4倍。虽然统计口径会有一定的差异,但是从生均高等教育经费来看,我国和世界"高等教育强国"相比仍存在很大差距。

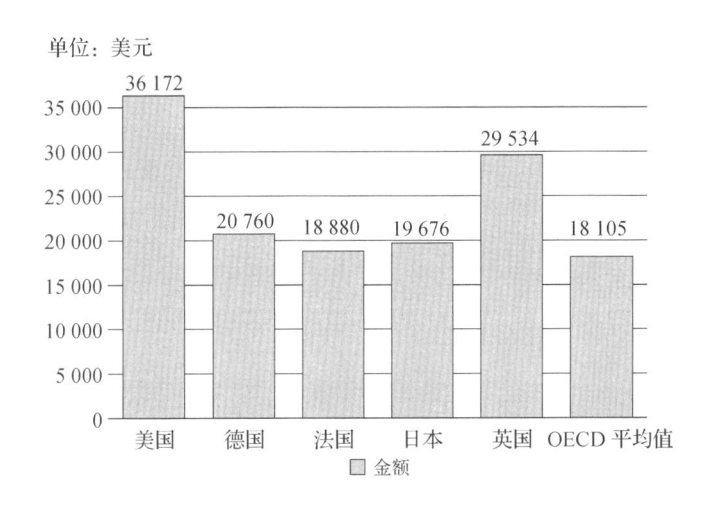

单位:美元

国家	金额
美国	36 172
德国	20 760
法国	18 880
日本	19 676
英国	29 534
OECD平均值	18 105

图8-11 2020年OECD部分国家生均高等教育支出比较[②]

研究与发展总支出(简称研发总支出)占GDP的比例这一指标,考察的是一个国家在科学技术研究与开发方面的经费投入情况。需要说明的是,这一指标是指一个国家所有机构(包括高等学校、科研院所、企业等)的研发支出,并不能直接表征高等教育中的研发经费投入情况。由于高校是研发的重要主体之一,因此这一指标可以在一定程度上反映一个国家高校研发的投入情况以及整体研发环境。

---

① http://www.moe.gov.cn/jyb_xwfb/s5147/202104/t20210428_528910.html.
② https://www.oecd-ilibrary.org/education/education-at-a-glance-2023_el3bef63-en.

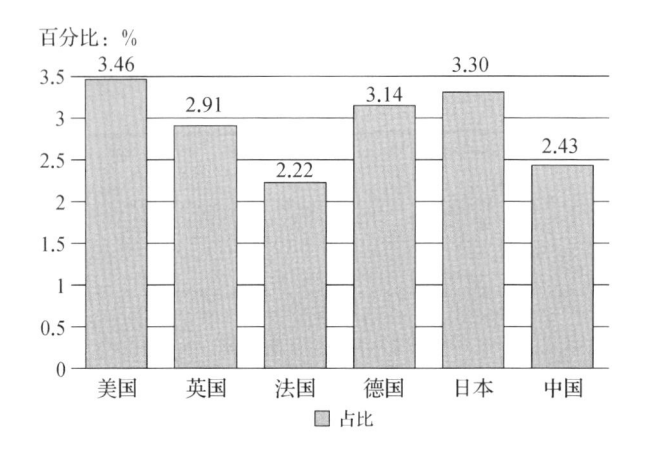

图 8-12　2021 年六国研发总支出占 GDP 的比例①

从图 8-12 可以看出，2021 年美国的研发总支出占 GDP 的比例最高，为 3.46%；其次为日本，占比 3.30%，接近美国；德国排在第三位，占比 3.14%；英国排在第四位，占比 2.91%；中国排在第五位，占比为 2.43%；法国占比最低，为 2.22%。这一现象值得我们进一步关注和分析：第一，这里的研发总支出不仅仅包括政府的投入，日本在这一指标上之所以表现突出，主要是因为日本的企业对研发经费投入力度大；第二，中国与美国、日本、德国、英国等研发实力较强的国家相比，在研发经费投入方面仍需加强，尤其在当今科技自立自强的背景之下，解决这一问题显得更为迫切。

(三) 师资队伍

高等教育的教师数量是衡量一个国家高等教育系统发展水平的重要指标，数量充足的教师队伍是高等教育不断发展的必要条件。联合国教科文组织数据库中有美国、英国、德国、日本的数据，法国的数据缺失，中国的数据来源于中国教育部公布的数据。

---

① http://data.uis.unesco.org/Index.aspx.

单位：万人

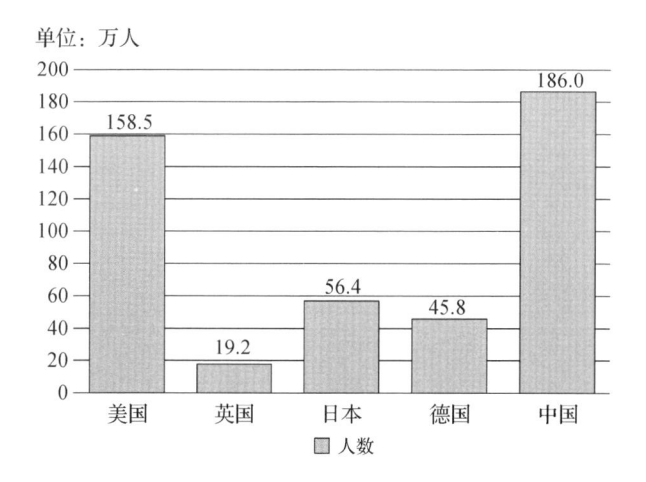

```
200 ┤                                          186.0
180 ┤  158.5
160 ┤
140 ┤
120 ┤
100 ┤
 80 ┤
 60 ┤              56.4    45.8
 40 ┤      19.2
 20 ┤
  0 ┴── 美国 ── 英国 ── 日本 ── 德国 ── 中国 ──
              ■ 人数
```

图 8-13　2020 年五国高等教育的教师数量[①]

从图 8-13 中可以看出，2020 年，中国高等教育的专任教师数量在五国中总量最大，然后依次是美国、日本、德国、英国。其中，中国约是美国的 1.2 倍，日本的 3.3 倍，德国的 4.1 倍，英国的 9.7 倍。如果从接收高等教育的学生人数来看，中国是美国的 2.7 倍，是日本和德国的 13—15 倍，是英国和法国的 18 倍，那么中国高等教育的教师数量与其他国家相比就明显不足了。教师数量的不足将在很大程度上影响教育教学效果，会伴随产生如班级规模过大，对学生指导不够，以传统讲授式教学为主等问题。

高等教育中女性教师占比是从性别角度衡量一个国家高校教师职业机会获得公平性的重要指标。根据联合国教科文组织的数据，2021 年六个国家高等教育系统中女性教师所占比例如图 8-14 所示。

---

① 中国数据来源于 http://www.moe.gov.cn/jyb_sjzl/moe_560/2020/quanguo/202108/t20210831_556365.html. 其他国家数据来源于 http://data.uis.unesco.org/Index.aspx.

```
百分比:%
```

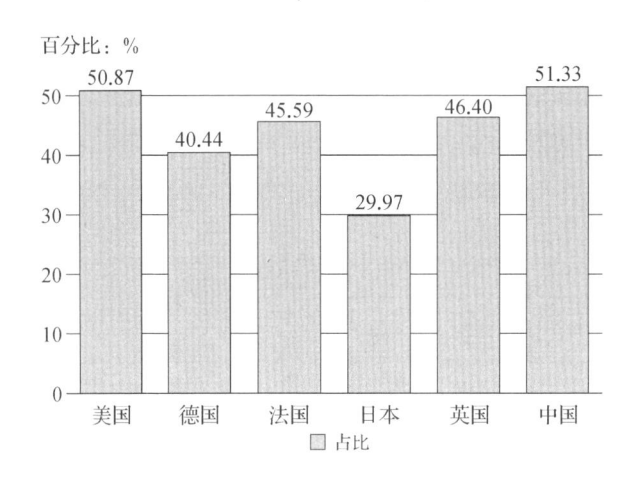

图 8-14　2021 年六国高等教育中女性教师占比情况①

可以看出,中国高等教育中女性教师占比位居六个国家的首位,占比达51.33%;美国略低于中国,占比为50.87%;其次是英国、法国、德国,占比在40%到47%之间;日本这一比例最低,女性教师占比不到30%。应该说,中国的女性和男性在获取高等教育教师工作机会方面是比较公平的,中国的女性教师占比已经超过了所对标的五个国家。

(四)国际化

U21 排名显示,中国高等教育在开放性方面还存在很大提升空间,其中,国际化程度低是关键问题之一。出入境学生流动是衡量一个国家高等教育国际化程度的重要指标,一方面,入境学生情况可表明该国对国际学生的吸引力。我们采用高等教育入境学生人数及所占比例来反映这一情况,具体计算方法为当年该国高等教育在读学生中非该国国籍学生数占在读学生总数的比例。另一方面,出境学生情况可表明其他国家对本国学生的吸引力,本

---

① 中国数据来自 http://www.moe.gov.cn/jyb_sjzl/moe_560/2021/quanguo/202301/t20230104_1038059.html. 其他国家数据来自 https://www.oecd-ilibrary.org/education/education-at-a-glance-2023_e13bef63-en.

研究采用高等教育出境学生占比来反映这一情况,具体计算方法为当年该国高等教育层次出国留学学生人数占当年该国高等教育在读学生数的比例。由于 2020 年中国出境学生数据缺失,因此这一指标采用的是 2018 年数据,结果如图 8-15 和图 8-16 所示。

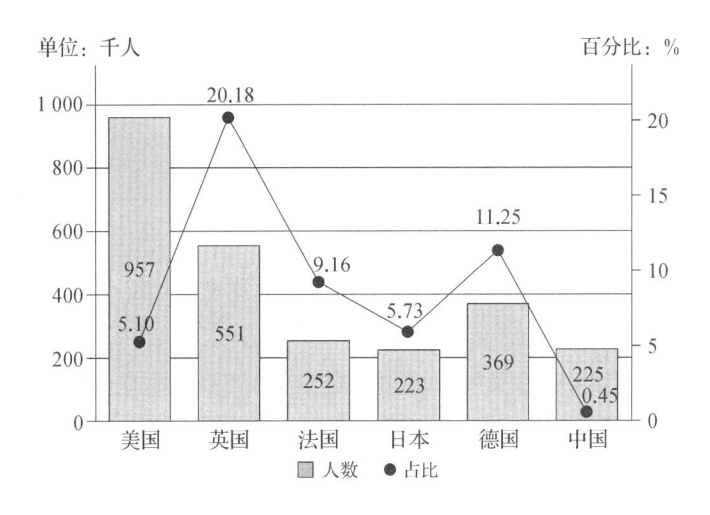

图 8-15　2020 年六国高等教育入境学生数及其占比情况①

图 8-15 显示,美国入境学生数最多,达 95.7 万;其次是英国,为 55.10 万;再次是德国,为 36.90 万;法国、中国、日本的入境学生数大体相当,分别为 25.20 万、22.50 万、22.30 万。从入境人数占比来看,英国占比最高,比例高达 20.18%;其次是德国,比例达 11.25%;再次是法国,比例达 9.16%;美国和日本的占比分别为 5.10% 和 5.73%;中国占比最低,仅 0.45%。所以,无论从入境学生数还是从入境学生占比来看,中国与其他五国的差距均较大,说明中国高等教育对于外国学生的吸引力还比较弱。

---

① https://www.oecd-ilibrary.org/education/education-at-a-glance-2023-sources-methodologies-and-technical-notes_d7f76adc-en.

"高等教育强国"的多维建构

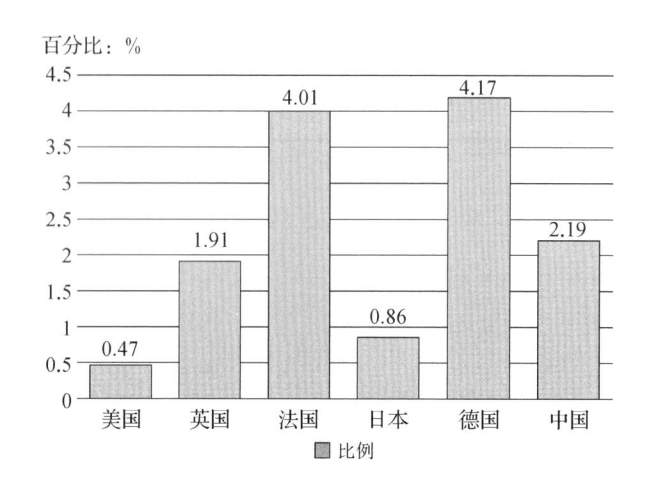

图 8-16 2018年六国高等教育出境学生占比情况①

图8-16显示,出境学生占比最高的两个国家是德国和法国,比例均在4%以上;其次是中国,比例为2.19%;再次是英国,比例为1.91%;日本和美国的出境学生占比都较小,分别为0.86%和0.47%。结合图8-15的入境学生情况看,英国、法国、德国的高等教育系统比较开放,入境学生占比高,出境学生占比也比较高,说明学生流动性比较强,当然,这一流动更多发生在欧盟国家之间,因为这些国家有着地域邻近、政策互通、语言文化相通等优势;美国、日本的出境学生占比低,入境学生占比较高,说明这些国家高等教育对本国学生吸引力大,对国外的学生也有一定吸引力;中国的入境学生占比低,而出境学生占比相对较高,说明中国高等教育对于外国和本国学生的吸引力都比较弱。

---

① https://www.oecd-ilibrary.org/education/education-at-a-glance-2023-sources-methodologies-and-technical-notes_d7f76adc-en.需要说明的是,2020年数据因缺少中国数据,因此这里用的是2018年数据。

三、能力指标维度中的关键指标数据分析

我们主要从"高等教育强国"评价指标体系中的能力指标维度,从教育机会获得、满足社会发展需要、促进科技创新发展三个方面进行数据分析。

(一) 教育机会获得

高等教育中女性学生占比是从性别角度衡量一个国家高等教育入学机会均等的重要指标,指标计算方法为以高等教育中女性在读学生总数除以高等教育在读学生总数。如图 8-17 所示,美国、英国、法国高等教育女性学生占比都比较高,在 55% 以上;中国高等教育中女性学生占比接近 51%,在六国中处于中等水平;德国和日本的占比没有达到 50%,其中日本占比最低,为 48.09%。

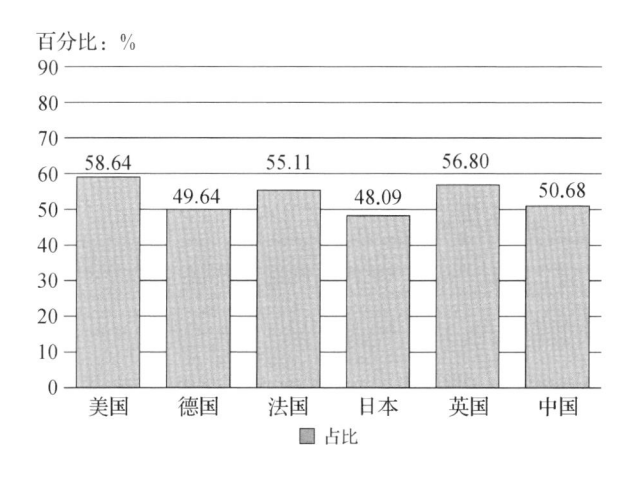

图 8-17 2021 年六国高等教育女性学生占比情况[①]

---

① http://data.uis.unesco.org/Index.aspx. 数据说明:由于数据缺失,图中日本用的是 2020 年数据,其他国家均为 2021 年数据。

应该说,中国在不同性别高等教育机会均等方面表现尚可,从对高等教育的实际观察中也可以发现,女性学生占比在逐渐提高。但是,高等教育机会均等不仅仅体现在性别方面,还体现在城乡、家庭背景等方面。受数据所限,这方面的国际对比分析还比较少,但总体上看,城乡、贫富、地域等对高等教育机会的影响还是很大的,应引起重视和关注。

(二) 满足社会发展需要

高等教育满足社会发展需要的能力体现在很多方面。概括地说,高等教育应能够满足社会政治、经济、文化发展的需求,高等教育对社会的贡献率应不断提高,应不断提升劳动力的素质,使所培养人才的数量和质量能够满足社会需求,受数据所限,我们选择了接受过高等教育的劳动力占比、高等教育满足竞争经济的需要两个指标来进行分析。

接受过高等教育的劳动力占比这一指标,是通过衡量一个国家劳动力人口的高等教育水平来反映高等教育对社会经济发展的贡献程度。具体计算方法是用接受过高等教育的劳动力人口数除以劳动力人口总数,其中 OECD 将劳动力人口定义为 25—64 岁的人口。

从图 8-18 可以看出,日本接受过高等教育的劳动力占比最高,比例达 54.03%;美国、英国紧随其后,比例分别为 50.06% 和 49.39%;法国和德国分别为 39.72% 和 31.26%;中国的这一比例在六国中最低,仅为 18.54%。中国这一比例低的主要原因有三点:一是劳动力人口基数大;二是我国高等教育才刚刚进入普及化阶段,年纪较大的劳动力接受高等教育的机会较少;三是我国高等教育的在读学生仍以传统学生为主,所谓传统学生,就是指高等教育适龄学生。但近年来从欧美很多国家的高等教育发展趋势看,超出适龄年纪的非传统学生(主要是劳动力人口)高等教育入学率都在大幅提升,这种趋势应引起我们的重视。

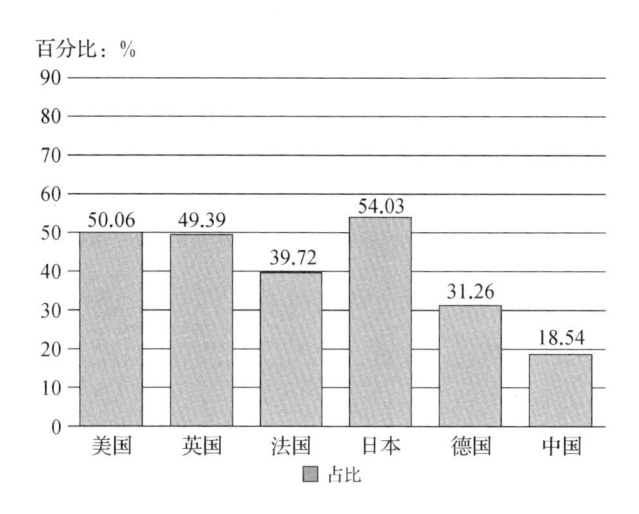

图 8-18　2020 年六国接受过高等教育的劳动力占比情况①

美国 50.06　英国 49.39　法国 39.72　日本 54.03　德国 31.26　中国 18.54

高等教育满足经济竞争的需要也是我们分析其满足社会发展需要能力时所重点关注的内容。《世界竞争力年鉴》报告中对"高等教育满足竞争经济的需要"这一指标进行了评价,2023 年《世界竞争力年鉴》共评价了 138 个国家(地区)的竞争力情况,表 8-12 显示了 2023 年部分国家或地区这一指标的得分和排名情况。在我们进行对比分析的六个国家中,德国在这一指标上排名最靠前,世界排名第 8 位;其次是中国,世界排名第 11 位;美国世界排名第 22 位;英国世界排名第 32 位;法国世界排名第 35 位;日本排名比较靠后,世界排名第 60 位。中国在这一指标上表现较好,这和中国近年来经济发展所取得的成就紧密相关,在世界各国经济发展普遍下滑的情况下,中国经济仍体现出比较强的发展潜力。

---

①　https://www.oecd-ilibrary.org/education/adult-education-level/indicator/english_36bce3fe-en.

表 8-12 2023 年部分国家或地区指标得分与排名情况①

排　名	国　家	得　分
1	瑞士	8.90
2	丹麦	8.48
3	荷兰	8.46
4	芬兰	8.28
5	卡塔尔	8.09
6	冰岛	8.04
7	比利时	8.00
8	德国	7.88
9	新加坡	7.76
10	中国香港	7.62
11	中国	7.56
22	美国	7.18
32	英国	6.37
35	法国	6.28
60	日本	4.65

（三）促进科技创新发展

高等学校是知识生产、科技创新的主要力量，因此高等教育促进科技创新发展的能力也是其贡献能力的重要考察内容。我们基于 ESI 数据库，选取了前千分之一学科数、学术论文数量、高被引论文数三个指标来反映高等教育机构学术论文发表情况。同时，选取诺贝尔奖获奖数来反映科技原始创新情况。应该说，我们选取的这些指标还无法反映高等教育促进科技创新的全貌，还应结合实际情况进行具体分析。

ESI 是美国科技信息研究所基于 SCI、SSCI 这两种索引所收录的全球英

---

① 根据 https://world.competitiveness.imd.org/ 网站数据整理而成。

语学术期刊和文献而建立的计量分析数据库,它将学科分为22类,根据某类学科近10年发表论文的情况,每年公布在各学科中居世界前1%、前1‰等各种位次的研究机构、高被引作者、高被引论文等。ESI前千分之一学科是指一个高等教育机构某一学科进入ESI该学科统计中的前千分之一之内。我们把ESI的22类学科进一步合并为四大类:工学类、理学类、生物医学类、人文社科类。表8-13显示了2023年6月更新的六国ESI前千分之一学科数情况。

表 8-13　2023 年六国 ESI 前千分之一学科数[①]　　　单位:个

	工学类	理学类	生物医学类	人文社科类	累计
中国	242	84	74	23	423
美国	219	99	611	144	1 073
法国	54	19	142	7	222
德国	23	11	92	4	130
日本	3	8	12	0	23
英国	49	14	106	29	198

可以看出,美国在六国中排在第一位,进入 ESI 前千分之一学科数共 1 073 个;中国排在第二位,千分之一学科数为 423 个;然后依次是法国、英国、德国、日本。从学科类别上看,在工学类中,中国的 ESI 前千分之一学科数最多,为 242 个,高于美国的 219 个,且远超其他四国;在理学类中,中国的 ESI 千分之一学科比美国略少,且远超其他四国;在生物医学类中,美国的 ESI 千分之一学科数最多,为 611 个,其次是法国、英国、德国,中国在六国中位居第五位,学科数是美国的 12%;从人文社科类看,美国仍列第一,其次是英国,中国列第三位,学科数是美国的 16%。通过分析可以看出,中国 ESI 前千分之一学科数在六国中排名第二,仅次于美国。其中,工科类 ESI 千分之一学科

---

① 根据 ESI 网站 https://esi.clarivate.com/ 的数据整理而成。

数最多,但生物医学类与其他国家的差距较大,人文社科类与美国差距较大。这说明中国在 ESI 上的表现存在着比较大的学科差异。

ESI 论文发表总数可以反映一个国家高等教育机构的论文产出能力,如果加上时间变量,还可以在一定程度上反映这一国家高等教育机构的论文产出活跃程度。表 8-14 显示了六个国家从 2013 年到 2022 年每 5 年的论文发表数量变化情况。可以看出,2018—2022 年,中国的论文发表数量已经超过美国,在六国中排名第一,然后依次是美国、英国、德国、日本、法国;中国论文总数是美国的 1.2 倍,英国、德国的 4 倍多,日本、法国的 6 倍多。从论文增长情况看,各国均呈增长态势,但中国的增长速度最快,尤其是近十年来增长更快,其中,2017—2021 年比 2016—2020 年增加了 334 376 篇;2018—2022 年比 2017—2021 年增长了 398 009 篇,说明中国高等教育机构在论文发表方面的活跃程度日益提高。

表 8-14　不同时间段六国 ESI 论文发表数量变化情况[①]　　　单位:篇

	2013—2017	2014—2018	2015—2019	2016—2020	2017—2021	2018—2022
美国	2 016 556	2 069 614	2 150 253	2 244 842	2 343 445	2 368 424
中国	1 399 370	1 583 499	1 825 403	2 097 315	2 431 691	2 829 700
法国	373 368	380 735	392 606	407 779	423 485	427 735
德国	542 312	557 793	582 005	611 311	647 200	663 175
日本	399 819	404 937	416 516	435 683	457 606	467 796
英国	509 968	533 621	568 929	607 131	649 074	667 713

ESI 高被引论文数反映的是高等教育机构所发表论文被引用的情况,这一指标可以在一定程度上反映论文的影响力。表 8-15 显示了不同时间段六国 ESI 高被引论文数量的变化情况。

[①]　根据 ESI 网站 https://esi.clarivate.com/ 的数据整理而成。

表 8-15 不同时间段六国 ESI 高被引论文数变化情况① 单位:篇

	2013—2017	2014—2018	2015—2019	2016—2020	2017—2021	2018—2022
美国	36 982	37 627	38 562	38 973	39 347	38 315
中国	15 220	18 293	22 365	27 356	33 455	39 844
法国	6 243	6 372	6 655	6 957	7 193	7 161
德国	9 298	9 575	10 054	10 323	10 850	10 834
日本	3 719	3 848	4 148	4 420	4 624	4 741
英国	11 518	12 012	12 693	13 345	14 120	14 203

可以看出,近 5 年中国的高被引论文数已经超过美国,在六国中排名第一,然后依次是美国、英国、德国、法国、日本;在 2018—2022 年,中国高被引论文略高于美国,是英国的 2.8 倍、德国的 3.7 倍、法国的 5.6 倍、日本的 8.4 倍。从高被引论文增长情况看,2017—2021 年及这一时间段之前,各国均呈增长态势;2018—2022 年,美国、法国、德国比 2017—2021 年略有下降,中国、日本、英国仍呈增长趋势;从增长速度看,中国的增长速度最快,从 2013—2017 年的 15 220 篇,增长到 2018—2022 年的 39 844 篇,翻了一番多,说明中国高等教育机构在论文发表方面的影响力提升迅速。

诺贝尔奖是被国际社会广泛认可的、授予在人类社会发展一些领域作出原始性创新和突出贡献的人的最高奖励,该奖包括物理学奖、化学奖、生理学或医学奖、文学奖、和平奖与经济学奖。我们按照获奖者获奖时的国籍对诺贝尔奖自设立以来的物理学奖、化学奖、生理学或医学奖、经济学奖进行了统计,六国获奖数如表 8-16 所示。

---

① 根据 ESI 网站 https://esi.clarivate.com/ 的数据整理而成。

表 8-16　1901—2023 年六国诺贝尔奖部分奖项累计获奖数量①　　单位：项

	物理学奖	化学奖	生理学或医学奖	经济学	累计数
美国	101	80	109	76	366
中国	0	0	1	0	1
法国	15	8	11	2	36
德国	27	33	18	2	80
日本	10	8	5	0	23
英国	28	32	33	6	99

可以看出，诺贝尔奖获奖主要集中在美国，其次是英国、德国、法国。自20世纪末开始，日本的诺贝尔奖获奖数量开始增多，到2023年，已累计获得23项诺贝尔物理学奖、化学奖、生理学或医学奖，说明日本在科技原始创新方面的能力迅速提升。相比这些国家，中国仅获得1项生理学或医学奖，与六国相比差距很大。对比前面的ESI论文发表情况可以看出，中国在学术论文发表的数量和增长速度方面均世界领先，但是在原始创新方面还有很大提升空间。

四、我国高等教育发展的总结和反思

我们从数据分析中可以看出，我国高等教育系统的水平和实力呈逐年上升趋势，与世界一些"高等教育强国"相比，差距在逐渐缩小。当然，我们也深刻地认识到，我国高等教育发展仍存在不少问题，而这些问题正是未来我们建设"高等教育强国"的发力点和突破点。

(一) 客观认识我国高等教育的发展成就

改革开放以来，我国政府推进高等教育发展的政策和举措成效显著，并

---

① 2017年以前的数据来源于何舜辉.世界科学中心转移过程与形成机制[D].上海：华东师范大学,2019:32;2017年以后的数据根据 https://www.nobelprize.org/prizes/ 整理而成。

在一定程度上得到了国际社会的认可,这些都将对我国高等教育发展产生深刻影响。

第一,我国高等教育的整体规模和发展速度居世界首位,探索具有中国特色的高等教育发展模式是必然选择。从1999年开始高等教育大扩招,我国用了20多年的时间完成了从精英到大众化再到普及化的发展历程。今天,我国的高等教育已经成为世界规模最大的高等教育系统,并在世界高等教育体系格局中发挥越来越重要的作用。我国高等教育的发展速度和独特的发展历程具有鲜明的中国特色,是我国高等教育举国体制所带来的巨大成就。从数据分析中可以看出,除了美国,我国高等教育在读人数是其他对标国家的13—20倍,高等教育教师数也是其他国家的3—10倍,这种高等教育体量上的差距将使得其他国家的发展经验越来越不适用于我国的高等教育;同时,由于政治经济体制的不同,这种不适应性将进一步加剧。因此,深入研究我国高等教育的发展规律,探索我国高等教育的发展模式,是未来我国高等教育的发力方向和必然选择。

第二,我国政府充分认识到高等教育的重要战略地位,走出了一条"穷国办大高等教育"的独特之路。我国高等教育的发展在相当长一段时间内都面临着资源短缺问题。改革开放后的十年间,人才"青黄不接"的问题非常严重,社会迫切需要高等教育培养大量所需人才,但是这一时期,我国社会百废待兴,资源匮乏,不可能对高等教育投入更多资源,1999年高等教育开启了大扩招序幕,资源投入赶不上扩招的速度,高等教育的资源短缺问题进一步加剧。就是在这种情况之下,我国高等教育还是走出了一条"穷国办大高等教育"的独特之路,这与政府对高等教育重要性的认识以及政策创新密不可分。我国政府一直非常重视高等教育的发展,从人力资源强国,到创新型国家,再到教育强国、人才强国、科技强国统筹发展,高等教育在其中都居于重要战略地位。从经费投入上看,投入总体呈上升趋势,我国政府高等教育支出占GDP的比例与大部分"高等教育强国"相比,差距已经越来越小;而且,在政府教育支出中,我国高等教育支出所占比例在六国中最高,这充分说明政府对高等教育的重视程度。从政策创新来看,自20世纪50年代,我国开始实施高等教育重点建设计划,在财力有限的情况下,创新政策思路,"集中力量办大事"。高等教育重点建设计划历经重点大学建设,重点学科建设,"211工程"和"985工程"建设,"双一流"建设等四个主要阶段,经过70多年的发展,其成效已经逐渐显现出来。其中,最为突出的表现是我国已有一批研究型大学走入世界一流大学行列,彰显出我国高等教育的实力和水平。

第三,我国高等教育的许多输出性指标明显提升,为未来高等教育的发展奠定了坚实的基础。从数据分析中可以看出,我国高等教育在许多输出性指标方面提升明显,与世界"高等教育强国"的差距正在逐渐缩小,有些指标甚至已经远远超过了一些传统"高等教育强国"。概括起来,这类输出性指标大体可分为两类:一类是关于高等教育在人才培养方面的输出性指标,如高等教育在校生数,高等教育毛入学率,高等教育教师数等;另一类是关于高等教育在科学研究方面的输出性指标,如发表论文数量,高被引论文数等。这些指标虽然更多是与规模、数量有关的指标,但是正是这些数量指标的提升,才使得我国高等教育迅速完成了"量的积累"阶段,而得以进入到"高质量发展"新阶段。

(二) 准确研判我国高等教育发展中存在的问题

应该看到,我国高等教育的发展与一些世界"高等教育强国",尤其是与美国相比,尚有不小的差距。

第一,人均指标和占比指标落后,高等教育发展的不平衡不充分问题还比较突出。由于我国是人口大国,因此在资源总量相当的情况下,一旦涉及人均指标和占比指标,我国的得分均较低,如生均高等教育支出,接受高等教育的劳动力占比,生师比等。这些指标低影响了我国高等教育的整体排名;更重要的是,这一现象折射了我国高等教育发展中所面临的特殊问题,那就是我国高等教育的人均资源仍较少,高等教育发展中的不平衡不充分问题依然比较突出。因此,如何能够持续扩大高等教育优质资源,满足人民日益提升的高等教育需要,是未来我国"高等教育强国"建设中应重点关注的问题。

第二,我国高等教育经费投入不足的问题仍较为严重,在很大程度上制约了高等教育的发展。一方面,我国的研发总支出在六国中处于较低水平,与美国、日本、德国、英国等研发实力较强的国家相比,我国在研发上的投入还需加强。虽然研发支出不仅仅针对高等教育,但是作为研发的重要主体,研发经费的投入将在很大程度上影响到高校的科学研究,尤其在当今科技自立自强的背景之下,解决这一问题更为迫切。另一方面,我国政府高等教育支出占GDP的比例虽然处于中等水平,但是若结合GDP的体量以及高等教育的体量看,我国高等教育的投入仍很不够。从经费投入的绝对数看,我国与西方国家尤其是美国的政府高等教育支出总量差距较大。因此,未来我国高等教育要想实现"高质量发展",必须加大政府投入力度,同时,也应探索多元的投入模式和制度,以使高等教育能够获得来自社会各方的更多支持。

第三,我国高等教育系统的吸引力还需提升,开放性还应加强。首先,从我国出入境学生情况的分析可以看出,相比于美国、英国、法国、德国等国的高等教育系统,中国对国际学生的吸引力还比较弱,本国学生的出境流动率也较高,这说明欧美等"高等教育强国"对于中国学生更具吸引力,其国际化程度也更高,我国在这方面还需加强。其次,从高等教育系统对社会的开放程度看,我国与其他国家相比也有较大差距,在校企合作、知识转移、成果转化等方面还存在着不少问题,校企合作、产教融合等开放办学机制尚需推进。最后,高等教育系统还应向更广泛的人群开放。我国高等教育虽然规模很大,毛入学率增长也很快,但是,学生基本上还是传统适龄青年,同质化倾向严重。结合接受高等教育劳动力占比数据看,我国在这一指标上与其他国家差距明显,说明我国高等教育在提升全社会劳动力素质、公民素养等方面还有很大发展空间,未来的规模增长应拓宽思路,向更广泛的人群开放,尤其是向非传统学生开放。近年来从欧美很多国家的高等教育发展趋势看,超出适龄年纪的非传统学生(大部分为劳动力人口)占比都在大幅提高,这应该也是未来我国高等教育的发展趋势。

第四,高等教育的科技原始创新能力还需加强,高校科学研究应从重"量"转向重"质"。从数据分析中可以看出,我国高等教育机构在论文发表方面已经超过很多欧美国家,即便是在 ESI 这种以英语学术期刊为主的数据库中,我国高等教育机构的表现也比较好,尤其在千分之一学科数、发表论文总量等方面,远超其他国家,有些指标甚至超过了美国。但是也应该看到,过分追求论文发表的数量会导致很多问题,加剧了"五唯"的功利化导向,从根本上影响到高等学校中的科学研究生态,而使真正具有原始创新价值的成果难以产生。在这一点上,日本的经验值得借鉴,日本在 ESI 的学术论文发表等方面表现并不突出,但是近年来已经获得了 23 项诺贝尔科学奖,在世界科学技术原始创新领域彰显其地位。我国作为一个高等教育大国,在诺贝尔科学奖领域的成果乏善可陈,应引起我们的警醒。未来如何改善高等教育的科研环境,提升科技原始创新能力,是我国科技自立自强的关键所在。

第九章　我国"高等教育强国"的建设路径

《中国教育现代化2035》提出"到2035年总体实现教育现代化，迈入教育强国行列"的发展目标。我国要完成教育强国建设的任务，必须充分发挥高等教育的龙头作用，必须建设"高等教育强国"。而"高等教育强国"建设是一个系统工程，既需要明确宏观发展思路，又需要明确战略重点，更需要创新实现路径。

一、我国"高等教育强国"建设的指导思想

"高等教育强国"建设的目的，归根到底是提升我国的高等教育发展水平，促进国家的综合实力的提升。因此，加强党的领导是"高等教育强国"建设的首要指导思想，同时，还应从战略高度深入认识当今我国高等教育在整个国家发展中的地位和作用。党的二十大提出了教育强国、科技强国、人才强国三位一体统筹发展战略，这一国家战略赋予了高等教育更重要的责任和使命，对其发展提出了更高要求，"高等教育强国"建设需要重新定位，以适应新的社会发展形势的需要。

(一) 加强党的领导

习近平总书记在 2021 年 12 月 17 日召开的中央全面深化改革委员会第二十三次会议上指出,"要坚持社会主义办学方向,坚持中国特色社会主义教育发展道路,贯彻党的教育方针,落实立德树人根本任务。要牢牢抓住人才培养这个关键,坚持为党育人、为国育才,坚持服务国家战略需求,瞄准科技前沿和关键领域,优化学科专业和人才培养布局,打造高水平师资队伍,深化科教融合育人,为加快建设世界重要人才中心和创新高地提供有力支撑"。这是我们建设教育强国、发展高等教育的基本指导思想。

加强党对高等教育发展的领导和指导,是新中国成立以来我国教育发展的重要经验和基本原则。只有加强党的领导,发挥党对高等教育发展方向的引领作用,高等教育才能真正发挥作用,才能真正成为促进国家发展的重要力量。2021 年 4 月,习近平总书记在考察清华大学时强调,"一流大学建设要坚持党的领导,坚持马克思主义指导地位,全面贯彻党的教育方针,坚持社会主义办学方向,抓住历史机遇,紧扣时代脉搏,立足新发展阶段、贯彻新发展理念、服务构建新发展格局,把发展科技第一生产力、培养人才第一资源、增强创新第一动力更好结合起来,更好为改革开放和社会主义现代化建设服务"。在教育强国建设过程中,教育战线应深入学习和认真领会党的教育方针以及党对教育的期望和要求。2022 年 2 月 28 日,教育部党组书记、部长怀进鹏在国家教育行政学院的春季开学典礼上进一步强调,教育发展应坚持党的领导不动摇,他指出,"聚焦增强历史自信,坚持不懈用习近平新时代中国特色社会主义思想铸魂育人,常态化长效化开展党史学习教育,加强党的领导和党的建设"。

(二) 正确认识高等教育的重要地位

习近平总书记在多次讲话中都谈到了高等教育与教育强国、人才强国、科技强国建设的关系。2021年9月28日,习近平总书记在中央人才工作会议上提出了人才强国建设的方向和目标,他说,"要坚持党管人才,坚持面向世界科技前沿、面向经济主战场、面向国家重大需求、面向人民生命健康,深入实施新时代人才强国战略,全方位培养、引进、用好人才,加快建设世界重要人才中心和创新高地,为2035年基本实现社会主义现代化提供人才支撑,为2050年全面建成社会主义现代化强国打好人才基础"。习近平总书记在讲话中特别强调了高校在国家战略人才、青年人才、基础学科人才等培养中的重要作用。2022年2月28日,习近平总书记在中央全面深化改革委员会第二十四次会议上进一步指出,"我国拥有世界上规模最大的高等教育体系,有各项事业发展的广阔舞台,完全能够源源不断培养造就大批优秀人才,完全能够培养出大师。要走好基础学科人才自主培养之路,坚持面向世界科技前沿、面向经济主战场、面向国家重大需求、面向人民生命健康,全面贯彻党的教育方针,落实立德树人根本任务,遵循教育规律,加快建设高质量基础学科人才培养体系"。这为我国高等教育的人才培养指明了方向,为高等教育如何支撑人才强国建设提供了指导和方向。

2021年5月28日,习近平总书记在两院院士大会中国科协第十次全国代表大会上发表重要讲话,对提升我国科技创新能力作出了重要指示。他指出,"国家实验室、国家科研机构、高水平研究型大学、科技领军企业都是国家战略科技力量的重要组成部分,要自觉履行高水平科技自立自强的使命担当,多出战略性、关键性重大科技成果,着力解决影响制约国家发展全局和长远利益的重大科技问题,加快建设原始创新策源地,加快突破关键核心技术。高水平研究型大学要发挥基础研究深厚、学科交叉融合的优势,成为基础研究的主力军和重大科技突破的生力军。科技领军企业要发挥市场需求、集成创新、组织平台的优势,提升我国产业基础能力和产业链现代化水平。各地区要立足自身优势,结合产业发展需求,科学合理布局科技创新"。这段话对高等教育在我国整体战略科技创新中的地位和作用给予了充分肯定,并指明了未来我国高水平研究型大学战略科技创新的方向和突破点。

历史表明,教育、科技、人才的发展具有高度的内在相关性,其中,高等教育又是联系三者关系的纽带。高等教育是教育系统中的重要组成部分,教育的水平和实力在很大程度上需要通过高等教育来体现;高等教育也是国家科技创新的主要力量,高等教育强,国家整体科技实力才会强;高等教育也是人才培养的主战场,高等教育强,才能为国家培养大量拔尖创新人才,才能吸引别国的顶尖人才集聚。因此,正确认识高等教育在教育强国、科技强国、人才强国建设中的重要地位,找准当今我国高等教育发展的坐标,认清它在国家发展中举足轻重的作用,才能使高等教育在教育强国、科技强国、人才强国建设中发挥更大的作用。

二、我国"高等教育强国"建设的政策转向

我国社会已步入高质量发展新阶段,这意味着国家整体的发展方式和发展重心都要转变。对高等教育来说,站在今天"高质量发展"的新阶段,也需要对高等教育发展政策进行重新思考和定位。未来我国高等教育的发展必须在发展重心、发展方式以及发展任务等方面进行转型升级,才能适应"高等教育强国"建设的新要求。

(一) 发展重心的转换:从"量"和"质"到"高质量"

一般认为,高等教育发展主要包括"量"和"质"两个方面的变化。"量"的变化主要体现为高等教育规模的增长,是高等教育由小变大的过程;"质"的变化则比较复杂,因为"质"不仅指"质量",还指"质的规定性",因此,高等教育"质"的变化不仅指高等教育质量的提高,还指高等教育系统发展水平的整体提升。在高等教育领域,以"量"的增长为核心的发展被称为"外延式发展",而以"质"的提升为核心的发展被称为"内涵式发展"。马克思最早将"内

涵"用于描述经济现象,他在《资本论》第八章《固定资本和流动资本》中提到,"如果生产场所扩大了,就是在外延上扩大;如果生产资料效率提高了,就是在内涵上扩大"。[①] 后来,有苏联经济学家将马克思所说的这两种扩大再生产归纳为"外延增长"和"内涵增长"。[②] 从经济的视角看,"内涵增长"主要是通过挖掘内部要素潜力实现的增长,而"外延增长"则相反,主要是通过扩大外部规模而实现的增长。因此,长期以来,"量"的增长和"质"的提升也被看成是高等教育发展中的两个主要方面。

理想的高等教育发展当然是"量"和"质"的协调发展,但受现实条件的约束,我国高等教育"量"和"质"的协调发展呈现间歇性特点。改革开放后的头十年以及21世纪的头十年都是以"量"的增长为主。这是因为对中国这种赶超型的发展中国家,总是有迫切需要解决的现实问题,如改革开放初期的高等教育重建,如果不快速推进规模增长,就无法在短期内满足国家建设的紧迫需要;再比如1999年的高校扩招,是国家拉动内需的整体部署,高等教育发展需要服从当时以经济建设为中心的大局,尽管高等教育确实因规模增长过快而引发了质量下滑的问题,但同时也快速解决了大众化和普及化问题。从某种意义上说,我国高等教育发展路径和我国经济发展路径有相似之处,都是先把体量做上来,再解决发展中的质量问题,这也许是后发型国家发展路径的不二选择。

我国在"高质量发展"政策提出以前,高等教育一直是在"量"和"质"之间寻求平衡和协调的发展,但"高质量发展"的提出表明,我们高等教育发展已经走出"量"和"质"的两难选择模式,而进入一个新的发展阶段。应该说,进入高质量发展阶段,我国高等教育的发展才开始真正关注发展质量,关注发展的重点、方式和路径本身。这是因为:一方面,我国高等教育已经基本完成

---

① [德]马克思,恩格斯.马克思恩格斯文集:第六卷[M].中共中央马克思恩格斯列宁斯大林著作编译局,编译.北京:人民出版社,2009:192.

② 刘烈龙.关于经济增长方式的几个理论问题[J].中南财经大学学报,1998(1):6-11,118.

了"量"的增长的历史任务,达到了普及化的高等教育水平,这些年高等教育的发展成就为我们奠定了超越"量"和"质"选择的现实基础;另一方面,当"量"和"质"的矛盾不再是高等教育发展的主要矛盾时,高等教育发展的深层问题开始凸显。如供给侧和需求侧的适应匹配、高等教育的统筹协调发展、高等学校创新活力激发等问题。从这一角度来说,我国高等教育在高质量发展阶段将面临更严峻的挑战,我们必须把发展的重心转到解决高等教育发展中的重点、难点等问题上来,探索高等教育的创新发展之路,实现高等教育系统的整体改造和升级。

(二)发展方式的转型:从"重规制"到"重创新"

虽然计划经济体制已经成为过去,但是它对我国高等教育的影响是深远的,计划经济的色彩仍深藏在当今我国高等教育的招生制度、学科专业制度、资源配置和管理制度等许多领域。计划经济体制的主要特点是政府在社会发展中拥有绝对的统一管理和规划权力,就是政府在推进高等教育发展时更倾向于采用规制方式,重视发展的统一性、规定性、规划性,而忽视个性、多样性、灵活性。"重规制"的发展方式在我国高等教育发展水平还比较低的时候有其优势,政府代替高等学校、社会各利益相关者作出选择,这种方式可以使高等教育发展迅速步入正轨,获得较高的发展效率。但是,随着高等教育发展水平的提升和系统复杂程度的加深,高等教育的发展日益走向多样化、多元化和差异化,"重规制"的局限性便开始显现,集中体现为它在回应多样化社会需求时会出现"一刀切""同质化"和"一管就死、一放就乱"等问题。同时,对于一个发展水平较高的复杂系统来说,政府也越来越难以维系计划的精准性。因此,建立起基于发展主体自我决策的内生发展机制,应该是高质量发展阶段更好的选择。

当然,这种内生发展机制并非是把发展的权利完全交给市场,我国的宏观政治经济体制决定了政府必须在社会发展中发挥主导作用,但政府也需要结合新的发展形势,转变发挥作用的方式和领域。高等教育在高质量发展阶段应破除长期以来的发展路径依赖,提出解决问题的新思路,寻求发展新方式,步入发展新轨道。高质量发展是"一个不断创造新的发展条件的连续过程",它必将"随着特定历史条件变化不断更新和完善"。[①] 也就是说,高质量发展是一个变化的过程,实现这一发展只能依靠创新。正像习近平总书记指出的那样,"新时代新阶段的发展必须贯彻新发展理念,必须是高质量发展","高质量发展要靠创新"。"重创新"的发展方式意味着政府应赋予高等教育更多探索的空间,如何结合中国本土实际,走出一条高等教育高质量发展的新路径,是时代赋予我国高等教育的新的历史使命,是对其发展能力的真正考验。

(三) 发展任务的升级:从"抓要素"到"建体系"

我国高等教育的总体发展思路是通过提升规模、结构、质量、效益、特色、创新等核心要素的发展水平,实现高等教育的整体发展。这些核心要素反映了不同时期我国高等教育发展中的关键问题,因此,抓住这些核心要素,就抓住了我国高等教育发展的关键。从深层理念上看,把"要素"作为发展的主要任务,体现了长期以来在我国高等教育发展中占据主导地位的重点发展思想。重点发展思想就是抓重点、抓关键的思路,在面临多方面发展压力的时候,重点发展无疑更具效率。与西方高等教育发达国家相比,我国高等教育底子薄、基础弱,高等教育发展任务繁重,因此在相当长一段时间内,我国高等教育只能走重点发展的道路,通过抓住核心要素快速实现高等教育的整体发展。

但是,以"抓要素"为主要任务的重点发展也留下了很多的问题,尤其是面对高质量发展的新要求,这种发展的粗放性特点就显现出来了。人们发现

---

① 高培勇,袁富华,胡怀国,等.高质量发展的动力、机制与治理[J].经济研究,2020,55(4):4-19.

在所关注的核心要素之外,我国高等教育还存在着诸多难以推进的改革"深水区"甚至是"无人区",而这些已经很难通过"抓要素"的方式来解决,这是因为,高等教育发展是系统工程,既需要抓核心和关键要素,更需要进行系统的综合变革。高等教育的发展并不仅仅体现在一些要素的优化和提升上,它更体现为要素关系的变革以及系统内在协调性的提升,这就要求我国高等教育要从系统综合改革的角度重新思考高等教育发展问题。在高质量发展新阶段,政府对教育的要求是建设"高质量教育体系",这充分说明,我国当前教育发展的主要任务已经转变为教育体系的建设。对高等教育来说,体系建设的任务更加复杂繁重:一方面,高等教育系统内部是一个多层次、多类型的结构,涉及众多利益相关者,高等教育管理更是横跨多部门,这些都需要在内部体系建设中统筹考虑;另一方面,作为供给侧的高等教育系统,与作为需求侧的社会系统之间关系密切,但当前两者的耦合度仍有待提升。尤其在高质量发展阶段,社会对高等教育的期待和依赖都将进一步加深,这就要求高等教育的发展任务要转型升级,从"抓要素"转变为"建体系"。

三、我国"高等教育强国"建设的实现路径

"高等教育强国"建设是长期艰巨的任务,高等教育需要根据不同时期发展的条件、问题、重点和难点等作出综合判断。这一判断既要基于历史发展的经验,更要从"创新、协调、绿色、开放、共享"的新发展理念出发,提出创新性的发展思路。当前我国高等教育要想实现发展重心、发展方式和发展任务的转型升级,必须从破解体制机制障碍入手,因为体制机制障碍已经成为当前我国高等教育发展中的痛点、难点和堵点,这些被人们称为"改革深水区"的问题已经严重制约了我国高等教育的进一步发展。只有破解了体制机制障碍,体系构建才有坚实的基础。

一是应着力从纵向上打通高等教育系统内部各环节,通过打通人才培养

链条、科技创新链条等，达到制度重塑、资源汇聚、力量整合的目的，构建起具有内在协调性和畅通性的高等教育体系，提升拔尖创新人才的自主培养能力，为我国科技自立自强提供坚实基础，更好地发挥高等教育在社会发展中的引领作用。二是应着力从横向上加强高等教育系统内外的融会贯通，通过促进高等教育系统内各部门、高等教育与系统外各相关部门的融合，破除制约高等教育发展的体制机制壁垒，加强高等教育服务国家和区域发展的能力，激发高等教育的发展活力。三是应坚持小切口、纵深式的改革模式，小处着手，大处着眼，通过小切口的改革实现"牵一发而动全身"的深度变革，在改革推进中不断寻找破解体制机制障碍的途径。

（一）解决好普及化时代的高等教育规模和质量问题

21世纪以来，我国高等教育一直走在规模增长的快车道上。习近平总书记指出，"当前，我国高等教育办学规模和年毕业人数已居世界首位，但规模扩张并不意味着质量和效益增长，走内涵式发展道路是我国高等教育发展的必由之路"。这些年我国高等教育规模的快速增长确实带来了一些问题，普及化时代高等教育发展应当从"量"的增长到"质"的提升转变，实现"质"和"量"的协调发展。

1. 高等教育规模增长速度应放缓

2020年，我国高等教育毛入学率为54.4%，与2019年相比，毛入学率增长率为2.8%。《中华人民共和国国民经济和社会发展第十四个五年规划和2035年远景目标纲要》里面提出"十四五"末高等教育毛入学率达到60%，若按2.8%的年增长率倒推，其增长速度呈现放缓趋势。不管这一目标是否是政府释放的增长速度放缓信号，在高质量发展要求下，我国高等教育规模增长速度确实需要慢下来，很难想象一个高速增长的系统能够进行结构性改革和调整，无论是经济系统还是高等教育系统都是如此。近年来我国经济增长速度也呈现放缓趋势，因为只有速度慢下来，才有可能摆脱高速增长的路径依赖和惯性,系统的变革才有可能。因此,在普及化阶段,我国高等教育的增长速度应该放缓,这样高等教育系统才能有更多的时间进行结构调整,促进"质"和"量"的协调发展。

2. 高等教育系统应该进行结构性变革

高质量发展要求高等教育均衡发展和协调发展,但是这并不意味着在原有系统上的修修补补,恰恰相反,普及化阶段的高等教育发展应走出路径依赖,推进结构性的系统变革。首先,规模增长应是结构优化的规模增长。长期以来,我国高等教育规模结构是本、专科教育规模超大,占比超过90%;研究生教育规模很小,2017年数据显示占比7.3%。[①] 近年来,随着研究生教育持续扩招,这一情况有一定程度的改变,未来我国应该从社会经济发展的需求出发,进一步调整规模结构,实现结构优化的规模增长。其次,规模增长应是多样化的规模增长。当前我国高校同质化现象仍比较突出,尤其对大量的一般本科和高职院校来说,特色发展仍是重中之重。同质性的规模增长只会引发更多的问题,因此高校办学应走出路径依赖,谋求特色发展,政府也应进一步改革对高校的引导和评价机制,构建多样化的高等教育发展结构。

3. 高等教育系统的开放性应该进一步加强

我国高质量发展要求的提出表明,我们社会发展已经进入一个更为复杂的新阶段,创新、协调、绿色、开放、共享既是发展的新理念,更是未来社会的新特征。从对我国高等教育规模增长的回顾中可以看出,我国高等教育系统仍处于相对封闭状态,社会需求更多是通过政府间接反映到高等教育系统中的,系统的开放性程度较低。封闭的高等教育系统无法直接感受到社会的发展变化,其创新力、内部协调性以及与社会的协同发展都会受到很大影响,因此,在普及化阶段,要想真正实现"质"和"量"的协调发展,真正获得系统发展

---

① 刘志林.高等教育层次结构与社会经济发展关系分析[J].高等工程教育研究,2019(5):120-126.

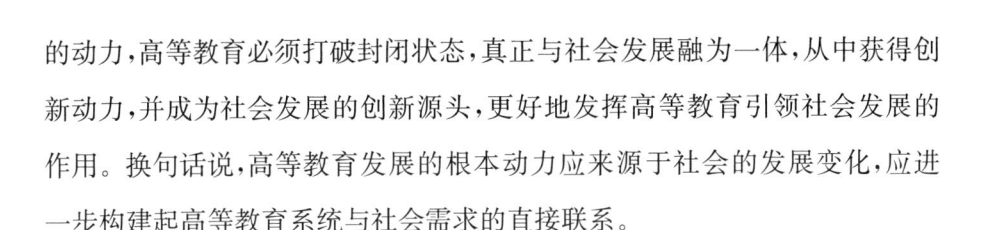

的动力,高等教育必须打破封闭状态,真正与社会发展融为一体,从中获得创新动力,并成为社会发展的创新源头,更好地发挥高等教育引领社会发展的作用。换句话说,高等教育发展的根本动力应来源于社会的发展变化,应进一步构建起高等教育系统与社会需求的直接联系。

(二) 不断提升我国高等教育自主培养人才的能力

高等教育要不断提升人才培养质量,这才是高等教育的首要任务。教育强国的实现,需要培养高质量的人才,而高质量的人才,关键在于先进的人才培养模式。我国高校的人才培养模式需要由传统培养模式向新型培养模式转型,这种转型需要靠教育教学过程中的创新举措来推动。各类高校都应从社会需求出发,科学定位其人才培养目标;同时从目标出发,探索适合自身的人才培养模式改革创新,以构建一个多样化的、特色鲜明的高等教育人才培养体系。

1. 通过推进培养模式创新来提升人才培养质量

人才培养质量是决定高等教育整体水平的重要因素,人才培养质量高,能够为国家和社会的发展贡献力量,这是高等教育的首要责任和使命。人才培养是复杂的系统工程,既要符合人才培养的内在规律,又要与时俱进,满足社会对人才的要求。因此,人才培养模式要根据社会的发展变化不断进行改革创新。

高等教育人才培养模式创新应着重从以下四个方面展开。第一,要瞄准世界教育前沿,扎根中国大地,从现代科学知识发展的特点和趋势出发,构建科学合理、具有前瞻性的课程教学知识体系,既要有利于促进大多数学生的发展,又要充分尊重学生的个体差异性、选择自主性与发展和谐性。第二,要积极探索和推进教育教学模式创新,积极开展以问题为导向的研究式教学,以促进思考为目的的启发式教学,以综合能力培养为目标的项目式教学,以情景模拟为核心的案例式教学和体验式教学等,以灵活、多样的教学模式促进学生能力的发展。第三,要适应数字化发展的新趋势,再造教学组织方式与管理流程,应通过数字技术改变传统教学组织模式,创新教学方式,以达到释放学生能量,挖掘学生潜能,激发学生活力的目的。第四,探索推进纵横贯通式人才培养模式,从纵向上看,要从培养阶段上打通本、硕、博的隔阂,推进人才培养一体化,提高人才培养的效率和质量;从横向上看,要探索协同育人模式,推进科教融汇、产教融合,使人才培养与社会需求更紧密地联系在一起。

2. 构建特色鲜明的拔尖创新人才自主培养体系

我国社会发展的重要目标是提升国家实力和竞争力,破解关键核心技术难题,占据高新技术和产业制高点,在全球产业链、价值链分工中占据主动地位,为国家和社会的发展赢得空间,这是关系到我国社会发展和国家利益的战略和使命。高校作为完成这一使命的主要力量,应积极发挥自身的作用,尤其是要通过自主培养拔尖创新人才来实现这一战略使命。

要完成这一使命,高等学校应从自身的优势出发,科学定位人才培养目标,树立不同类型高校都应自主培养拔尖创新人才的观念,着力构建基础与前沿、交叉与融合、原创与应用相结合的"梯次型"人才培养体系。各级各类高校应把拔尖创新人才的自主培养与服务国家重大战略需求结合起来,面向科技创新链和产业创新链,培养不同类型的拔尖创新人才。高水平大学应着力在基础学科和科技前沿领域培养拔尖创新人才,应从国家重大战略需求出发,聚焦于关键领域,培养有志于服务国家且综合素质优秀的拔尖人才;要着力强化对学生创新性、批判性思维和科研能力的培养,激发学生自主学习与探索的动力、活力。地方高校应着力提升应用型拔尖创新人才培养能力,培养在我国各行各业的发展中发挥重要作用的主力大军;应进一步提升应用型人才的培养质量,将创新创业教育融入应用型人才的培养中,鼓励他们在自己的工作岗位上积极改革创新,提高劳动生产率,为推动国家社会经济发展服务。

（三）探索适合中国国情的世界一流大学和一流学科建设之路

2021年12月17日,习近平总书记在主持召开中央全面深化改革委员会第二十三次会议上指出,"办好世界一流大学和一流学科,必须扎根中国大地,办出中国特色",这是我国建设世界一流大学和一流学科的指导思想。我们从对世界一流大学发展经验的研究中也可以发现,其重要特征之一就是在本国的社会发展环境中,在充分借鉴世界经验的基础上,努力与国家发展环境互动,为国家经济发展作出巨大贡献。可以说,社会的发展变化正是一流大学不断创新和发展的根本动力。因此,我国在世界一流大学建设的过程中,也要探索更适合中国国情的一流大学建设之路,只有这样,才能真正建成属于中国的一流大学,也只有这样,才有可能探索出创新发展之路。

1. 以社会发展为动力推进一流大学发展模式创新

社会的发展变化是一流大学创新发展的最根本动因,一流大学应谋求主动性转型而不是适应性转型,在传统办学模式和社会新环境的不平衡状态之间,主动改变自身以适应环境的发展,不断超越自己,探索创新发展之路。

世界一流大学的发展经验表明,不断创新发展模式是成为世界一流大学的关键所在。比如哈佛大学,虽然受到了英国模式和德国模式的深刻影响,但是实际上这些模式从没有成为左右哈佛大学发展的力量,因为哈佛大学从未囿于这些外来模式的限制,它在模仿的同时,总能从所处社会环境的实际情况出发,不断对这些模式进行改造和创新。哈佛大学的经验说明,当组织结构和所处环境不平衡时,根据环境对组织进行改造和创新是必经之路,而如果组织原有的模式是外来模式,那么这种改造和创新就是组织模式本土化的过程。只是在推进本土化的过程中,一流大学才能更好地适应所在的环境,才能越来越体现出优越性,也才能因引领高等教育的发展而被公认为世界一流大学。很多世界一流大学在发展过程中都创造了多种新型组织制度和模式,不断突破原有组织形态的限制。比如19世纪的柏林大学,创造性地实现了"教学和科研相结合"的模式,开创了科学研究作为大学一项重要职能的先河;美国的威斯康星大学,首次提出大学应具有"为社会服务"的职能,并开创了大学为社会服务的新模式;哈佛大学,其发展历史就是一部组织制度和模式创新史,选修制、集中与分配制、学位授予制、教师学术职业制度等都是它所探索的组织制度和创新模式。总之,组织创新是世界一流大学组织转型的关键路径,只有对组织进行"外科手术式"的改革,组织才能从旧有的模式中解放出来,获得新的活力和发展。

世界一流大学的发展模式创新,其目的不仅是促进自身的发展,更要发挥引领示范作用,带动整个高等教育系统转型。实践表明,很多世界一流大学的创新制度一经推出,就被其他大学所效仿,不仅对本国高等教育,而且对世界高等教育产生了深远的影响。从某种意义上说,国家高等教育系统的改革创新是从组成系统的一所所大学,尤其是那些在系统中具有重要地位的大学开始的,离开个体大学的发展谈"高等教育强国"建设,就成了空中楼阁,只有切实推进个体大学的转型,国家高等教育才能改变,我们所处的社会才会发生相应的变化。

2. 释放高校学科建设活力以提高学科发展水平

在我国,学科是高校人才培养和科学研究的基本单位,同时也是资源配置和学术管理的主要载体,因此,它在学校发展中发挥着十分重要的作用。正是因为这一点,我国出台的"双一流"建设政策,把一流学科建设提到了和一流大学建设同等重要的地位。从《统筹推进世界一流大学和一流学科建设实施办法(暂行)》(简称《实施办法》)中可以看出,一流学科建设的目标主要体现在两方面:一是"打造学科领域高峰",提升学科的世界竞争力和整体实力;二是发挥学科建设在国家发展中的重要作用,"着力解决经济社会中的重大战略问题,提升国家自主创新能力和核心竞争力"。应该说,这两方面目标的实现都需要进一步释放我国高校学科建设的活力,以适应新的发展和要求。

第一,学科建设只有紧密结合国家社会经济发展,才能激发出更多新的生长点。在国家经济和社会的发展越来越依赖于知识创新的今天,学科建设的成效将通过人才培养的结构和质量、科学研究的成果等,在更深层面上影响到国家的产业和经济发展,因此,从国家竞争和国家利益的角度来看,学科建设应该与国家发展紧密结合,才能获得持续的支持并彰显其价值。从另一个方面看,当今学科新的生长点大多来源于跨学科和交叉学科,而后者产生和发展的动力主要来源于社会发展的现实需求。只有在真实的重大战略需求面前,学科的发展才能找到更多的突破口,才能获得持续发展的动力。第二,学科建设应在水平分层的基础上加强分类建设,应引导不同学科找到其适合的发展模式。一流学科和非一流学科是从水平上对当前学科进行分层,但是比分层更为迫切的是对学科进行分类,因为只有使不同类型的学科都找到适合的发展模式,学科水平才会从根本上得到提高。比如,以知识逻辑为发展驱动力的学科,更重视学科的体系化、结构化以及制度化,衡量其实力和水平的标准也会更多采用发表论文的数量和质量、在国际学术共同体中的声誉等指标,但若是以问题解决逻辑为发展驱动力的学科,会更重视学科的整合性、实效性以及开放性,衡量其实力和水平的标准则应是满足需要的程度和解决问题的有效性等。应该说,在当前我国高校的学科建设中,对以知识逻辑为驱动力的学科建设比较重视,现有的评价制度和标准也更有利于这种学科发展,但是对以问题解决逻辑为发展驱动力的学科则重视不够,甚至出现了"唯论文""唯影响因子"等情况,这样不利于不同类型学科的发展和建设。因此,应加强对学科建设的分类指导,为各类学科的发展营造空间。第三,改革现有的学科资源配置和管理方式,促进跨学科和交叉学科的发展。当今学科发展的一个重要趋势是学科的交叉与融合,在《实施办法》中也特别提出要促进跨学科和交叉学科的发展。但是应该说,我国当前的学科资源配置方式和管理方式是不利于学科的交叉与融合的,过分强调学科边界,只会进一步加剧学科之间的壁垒。国外的一些发展经验表明,组织层面的跨学科是需要扶持的,从松散的跨学科项目到有组织的跨学科中心再到实体的跨学科院系,需要通过资源的重新分配以及管理体制的改革才能逐步形成,只有做到了这一点,学科才能获得不断发展的动力,激发出新的活力和生机。

(四)通过高校有组织科研提升国家科技竞争力

近年来,由于国际科技和产业竞争加剧,我国对"卡脖子"技术、关键核心共性技术、现代工程技术等需求十分紧迫,这其中有些突破是"从 0 到 1"的原始性创新,但也有很多突破是"从 1 到 N"的工程化甚至市场化的应用创新和工程创新。也就是说,现代科技创新既需要从应用需求反推基础原创课题,又需要把基础原创成果转化为技术和产业优势。作为科技创新主力军的高校,必须在服务国家战略的强大使命及责任驱使下,自觉、主动、积极聚焦"开辟发展新领域新赛道,不断塑造发展新动能",并充分发挥自身高端专业人才及高新科技资源集中的优势,为攻克我国高新科技薄弱领域难题以及提升我国高新科技的全球竞争力起到领跑的作用。

1. 推进高校学术工作组织模式的深层变革

近年来,在一些政策制度的影响之下,学科专业的边界被不断强化,并形成学科专业之间的壁垒,这导致了很多不良的后果。如跨学科专业推进艰难,很难从问题导向和需求导向出发进行科研创新,束缚了高校知识生产活力;学科专业资源分散、重复设置现象严重,学科专业本位主义突出,难以形成大平台、大团队、大项目、大成果,对基础原始创新和"卡脖子"技术的攻关能力不足;高校创新活力不够,学科专业发展陷入内部逻辑,变得越来越封闭,越来越远离真实社会需求;拔尖创新人才培养缺乏有活力的教育环境,知识陈旧落后,知识重组、课程整合任务艰巨。

学术工作组织模式创新是一项复杂的系统工程,涉及招生、人才培养、科研管理、教师管理、资源配置等多方面的体制机制改革。从小切口、纵深式改革模式出发,通过探索高校基层学术组织模式变革新途径,逐步破解学科专业制度的障碍。当前我国高校已经出现了未来技术学院、现代产业学院等新型二级学术组织,它们出现的目的就是要打破当前固化的学科专业制度,但是这些新型组织的发展并不是一帆风顺的,很多体制机制仍没有理顺,在教师的管理和评价,跨学科团队工作机制,校内资源配置等方面仍需要大力改革。同时,我国高校也应探索更多的基层学术组织变革模式和途径,比如,可跳出通过建立实体学院来推进跨学科专业的思路,探索如何建立更为柔性灵活的跨学科团队和跨学科攻关平台;可进一步探索如何打通从跨学科研究到跨学科人才培养的途径,切实提升拔尖创新人才培养的效果。政府应与高校建立起共生共赢的关系,不仅仅是在政策、机制以及资金等方面对高校的相关改革给予支持,更重要的是与高校共同探讨和谋划破解困局之道,倒逼宏观管理体制机制改革,携手通过改革"深水区"。

2. 以重塑高校科技创新链条来提升高校服务国家的能力

对高等教育来说,以往的科技创新大多遵循从基础研究到应用研究再到开发研究的单向线性路径,同时高校科技创新基本不会考虑工程化、产业化等问题。这就造成了科技创新各环节互不相通、各自为政、高校科技成果转化效率低下等问题,不仅不符合当今科技发展趋势,更严重影响了我国高等教育为国家重大战略和科技创新服务的能力。因此,未来高校必须重塑科技创新链条,充分发挥高校在促进国家和社会创新发展方面的作用。

从科研创新的驱动力出发,高校科研创新链条主要有三类。一是"自由探索驱动的原始创新链",其创新的主要动力是学者的自由探索,因此,这条路径的特点是成果的不确定性以及不可预期性。但是应该看到,自由探索是科学研究的重要特征之一,是人类得以不断进步的源动力,因此无论是政府还是高校,都不能简单粗暴地干预,而应持鼓励态度。同时,高校应把重心放在这一创新链条的后端,即积极发现并挖掘自由探索研究的价值,并通过应用基础研究、应用开发研究等一系列环节,将原创成果技术化、产业化。高水平大学的理工科一流学科建设应在这条创新链上发挥主导作用,应鼓励教师在真问题、硬研究方面下功夫,做真正有价值的基础原创研究。二是"战略高科技需求驱动的协同创新链",其创新的动力主要来自国家的重大战略需求,因此其特点是以需求为驱动,以多学科为依托。但是高校在应用开发、工程化、产业化等方面不具有优势,其优势在创新前端,后端则需要跟科研院所、科技领军企业等紧密合作,因此,这一创新链优化的关键是构建起协同创新的路径和机制。高校应通过搭建战略科技平台,汇聚多方研究力量,统筹规划,打通从基础研究到产业化的全过程。高校既要积极识别、推进有潜力和有前景的自由探索研究成果,将基础研究优势转化为先进生产力,也应从国家和区域发展的重大需求出发,组织产学研机构联合攻关,破解重大关键科技难题。同时,高校还应深化改革科技成果转化机制,从市场需求凝练、技术趋势预判等前端提前谋划研究方向,并对产出成果及时跟进、深度挖掘,促进产业需求与科技创新的精准对接,加速打通成果转化的"最后一公里"。三是"学科发展逻辑驱动的长期攻关创新链条",其创新动力主要来自学科知识自身的发展逻辑。学科发展逻辑的优势在于其可规划性和长期发展性,因此这一创新链优化的关键是以国家战略发展需求中的真问题引领学科规划和发展,建立学科长期攻关规划。高水平大学的理工科一流学科要以国家战略科技发展引领学科建设,将学科发展逻辑与国家战略需求有机结合起来,潜心攻克难关。

(五) 以高等教育评价改革促进良好学术生态建设

近年来,"五唯"导向在教育评价中产生了不良的影响,因此政府出台各种政策措施,要求破"五唯"。应该说,"五唯"的惯性影响依然存在于高等教育系统中,消除这种影响任重道远。未来应从高等教育评价制度建设入手,积极扭转不良评价导向,营造良好学术生态,促进高等教育的健康发展。

1. 构建个性化、多维度的分类评价体系

针对不同类型学科、不同发展维度的评价内容所体现出的明显差异性,应构建个性化、多维度的分类评价体系,保留弹性空间,激发高校建设活力。

在这方面,应主要从以下三个方面入手。

第一,构建不同发展维度的多元评价框架。政府应当结合不同维度的发展规律,拓展评价指标的多样性和灵活性,以实际贡献为导向,激励高校在学术水平、教学质量、社会服务、师资队伍和学科建设等方面取得全面进步。在科研成效评价中,应当注重科研成果对社会经济的贡献,将科技成果转化创造的经济收益和实际贡献纳入绩效考核与科研评价体系,更好地激励高校进行科技成果转化。对于需要长周期建设的人才培养环节,则可以结合就业状况来评价人才培养成效,确保人才培养与社会需求的有效对接,持续提升服务国家需求的高层次人才培养能力。第二,探索以问题解决为核心的学科群评价。以一流学科建设为契机,引导高校以问题为焦点、以需求为导向进行学科建设,科学分类、合理设置评价考核周期,提升学科的开放性,面向国家所需开展学科建设。探索聚焦重大问题的学科群评价,以学科的国家需求度和适应性为导向,建构起灵活的评价指标体系,根据不同学科群的特点和发展情况,适当延长新兴交叉学科的评价周期,科学衡量学科群的社会实际贡献和增值性发展状态,评估学科群在关键问题解决中的作用和影响,引导高校形成具有核心竞争力优势的学科群,激发学科群的内生动力。第三,坚持量化评价和定性评价相结合。要采取多元的评价方式,将量化评价和定性评价结合起来,克服过度倚仗量化数字的评价理念。具体而言,可以用标志提升程度和发展水平的量化指标,为专家评议提供高质量的精准信息支撑,同时辅以描述学校多元特色的定性指标,实现对量化指标的补充,弥补量化方法在潜力评估、特色创新和社会贡献等内容的不足。通过量化和定性评价相结合的方式,可以更全面、客观地评估高校或学科的发展情况和建设成效。

2. 构建自我评价、专家评价、第三方评价的多元主体评价体系

多元主体参与评价能够最大化避免单一主体的评价偏好和缺陷,有助于进行全面考量和甄别,因此,应在兼顾各主体利益的基础上,扩大评价的开放性与兼容性,发挥不同主体的评价优势,构建起自我评价、专家评价、第三方评价的多元主体评价体系。在这方面,应着力从以下三个方面突破。

第一,保障自我评价的多样性和真实性。针对自评报告的同质化和功利性问题,政府应当发挥好监管功能,建立起对自评报告失实的高校和个人进行责任追究的机制,可以实施负面清单制度,对违规行为进行明文规定,并辅之以动态抽样检测,加大对造假行为的惩罚力度,确保高校自评报告的真实性和准确性。第二,保证专家评价的独立性和多元性。健全独立、多元的专家评价体系,应当基于学术水平和经验,选拔来自不同学科领域、拥有不同工作经历的人才成为评价专家,为评估的指标规划、方案设计、意见反馈等提供更专业的意见。同时,应当完善制度建设,确保专家能够不受其他主体、单位或个人的牵制和影响,独立、公正地完成评价任务,真正发挥专家的监测、评价和指导作用。第三,构建基于第三方评价的再评价机制。应当构建第三方评价机制,对现有评价进行再评价、再认证,对评价结果进行科学研判,采用多种来源数据相互印证,力求得到更客观准确的结果。

总的来说,新时代已经赋予"高等教育强国"建设以新的使命,高等教育应积极面对挑战,从服务国家的战略需要出发,积极推进改革,以高等教育的发展带动教育强国建设,为科技强国、人才强国建设提供有力支撑,在新的时代充分彰显高等教育的作用和价值,再创新的辉煌。

后　记

从我接触"高等教育强国"这一研究算起,至今已经有15年的时间。最初接触这一领域,是源于2008年中国高等教育学会周远清会长组织的那场全国范围的"高等教育强国"研究。当时我的导师邬大光教授主持了其中的一项课题,我是课题组成员。2010年,在邬老师的带领下,我们发表了《高等教育强国的内涵、本质与基本特征》一文,产生了一定影响。第二次参与"高等教育强国"研究是2016年,当时参加了中国高等教育学会康凯秘书长主持的全国社科基金"十三五"规划教育学重大招标课题"高等教育强国之路研究——高等教育强国的内涵、标准、实现路径和监测指标研究",我担任"高等教育强国内涵及标准研究"子课题负责人,与大连理工大学的张德祥书记、李枭鹰教授,江苏省高教学会的丁晓昌会长、吴立保教授等,共同完成了课题研究任务,形成了《高等教育强国之路》专著。这两次经历使得我对"高等教育强国"这一领域产生了浓厚的兴趣,也积累了一些研究成果,为这本书奠定了最初的基础。

当中国高等教育学会高等教育学专业委员会征集"当代高等教育研究新视野丛书"时,我提交了以前期研究成果为核心的十几万字书稿,并入选第一批丛书。但是,随着书稿的撰写和研究的推进,尤其是党的二十大召开之后高等教育战略地位的进一步凸显,我对"高等教育强国"的理解也在不断加深。这使得最初设计的书稿框架一再调整修改,十几万字的初稿变得不再适用,大部分内容都需要重新撰写,导致这一本应该在第一批出版的书,比同批著作晚了大半年时间。但是在这一过程中,我个人收获很大,同时也深深感到,"高等教育强国"是个宏大的研究领域,值得深入探索。我预感,我的"高等教育强国"研究一定还有下文。

就在半个月前,由中国高等教育学会负责的"高等教育强国发展指数"研究课题启动,我有幸带领厦大研究团队参与其中。这是在教育强国建设规划纲要即将发布及我国高等教育界主动对标世界水平和国家需求形势下的重大创新之举,对我个人来说,这是又一次极具挑战性的"高等教育强国"研究之旅。

细细想来,我的四次"高等教育强国"研究,虽然是我个体的经历,但是却与21世纪以来我国"高等教育强国"建设的历程息息相关。从20世纪末提出"高等教育强国"概念,到今天研制"高等教育强国发展指数",正是我国高等教育不断发展、不断强大的有力证明:提出"高等教育强国"概念,是基于改革开放以来我国高等教育所取得的巨大成就,是高等教育谋求进一步发展的主动选择;而研制"高等教育强国发展指数",则是"高等教育强国"建设走深走实的必然之举,体现了高等教育战线在强国建设中的责任担当。

这本书的出版,首先要感谢中国高等教育学会,我的这几次"高等教育强国"研究经历,都源于学会提供的宝贵机会,而且得到了学会历任会长以及领导的指导。没有这些课题研究经历,我可能不会进入"高等教育强国"这一研究领域,也不会对"高等教育强国"有深入的理解。其次,要特别感谢在这本书的写作过程中给予我无私帮助的学生们,他们是田贵平、郭曼瑞、李文燕、张薇、汪树坤、李广平、张冬梅、李道政等;已经毕业的王文娟副教授,也帮我查阅了相关的中国古代和近代教育资料。这些资料的查阅为我节省了大量时间,为这本书的完成提供了有力的保障。最后,要感谢南师大出版社王涛副编审和涂晓明编辑为这本书的出版付出的巨大努力,没有他们的坚持和督促,这本书还不知什么时候才能完成,他们专业的修改意见为这本书增色不少。

写作是遗憾的艺术,研究永无止境,在这本书稿付梓之际,仍有很多不足及遗憾,如西方理论部分、我国教育强国文化部分等都还有很大的提升空间,这些将在后续的研究中进一步完善。

厦门大学黄宜弘楼

2024 年 6 月 30 日